世界の人権保障

編著 中村睦男
佐々木雅寿
寺島壽一

執筆者 岩本一郎
木下和朗
大島佳代子
鈴木賢
李仁淼
岡克彦
齊藤正彰

三省堂

はしがき

　本書は、世界諸国における基本的人権（以下、単に「人権」という）の保障と救済制度について、その現在の姿に重点を置きつつ、概観を試みる解説書である。

　本書の大半は、国別に見た、人権保障の展開を解説する部分であり、その内容は、「比較憲法（学）」と呼ばれる学問の中の、権利保障を扱う部分に対応する。本書ではそれを「比較人権論」と呼んでいる。こうして、本書の基本的性格は、「比較人権論の入門的教科書」——少なくともその一例を提示しようとする試み——である、ということになる。そのため、本書の序章ではまず、比較憲法学とは何かについて解説したうえで、比較人権論の意義を説明している。

　いうまでもなく、人権の保障・救済の具体的な制度化のありようは、現実には、国・地域により様々である。しかしながら、日本国憲法にも、「この憲法が日本国民に保障する基本的人権は、人類の多年にわたる自由獲得の努力の成果であ」る（97条）、と謳われているように、人権という概念そのものに、「国・地域の違いを超えた普遍的な価値」という含意がある。このことから、人権について論ずる場合には、その普遍性が、果たして、あるいは、どのようにして、根拠づけられるのか、という問いを避けては通れないことになる。同時に、人権が普遍的な価値だと言う以上は、その国際的保障が課題とならざるを得ず、そのことはまた、人権に関する国際的規律は各国の国内法制にどのような影響を及ぼす（べき）か、という問いへとつながっていくのである。

　そこで本書では、序章に続く第1章を、人権思想の歴史・人権の哲学的根拠に関する概説に充て、本書全体を締め括る終章の前の第10章で、人権の国際的保障について概説することとした。その点で、本書の内容には、法思想史・法哲学、（国際法の一分野である）国際人権法にわたる部分も含まれている、ということができる。

　以上の点を含めて、本書の構成上の工夫、本書で取り上げる対象など、本書の特色の詳細については、本書の序章で述べられているので、そちら

を参照していただきたい。

　本書が生まれるきっかけとなったのは、編者の一人である中村から、中村編著『はじめての憲法学』(三省堂、初版2004年、第2版2010年、第3版2015年)の執筆者らに対してなされた、「人権に関する、比較憲法的視点に立った教科書を共著で出せないか」という趣旨の提案である。この提案を承けて、2012年春頃から、本書の編者の一人である佐々木が、『はじめての憲法学』執筆者のうち木下・齊藤と相談しつつ、本書の構想を具体化するための原案作りを始め、同年12月には最初の企画会議がもたれた。

　この企画会議で合意された構想は、幸いにも三省堂六法・法律書編集室のご理解を得ることができた。その際、本書で扱う中国・韓国・台湾という東アジアの憲法の重要性から、これらのそれぞれに精通した鈴木・岡・李にも特に参加を要請することとし、2013年4月までにはこの3名から参加の了解も得られた。初回を含めて5回に達した企画会議では、草稿を持ち寄っての検討など、綿密な意見交換を重ねたほか、電子メールによる協議を幾度も行い、この度ようやく本書の完成に漕ぎ着けたものである。

　本書の執筆者はいずれも、北海道大学大学院法学研究科の出身者である。本書はその点で、序章でも述べられているように、「北海道大学におけるこれまでの比較法研究の成果」の一つであると言ってよいであろう。

　本書は、日本国憲法に関する基本的知識をひととおり学んだ大学生等を対象とする、比較人権論の入門的教科書としての構想から出発したものであるが、大学院法学研究科生、法科大学院生等にとっても役立ちうる内容を含んでいるのではないかと考える。さらに、憲法・憲法上の人権保障の具体的な姿に関心をもつ市民、人権保障の国際比較に関心を抱く人々にも、本書が広く読まれることを願っている。

　三省堂六法・法律書編集室の黒田也靖氏には、本書の構想の段階から深いご理解をいただき、本書の完成に至るまで、辛抱強いご支援と多大なご尽力をいただいた。記して心から感謝の意を表したい。

　　2017年6月

　　　　　　　　　　　　　　　　　　　　　　　　　　　　編　者

目　次

はしがき

序章　「比較人権論」のすすめ　　1

- Ⅰ　比較憲法学 …………………………………………………………… 1
  - 1．比較憲法学　1
  - 2．比較の方法　1
  - 3．比較の対象　2
  - 4．憲法の類型　2
  - 5．比較憲法学の性格　3
  - 6．比較憲法学の意義・効果　4
- Ⅱ　比較人権論 …………………………………………………………… 5
  - 1．基本的人権に関する比較研究：比較人権論　5
  - 2．本書の構成と特徴　5
  - 3．解説の視点　7
  - 4．比較人権論のすすめ　8

第1章　人権保障の理念　　11

- ◎人権保障を比較するポイント ……………………………………… 11
- Ⅰ　人権の思想 …………………………………………………………… 12
  - 1．人権思想の前史　12
  - 2．近代自然権思想の発展　14
- Ⅱ　人権保障の発展 ……………………………………………………… 18
  - 1．自然権の復権　18
  - 2．現代の人権保障の特徴　19
- Ⅲ　人権の観念と根拠 …………………………………………………… 24
  - 1．人権の観念　24

        2．人権の根拠　　26
　　むすびにかえて ……………………………………………………… 29

第2章　イギリス　　31

　◎比較のポイント ………………………………………………………… 31
　　Ⅰ　**人権保障の歴史** …………………………………………………… 32
        1．人権保障の母国　　32
        2．人権保障の伝統的枠組みの淵源　　32
        3．国王と議会及び裁判所との対立を通じた混合政体の形成　　33
        4．憲法原則としての議会主権と法の支配の定式化　　34
        5．人権保障の伝統的枠組みの特徴　　35
　　Ⅱ　**人権保障の諸制度** ………………………………………………… 36
        1．人権保障の伝統的枠組みの限界　　36
        2．行政決定に対する司法審査の活性化　　37
        3．欧州人権条約の影響　　38
        4．法の支配の優位と人権保障の枠組みの転換　　38
        5．1998年人権法　　39
        6．人権法に基づく審査における判断枠組み　　40
        7．議会による人権保障　　41
        8．新権利章典制定をめぐる論争　　42
　　Ⅲ　**保障される人権の特徴** …………………………………………… 43
        1．言論の自由　　43
        2．平等　　45
        3．テロリズム対策立法と人権保障　　47
　　むすびにかえて ……………………………………………………… 50

第3章　アメリカ　　53

　◎比較のポイント ………………………………………………………… 53
　　Ⅰ　**人権保障の歴史** …………………………………………………… 54
        1．独立戦争と独立宣言　　54

2．連合の時代　54
　　　3．憲法制定会議における「連邦派」と「州権派」の対立　55
　　　4．修正条項　55
　Ⅱ　人権保障の諸制度 ………………………………………………… 56
　　　1．概観　56
　　　2．司法審査権　56
　　　3．組み込み理論　57
　　　4．ステイト・アクションの法理　57
　Ⅲ　保障される人権の特徴 …………………………………………… 58
　　　1．特徴　58
　　　2．表現の自由　59
　　　3．国教樹立禁止条項と信教の自由　63
　　　4．法の下の平等　65
　　　5．実体的デュー・プロセス理論　69
むすびにかえて ……………………………………………………………… 70

第4章　フランス　　　　　　　　　　　　　　　　　　　　73

　◎比較のポイント ………………………………………………………… 73
　Ⅰ　人権保障の歴史 …………………………………………………… 74
　　　1．フランス革命と人権　74
　　　2．1848年憲法と個人主義的・自由主義的法原則の修正　77
　　　3．第2次世界大戦後における社会権の承認　78
　Ⅱ　人権保障の諸制度 ………………………………………………… 78
　　　1．通常裁判所による違憲立法審査権の欠如　78
　　　2．憲法院による法律の合憲性の審査　78
　　　3．通常裁判所による法律の条約適合性審査　82
　　　4．権利擁護官による人権の擁護　83
　　　5．国家人権諮問委員会　83
　Ⅲ　保障される人権の特徴 …………………………………………… 83
　　　1．ライシテ原則（政教分離の原則）　83
　　　2．ポジティヴ・アクション　86

3．警察留置　88
　　　4．反論権と表現の自由　89
　　　5．「記憶の法律」と表現の自由　89
　むすびにかえて……………………………………………………………91

第5章　ドイツ　93

　◎比較のポイント……………………………………………………………93
　Ⅰ　人権保障の歴史…………………………………………………………94
　　　1．三月革命・フランクフルト憲法とその挫折まで　94
　　　2．プロイセン憲法とドイツ帝国憲法　95
　　　3．ヴァイマル憲法からナチス支配へ　95
　　　4．第2次世界大戦後　97
　Ⅱ　人権保障の諸制度………………………………………………………98
　　　1．憲法裁判制度　98
　　　2．憲法改正の限界　100
　Ⅲ　保障される人権の特徴…………………………………………………101
　　　1．基本法の規定から見た特徴　101
　　　2．「防御権」としての基本権と比例原則　103
　　　3．「客観的原則規範」としての基本権　105
　　　4．人間の尊厳と人格の自由な発展に対する権利　107
　　　5．いくつかの基本権をめぐって　110
　むすびにかえて……………………………………………………………115

第6章　カナダ　117

　◎比較のポイント……………………………………………………………117
　Ⅰ　人権保障の歴史…………………………………………………………118
　　　1．はじめに　118
　　　2．1867年憲法の下での権利保障　118
　　　3．1960年「カナダ権利章典」　120
　　　4．1982年憲法が保障する諸権利　121

Ⅱ　人権保障の諸制度 …………………………………………124
　　　1．違憲審査制　124
　　　2．「権利および自由に関するカナダ憲章」に関する違憲審査　125
　　　3．人権侵害の救済方法　127
　　　4．カナダ最高裁の積極姿勢　127
　　　5．人権保障における議会の役割：対話理論　128
　　　6．人権保護法による私人間の差別禁止　129
　　Ⅲ　保障される人権の特徴 ……………………………………129
　　　1．良心および信教の自由（2条(a)）　129
　　　2．表現の自由（2条(b)）　131
　　　3．生命、自由および身体の安全に対する権利　132
　　　4．平等権　134
　　　5．多文化主義　135
　　むすびにかえて ………………………………………………135

第7章　中　国　　　　　　　　　　　　　　　　　　　　137

　◎比較のポイント ………………………………………………137
　　Ⅰ　人権保障の歴史 ……………………………………………138
　　　1．近代における人権の受容と苦悩　138
　　　2．中華人民共和国における人権　140
　　Ⅱ　人権保障の諸制度 …………………………………………144
　　　1．社会主義型憲法の特殊性　144
　　　2．空洞化する憲法保障制度　145
　　　3．裁判による限定的な人権保障　146
　　Ⅲ　保障される人権の特徴 ……………………………………148
　　　1．特殊な人権論　148
　　　2．権利・義務一致の原則　148
　　　3．平等権　149
　　　4．参政権　150
　　　5．政治的自由および権利　150
　　　6．信教の自由　153

        7. 人身の自由　154
        8. 経済、社会、文化的権利　154
　むすびにかえて ……………………………………………………………… 156

第8章　台　湾　　　　　　　　　　　　　　　　　　　　159

　◎比較のポイント ……………………………………………………………… 159
　Ⅰ　憲法の歴史と人権保障の経緯 ………………………………………… 160
        1. 現行憲法の制定過程　160
        2. 「中華民国憲法」の台湾での施行　161
        3. 憲法改正の動向　162
        4. 人権保障の経緯　163
　Ⅱ　人権保障の諸制度 ……………………………………………………… 166
        1. 違憲審査制の概要　166
        2. 憲法法廷［憲法法庭］　169
        3. 仮の救済　169
　Ⅲ　保障される人権の特徴 ………………………………………………… 170
        1. 憲法上の人権規定　170
        2. 精神的自由　170
        3. 平等保障とアファーマティヴ・アクション　172
        4. 社会権的権利と基本的国策　174
　むすびにかえて ……………………………………………………………… 177

第9章　韓　国　　　　　　　　　　　　　　　　　　　　181

　◎比較のポイント――韓国の人権保障をみる視点 …………………… 181
　Ⅰ　基本権保障の歴史 ……………………………………………………… 182
        1. 建国期における「基本権」の観念　182
        2. 「開発独裁」における基本権保障の倒錯現象　184
        3. 「民主化」と基本権の保障　185
　Ⅱ　基本権保障の諸制度 …………………………………………………… 186
        1. 憲法裁判所と一般法院の両者にまたがる二元的な違憲審査制度

186
　　2. 一般法院の違憲審査権と憲法裁判所との関係　189
　　3. 憲法裁判所における「司法積極主義」のゆくえ　191
　　4. 準司法機関たる「国家人権委員会」　192
Ⅲ　保障される基本権の特徴 ……………………………………… 193
　　1. 基本権の総説　193
　　2. 基本権制限の正当性審査の基準　194
　　3. 民主社会の根幹である「表現の自由」　196
　　4. 「生命権」の新たな展開　197
　　5. 北朝鮮との準戦時体制の下における基本権の問題　198
むすびにかえて ………………………………………………………… 201

第10章　人権の国際的保障　　　　　　　　　　　　　　205

◎国際人権法をみる意味 ……………………………………………… 205
Ⅰ　人権の国際的保障の歴史 ……………………………………… 206
　　1. 国際人権法の前史　206
　　2. 国際人権法の成立　206
　　3. 人権の課題の展開　207
　　4. 冷戦終結後の諸問題　209
Ⅱ　人権の国際的保障の諸制度 …………………………………… 211
　　1. 人権保障のための国際的な制度　211
　　2. 国際人権条約の国際的実施の制度　213
　　3. 国際人権条約の国内的実施とその監視　214
Ⅲ　保障される人権の特徴 ………………………………………… 218
　　1. 実体的権利規定の特徴　218
　　2. 宗教の自由と政教関係　219
　　3. 表現の自由　219
　　4. 平等　220
Ⅳ　人権の国際的保障と憲法秩序 ………………………………… 221
　　1. 各国憲法による条約の受け入れ構造　221
　　2. 国法体系における国際人権条約の機能　222

むすびにかえて ……………………………………………………… 223

終　章　人権保障の現状と日本の特徴　　　　　　　　　225
Ⅰ　人権の裁判的保障 ………………………………………………… 225
　　1．違憲審査制の諸類型　225
　　2．人権制約の正当性審査の方法　228
　　3．人権保障に対する裁判所の立場　230
　　4．人権保障における政治部門の役割　231
Ⅱ　現代における人権保障の特徴 …………………………………… 231
　　1．人権の主体　232
　　2．人権の内容　232
　　3．人権の保障範囲　234
　　4．人権保障の国際化　235
Ⅲ　個別分野の概観 …………………………………………………… 236
　　1．平等権　236
　　2．信教の自由と政教分離の原則　238
　　3．表現の自由　239
　　むすびにかえて ……………………………………………………… 241

　事項索引　243
　判例索引　252

装丁＝岡本健＋
組版＝木精舎

序章 「比較人権論」のすすめ

佐々木　雅寿

I　比較憲法学

1．比較憲法学

　明治以来、日本では、憲法の思想および制度が諸外国から移入されてきたため、外国の憲法や憲法学に関する比較研究は、日本の憲法学にとって不可欠のものだった。主にプロイセンの憲法を参考にした大日本帝国憲法の下では、ドイツの国法学が主要な検討対象であった。そして、アメリカの憲法の影響を受けて制定された日本国憲法の下では、アメリカの憲法はもちろん、ドイツ、フランス、イギリスの憲法も盛んに研究されてきた。一般に「諸国の憲法に関する諸現象を比較研究する学問分野」を「比較憲法学」という（大須賀明他編『三省堂憲法辞典』（三省堂、2001年）401頁〔樋口陽一〕）。

2．比較の方法

　諸国の憲法を比較する方法には、①静態的比較（表面的な共通性または差異を比較する。例えば、各国の憲法の条文を比較すること。）、②機能的比較（法現象を動態において比較し、憲法が実際の政治社会のなかでいかなる機能を果たしているのかを比較する。例えば、判例、学説、不文の憲法上の慣例等も比較する。）、③歴史的方法（憲法が置かれている歴史社会との関連において比較する。例えば、憲法の制度、運用がどのような政治・社会のなかで生成、発展してきたのかを比較する。）等がある（阿部・文献⑨13頁〔阿部照哉〕、塩津・文献④20～21頁）。それらの方法は、決して相互排他的ではなく、比較の目的に応じた適切な方法の選択が必要となる。

3. 比較の対象

　比較する憲法の内容は、憲法の条文や規範の内容のみならず、憲法の運用・実態、世論・立法論・解釈論等に示される憲法意識、社会における憲法、憲法意識、憲法の運用・実態等の相互作用等を含む広い意味の社会現象としての憲法現象とされる（樋口・文献⑩28～29頁、阿部・文献⑨9頁）。

　比較する国は、従来、アメリカ、ドイツ、フランス、イギリス等が中心であったが、近年では、欧米諸国の憲法にかぎらず、アジア諸国を含め（稲・文献⑬参照）、より広い対象の比較研究が進められている。

4. 憲法の類型

　これまで、各国の憲法を比較する場合、様々な類型が用いられてきており、一般的な類型が確立されているわけではない。これまで示された主な類型をまとめると、以下のようになる（阿部・文献⑨11～12頁）。

　第1は、憲法の形式的分類で、そのなかには、①憲法の存在形態に着目した成文憲法と不文憲法の分類、②成文憲法が1つの法典（憲法典）の形式で存在するかどうかによる成典憲法と不成典憲法の分類、③憲法改正手続の難易度による硬性憲法と軟性憲法の分類、④憲法制定手続の違いによる欽定憲法（君主主権の思想に基づき君主が人民に与える憲法）、民定憲法（国民主権の思想に基づき国民自ら制定する憲法）、協約憲法（君主主権から国民主権に移る過渡期において両者の妥協に基づいて成立する憲法）、国約憲法または条約憲法（複数の国家が結合して新しい国家（連邦）を作るときにみられる憲法）等の区別がある。

　第2は、憲法の実質的分類で、それには、(a)主権原理に基づく君主制と民主制の分類、(b)社会・経済体制の違いに基づく資本主義憲法（私的所有と自由競争の原理に立脚する近代立憲主義憲法）と社会主義憲法（生産手段の私有を認めず計画経済を推進する憲法）の分類、(c)南北問題を視野に入れた先進国型憲法と発展途上国型憲法の類型等がある。

　第3は、国の政治が実際に憲法の規定どおりに行われているかどうかという、権力過程の現実と憲法規定との対応関係を標識とする分類で、それには、(i)憲法法規が実際の政治過程を支配している規範的憲法、(ii)権力過程の現実が憲法に追いつかず、規範として機能していない名目的憲法、(iii)もっぱら権力保持者のために現存の政治権力状況を形式化したにすぎない

憲法という類型がある。

　各論者は、これらの類型を単独でまたは複数を組み合わせて、独自の類型に基づいて比較研究を行っている。

　それぞれの国の憲法は、一応こうした類型のどれかに当てはめうるとしても、詳細に見れば必ずしも同じではなく、各国の憲法は極めて多様性に富んでいる。そのため、憲法の類型論は、あくまでも一応の基準に過ぎない（初宿・文献①4頁〔初宿正典〕）。

5. 比較憲法学の性格

　比較憲法学の性格に関しては、憲法解釈という価値判断を伴う実践と、価値判断を伴わない対象の客観的認識を行う社会科学との区別の可否や妥当性がこれまで問題とされた。

　多くの憲法研究者は、外国憲法の研究を、客観的認識にとどまらず、日本国憲法の解釈にどう役立たせるのかを考えて行ってきた。例えば、「わが国の憲法研究者によるアメリカ憲法研究は、基本的には、日米の相違を踏まえつつわが国に適合的な理論を模索しようとする姿勢を有してきたといえる」（市川・文献⑳7頁）。そして、「現在でも、外国憲法の研究のほとんどが日本国憲法の解釈論における問題解決のために行われている」（塩津・文献④10頁）。外国憲法研究の多くが、日本国憲法の解釈に関する問題点をふまえて、その解決に参考となる外国の法状況を研究し、最後に、日本法への示唆を導き出す方法をとっていることは、日本国憲法の解釈という実践と外国憲法の客観的認識という社会科学とが密接に関連づけられていることを示している。

　このような比較憲法研究の一般的な方法に対し、解釈という実践と客観的認識を行う社会科学とを区別し、比較憲法学は後者に属し（樋口・文献⑩4頁、阿部・文献⑨4頁、辻村・文献③19頁）、そのため、比較結果の評価と利用は、「比較憲法の効用」に属することであり、比較憲法は、それが科学であろうとする限り、「評価の前で立ち止まるべき」である（阿部・文献⑨13頁）という鋭い問題提起も行われている。もちろん、この批判的な立場も、比較憲法学の研究が自国法の解釈論や立法論に活用されるのは「のぞましいこと」であると認め、また、自国法の法実務・法実践上の必要が比較憲法学の研究の「バネ」となることも「当然」視する。しかし同

時に、「比較憲法学の研究それ自体は、実務的・実践的効用から解放されてはじめて本格的におこなわれるものだということ、そのような過程を経ることによってはじめて、実用にも本格的に役に立てられる研究成果が生まれる」ことと、「そのような実務・実践からの独立性を確保するためには、比較憲法学の成果を実践・実務に活用するのはあくまで実践者の実践的価値判断を媒介してのこと」であることを強調する（樋口・文献⑩9～10頁）。

対象の客観的な比較、比較結果の評価、結果の利用は、理論上は一応区別しうるし、特定の主張に有利な材料を集めるための恣意的な比較を回避する必要性からも、上記の批判には一定の説得力が認められる。しかし、日本国憲法の解釈を行う憲法研究者が、同時に、外国憲法を比較研究する日本の現状、日本国憲法のよりよい解釈を求めて外国憲法を比較研究するという現実のインセンティヴの存在、そして、比較の対象や方法の選択も実は日本国憲法に関する問題意識にかなりの程度規定されていること等をふまえると、実践と認識とを厳密に区別することは困難である。そうであれば、上記の批判は、実践的な立場で比較憲法研究を行う際の重要な留意点と位置づけるべきであろう。

6．比較憲法学の意義・効果

上記5で示した、客観的認識と実践との区別を参考にすると、広い意味の比較憲法学の意義ないし効果は、比較憲法学の認識の対象、比較の効用、さらに実践的目的に分けることができる。

一般に、比較憲法学の認識の対象としては、「憲法現象の分析、その異同の認識および異同の生ずる原因および背景の究明と認識」（阿部・文献⑨13頁）、または、いくつかの諸外国で、過去から現在にわたって存在してきた憲法現象を対象として、認識・記述し、歴史的背景のなかでそれを位置づけること（樋口・文献⑩4頁）等があげられる。

また、比較の効用としては、諸国の憲法に固有な特徴・独自性を明らかにすると同時に、基本的人権の保障、国民主権と民主主義、権力分立、法の支配等、多くの憲法に共通する事項を見出し、すべての人類にとって普遍的な憲法原理を導き出すこと（辻村・文献③14頁、塩津・文献④11、18頁）等があげられる。

それに加え、比較の効用には、日本国憲法を相対化する視点を提供し、日本国憲法をいわば外からの目で観察しなおし、日本国憲法の特質をよりよく理解すること（初宿・文献①5頁）、日本国憲法の意義や世界的な位置づけをより一層明確にし、日本の新たな憲法課題を知ること（辻村・文献③16頁）、憲法政策論の前提となる様々な知識、情報、選択肢を提供すること（塩津・文献④15頁）等も含まれる。

比較憲法学の実践的目的としては、日本国憲法の理解・解釈・運用のヒントを示すこと（君塚・文献②9、12頁〔君塚正臣〕）等があげられる。

II 比較人権論

1. 基本的人権に関する比較研究：比較人権論

日本における従来の比較憲法の教科書は、主に、憲法の歴史、議会制や違憲審査制等の統治機構に焦点をあてたものや、憲法の歴史、統治機構、人権保障の内容等を説明し各国憲法の全体像を示すものが多かった。それに対し近年では、議会制（岡田・文献⑱）や憲法改正手続（辻村・文献⑲）といった特定の問題に特化した比較研究もみられる。

本書は、基本的人権が、裁判等を通して、実際にどのように保障され、救済されているのかという「人権の裁判的保障」という観点から、各国の憲法を比較し、各国の人権保障の特徴、共通点、差異、各国の人権保障の影響関係（例えば、アジア諸国における欧米流の人権観念と保障システムの影響の有無等。）等を浮き彫りにすることを目的とする。

そのため、本書は、各国の憲法の歴史、統治機構、人権保障等を網羅的に解説する比較憲法の教科書ではない。しかし、本書は、人権を中心として各国憲法を解説し、その説明に必要な範囲で、各国の憲法の歴史、統治の基本構造、裁判制度等の統治機構の説明も行う。したがって、本書は、人権保障の現状を比較憲法学的に検討する、いわば「比較人権論」あるいは「比較『人権現論』」の教科書である。

2. 本書の構成と特徴

この序章では、本書が解説を試みる「比較人権論」の特徴と意義を、従来の比較憲法学との比較をふまえて説明する。第1章は、各国の人権状況

を説明する前に、人権の思想史と人権の哲学的基礎づけに関し概説する、比較人権論の総論部分である。第2章から第9章では、イギリス（第2章）、アメリカ（第3章）、フランス（第4章）、ドイツ（第5章）といった従来の比較憲法学でも重点的に研究されてきた欧米諸国とカナダ（第6章）に加え、中国（第7章）、台湾（第8章）、韓国（第9章）というアジア諸国の人権保障の現状を説明する。これらの章は、比較人権論の各論にあたる。続く第10章は、人権の国際的保障について概説する、比較人権論の展開部分である。終章は、比較人権論のまとめと比較のなかの日本の人権保障の特徴を概観する。

　第2章から第9章までの各国の人権状況の比較は、従来の比較憲法学でも行われてきた、いわば「水平的比較」でり、第10章の分析は、各国憲法と国際法とのいわば「垂直的比較」となっている。水平的比較と垂直的比較とを有機的に関連づけることができれば、各国の人権状況を立体的に描くことができる。

　欧米諸国のみならず、アジア諸国の人権保障の内容も説明し、加えて、人権の国際的保障についての概説も行う本書は、上記Ⅰ3で示した、近年の比較憲法学の比較対象国の増加傾向と一致する。本書は、北海道大学におけるこれまでの比較法研究の成果を活かして、中国、韓国、台湾を取り上げる。これにより、アジア諸国においても、非西欧的なアジア型の立憲主義や人権保障をめざす中国と、日本と同様に西欧的な立憲主義や人権保障を実現しようとする韓国や台湾という違いがあることが浮き彫りになる。

　もちろん、本書のみでは、世界の人権状況を網羅的に理解することはできない。しかしながら、本書が対象とする諸国の人権状況をみれば、①近代人権思想に基づく伝統的な人権とその現代的発展形態、②近代人権思想に挑戦するアジア的人権論や、近代的な人権主体から歴史的に排除されてきた女性、障害者、先住民族等のマイノリティの人権論等を含む現代的な人権論の内実、③近代的な人権と近代思想に批判的なポスト・モダンな人権との融合の可能性等、21世紀の人権論が直面する理論的かつ実践的な諸問題とその解決の方向性を、最低限度、概観することができる。その意味で本書は、「世界の人権保障」のコンパクトな鳥瞰図といえよう。

3. 解説の視点

　本書は、各国の人権状況を詳細に論じるものではなく、大掴みにとらえた各国の人権保障の特徴を解説する。その際、各国の人権保障に対する他国の影響等も視野に入れる。

　各国の解説は、原則として、「比較のポイント」、「Ⅰ人権保障の歴史」、「Ⅱ人権保障の諸制度」、「Ⅲ保障される人権の特徴」、「むすびにかえて」、＜参考文献＞の順で行われる。「比較のポイント」は、その国の人権保障の特徴やその国の人権保障をみる視点を簡潔にまとめる。「Ⅰ人権保障の歴史」は、人権保障のあり方は各国の歴史と経験に依存する要素が多いこと（Tushnet・文献㉑70頁）をふまえ、各国の人権保障の歴史を概観し、人権保障の現状を、政治的・社会的・経済的な歴史のなかに位置づける。「Ⅱ人権保障の諸制度」は、人権の保障や救済のため、具体的にどのような制度が用意されているのかを解説する。ここでは、違憲審査権を有する裁判所等によって、実際に、人権がどのように保障され、人権侵害がどのように救済されているのか、または、されていないのかを明らかにする。その際、人権に関する違憲審査の種類と内容、裁判所等による人権制約の正当性審査の内容（違憲審査基準、比例原則の位置づけ）、具体的な救済方法、人権保障に対する裁判所のスタンス（積極的か消極的か）等にも可能な範囲で言及する。また、フランスの権利擁護官や国家人権諮問委員会、韓国の国家人権委員会等、裁判所以外の人権保護機関についてもできる限り言及する。「Ⅲ保障される人権の特徴」は、各国の特徴的な人権保障の内容を、判例と学説をふまえて、比較的詳細に解説する。ここでは、人権が裁判等を通して、実際、どの程度保障されているのかを明らかにする。人権保障の特徴は各国で異なっているが、各国でほぼ共通する、①平等権、②信教の自由と政教分離、③表現の自由については、できる限り各章で説明する。もちろん、各国の制度がすべて同じ要素で説明できるわけではなく、それぞれの国の特徴を浮き彫りにするため、柔軟な対応もとられている。＜参考文献＞では、各国の人権に関してより深く勉強するために役立つ日本語と原語の主要な参考文献等を示した。

　本書の解説をみると、各国の人権保障の歴史、社会政治状況と人権保障との関係、保障されている人権の全体像、人権保障のための諸制度とその実効性、現実の人権保障のレベル等が明らかとなる。このような本書の解

説は、上記Ⅰ2で示した比較憲法学の方法論の静態的比較、機能的比較、歴史的方法を有機的に関連づけたものであり、比較憲法学の伝統的な方法を用いている。

　本書は、できる限り客観的に各国の人権状況を解説することを第一義的な目的としている。しかし、各国の解説の中には、人権保障状況に対する評価も含まれている。特に、人権保障に対する裁判所等の態度については、人権保障に積極的か消極的かといった現状の説明と評価が加えられている。これは、本書が、基本的人権の保障という価値にコミットする立場からの比較研究だからである。

4．比較人権論のすすめ

　比較憲法学と同様に、比較人権論にも様々な効用や実践的目的がある。効用の第1は、比較対象となった国における人権保障の固有な特徴や独自性を明らかにすると同時に、多くの国に共通する要素を見出し、人権保障にとって普遍的な原理を導き出すことにつながる可能性である。

　効用の第2は、日本の人権状況を相対化してみる視点を提供し、日本の人権状況の特徴をより深く理解し、その意義や世界的な位置づけをより一層明確にし、人権に関する新たな課題を知ることにもつながることである。

　比較人権論の実践的目的としては、日本国憲法の下での人権保障をより一層充実させるためのヒントを与え、新しい人権問題を適切に解決するための選択肢と方向性を示すこと等が考えられる。

　憲法問題が国民の間で関心をよんでいる昨今、国民が主権者として自覚的判断と選択をするために必要な情報を提供するためにも、各国の憲法の全体像を対象とする比較憲法学同様、人権問題に焦点を当てた比較人権論もその重要性を増しているといえよう。

〈参考文献〉（＊は主要な参考文献）
　＊①初宿正典編『レクチャー比較憲法』（法律文化社、2014年）
　　②君塚正臣編著『比較憲法』（ミネルヴァ書房、2012年）
　＊③辻村みよ子『比較憲法〔新版〕』（岩波書店、2011年）
　＊④塩津徹『比較憲法学〔第2版〕』（成文堂、2011年）

⑤吉田善明「第4章比較憲法学」杉原泰雄編『新版体系憲法事典』（青林書院、2008年）288〜294頁。
⑥小林昭三『比較憲法学・序説』（成文堂、1999年）
⑦酒井吉栄・大林文敏『比較憲法学』（評論社、1999年）
⑧吉田善明『現代比較憲法論〔改訂版〕』（敬文堂、1996年）
＊⑨阿部照哉編『比較憲法入門』（有斐閣、1994年）
＊⑩樋口陽一『比較憲法〔全訂第3版〕』（青林書院、1992年）
⑪比較憲法史研究会編『憲法の歴史と比較』（日本評論社、1998年）
⑫杉原泰雄『憲法の歴史』（岩波書店、1996年）
⑬稲正樹他編著『アジアの憲法入門』（日本評論社、2010年）
⑭初宿正典・辻村みよ子編『新解説世界憲法集〔第4版〕』（三省堂、2017年）
⑮高橋和之編『[新版]世界憲法集〔第2版〕』（岩波書店、2012年）
⑯阿部照哉・畑博行編『世界の憲法集〔第4版〕』（有信堂高文社、2009年）
⑰萩野芳夫他編『アジア憲法集〔第2版〕』（明石書店、2007年）
⑱岡田信弘編『二院制の比較研究』（日本評論社、2014年）
⑲辻村みよ子『比較のなかの改憲論』（岩波書店、2014年）
⑳市川正人「アメリカ憲法研究の五〇年」『法律時報』67巻12号6頁（1995年）
㉑M. Tushnet, *Advanced Introduction to Comparative Constitutional Law* (Edward Elgar, 2014)

第1章 人権保障の理念

岩本 一郎

◎人権保障を比較するポイント

　人権は理念としては普遍であるが、世界の国々における人権保障のあり方は多様である。本章の課題は以下の点を踏まえ、人権の普遍性と人権保障の多様性を理論的にどう理解すべきかを考えることにある。

　第1に、人権保障の実体面での多様性である。ジェノサイドや拷問は、国際的な関心事となる人権侵害でありであり、厳しい非難にさらされる。しかし、公共の場でのスカーフの着用の禁止（フランス）や人工妊娠中絶の制限（アメリカ）やヘイト・スピーチの規制（カナダ）は、人権に対する正当な制約であるかをめぐって国内的にも国際的にも深刻な軋轢や対立を生んでいる。

　第2に、人権保障の制度面での多様性である。人権は権利であり、誰かがそれに対応する義務を負う。人々は道徳的な次元では相互に他人の人権を尊重する義務を負う。国は、国自らが個人の人権を不当に侵害した場合に備えて救済のための制度を用意する責任を負う。その仕組みは大別すれば司法裁判所によるもの（アメリカ）と、憲法裁判所によるもの（ドイツ）があるだろう。独自の発展を見せている国（フランス・台湾）もある。また、国は、私人間の人権侵害に対する救済機関として国内人権機関を設置する責任を有する。さらに、国際的には地域レベルと国連レベルで人権救済の制度が並立し、救済の手法も多岐にわたる。

　最後に、人権保障の正当化における多元性である。人権保障は人間の尊厳を根拠にするが、尊厳に値する善き人間の本性を何に求めるかについては一致していない。また、価値の多元性と文化の多様性によって特徴づけられる現代の世界では、「アジア的価値」に基づくアジアの人権があるという主張も見られる。

I 人権の思想

1．人権思想の前史
(1) 自然の発見──ギリシア哲学

　アルカイック期（紀元前8世紀から5世紀）のギリシアにおいては、法と慣習との区別はなく、代々受け継がれてきた慣習は、家族や共同体に対して強い拘束力を有していた。このような伝統的な権威に対して批判的な観点を持つためには、何らかの外在的な基準が不可欠である。ギリシア哲学は、「自然の発見」（レオ・シュトラウス・文献①参照）を通じて、自然によって本質的に善きものとされていることに訴えることにより、伝統的な権威やそれに伴う不正に抵抗する視座を獲得することができた。

　この発展は、正しさを意味するギリシア語dikeの意味の変化に見て取れる。dikeはアルカイック期には古くからの秩序を意味し、そこには慣習や行為の規範が含まれていた。後に法を意味するギリシア語nomosも元々は、慣習を意味するギリシア語ethosと同じ意味であった。やがてdikeは「正しい判断」を意味するようになる。また、自然を意味するギリシア語physisは、規範的な観念として使われるようになり、physikos nomos（自然法）という言葉が生まれた。

　この自然法の観念は、アリストテレスの『弁論術』に見ることができる（アリストテレス・文献②参照）。アリストテレスは、正しい行為と不正な行為の区別を論ずる中で、2つの種類の法があることを指摘する。1つは「特殊的な」法であり、もう1つは「共通的な」法である。前者は、各々の国民が自分たちとの関連において規定した法であり、後者は「本性に基づく」法である。アリストテレスは、人々の間に共同関係や契約がなくても、共通的な法が成り立つのは、「直感的に知っている何か或る本性上の共通の正しいことがあるからである」と述べる。この認識が自然法や自然権を形成する母胎となった。

(2) 自然法の観念──ストア派とキケロ

　自然と人間の本性と法の3つを結びつける自然法の観念は、ストア派の哲学にたどることができる。自然法の観念は、ストア派に影響を受けたキケロの著作に明瞭なかたちで表れている（キケロ・文献③参照）。キケロは、アリストテレスと同様に、王と貴族と民衆の間で統治権が分かち持たれる

混合政体を最良の国制と考え、法はこの国制に適合的なものでなければならないとした。そして、そのような法の源泉を自然に求めた。「法律とは自然本性に内在する最高の理性であり、なすべきことを命令し、その反対のことを禁止する」。ここに自然法の観念の源流を認めることができる。

キケロの議論の前提には固有の宇宙論があり、自然は記述的ではなく、規範的な観念であった。自然のすべては神によって支配されており、自然が本性として、人間に理性を授けた。理性とは、推論し、反駁し、議論する能力であり、この能力ゆえに、人間はすべての動物に優越する。キケロの人間像はプラトンとは異なり、平等主義的である。法は「賢者の精神と理性」と一致するものとされた。人間には等しく理性が備わっており、理性の働きを研ぎ澄ますことを通じて、誰もが理性から正義と不正との基準となる正しい理性、すなわち法を導くことができると考えられた。

このキケロの議論は、ストア派のコスモポリタニズムと結びつく。理性を持つ人間は、共有物のように1つの法を分かち持つことになり、その法は、それぞれの国に固有の市民法とは区別される。神と人間は理性を介して結びつき、理性を共有する人間は、正しい理性の表れである法を共有する。世界は、神と人間が属する「共通の国家」とみなされた。ストア派のコスモポリタニズムは、ローマ法における万民法と同様、西洋の思想において、自然法の普遍性を基礎づける議論の系譜として重要である。

(3) 主観的権利としての自然権——中世キリスト教

古代ギリシアと同様に、ユダヤ＝キリスト教の思想には権利の観念がなかった。たとえば、モーセの十戒のような宗教的な戒律は、神の意志に基礎づけられるべき規範であり、権利なき規範と解された（ハート・文献④19頁）。しかしその後、ヘレニズムの思想に影響を受けたキリスト教思想は、初期の理論家パウロの教えに基づき、道徳的な義務の源泉を人間の本性に求める考えを徐々に受容していった。パウロは、モーセを通じてユダヤの民に対して神から示された戒律とともに、異教徒であっても自然が与えた良心によって知ることのできる義務があることを認めた。

中世のキリスト教思想において主観的な権利の観念が形成されていく。まず、普遍的な道徳律が人間の本性から導かれるという観念が中世の倫理的な思想の中核に位置づけられ、その思想は13世紀、トマス・アクィナスによって体系化された。しかし、アクィナスの体系には、他者に対して

道徳的な要求をなす権限、すなわち主観的な権利の観念はまだ存在していなかった（Finnis・文献⑤206-207頁）。

　一般に、主観的な権利の観念の起源と体系的な発展は、14世紀、イギリスのフランシスコ修道会のウィリアムのオッカムによるものと解されている（Tuck・文献⑥22-24頁）。フランシスコ修道会の教義によれば、地上の物はすべて神に属し、人間はその管理者にすぎない。オッカムは、地上の物に対する人間の所有権（property）を否定するフランシスコ教会の教義を擁護した。その議論の中で、正（right）と力（power）とを結びつけることによって、rightという言葉に主観的な権利という新しい意味を与えた。オッカムによれば、所有権の本質が、それを侵す者を法廷に引き出し、処罰することにあるとすれば、所有権は、人間によって作られた司法制度を前提とする。そうだとすれば、自然の人間は所有権を持たない。オッカムは、自然の人間には必要とする財を必要とするだけ利用する自然権があるにとどまると主張した。

　なお、主観的な権利の起源を12世紀の教会法に求める立場もある。この立場によれば、12世紀後半の教会法において、自然的正義という古い語の意味に重要な変化が現れ、これが個人に備わったある種の主観的な力あるいは能力を意味するようになったとされる（Tierney・文献⑥34-42頁）。また、13世紀のイギリス、ジョン王が署名したマグナ・カルタ（1215年）では、法を意味するラテン語iusは主観的な意味で使われていたとされる（Holt・文献⑦117-118頁）〔第2章　イギリス〕。

2．近代自然権思想の発展
(1)　自然法の脱宗教化——グロティウスの自然法論

　17世紀のオランダの法学者ヒューゴ・グロティウスは、終わりの見えない激しい宗教戦争のただ中で、戦争をいかに終結するか、終結できないとすれば、戦争の不正を減らすにはどうしたらよいかを考え抜いた。自然法論におけるグロティウスの最大の功績は自然法の脱宗教化であり、彼の思想によって近代の自然権論への道が切り拓かれたと言ってよい（Herbert・文献⑨76頁）。戦争の原因がキリスト教の教義にあると考えたグロティウスは、自然法の根拠を神ではなく、自然に求めた。人間は生来社会的な存在であり、平和で理性的に秩序づけられた社会を求める。グロ

ティウスは、人間が持つ社会性という本性から自然法が導かれるとし、そのような自然法は理性的な存在である人間には自明であると論じた。

グロティウスは、ローマのストア派に与し、人間と社会との関係を部分が有機的に結びついて全体を構成するものとみなす。このような有機体的な社会像からすれば、ある人間が別な人間を傷つけることは、社会生活そのものを破壊することにほかならず、「社会は、それを構成する部分の相互の愛と保護によってのみ安全に存在しうる」とされた。グロティウスの議論においては、社会の有機的な理解を前提する自然法と、人間を独立した「個」と見る傾向を持つ主観的な自然権とをどのように調和させるかが課題となる（Tuck・文献⑥68-69頁）。

グロティウスにとって、人間が持つ主観的な権利は、ある種の「道徳的な特性」であり、人がある物を所有したり、あることを行ったりすることを適法なものとする働きを有する。そして、自然権が道徳的な特性を有するためには、自然権は、人間の本性である社会性を調和するものでなければならない。したがって、権利の保障も、人間本来の社会性を回復させるものでなければならない（Herbert・文献⑨81頁）。このように、グロティウスの自然権論は、後世のロックとは異なり、社会に対する個人の優先性を認める自然の理解に立つものではないし、自然権を共同体全体の利益を超えた権利として理解するものではなかった（Tierney・文献⑦334-336頁）。

(2) 個人の確立——ホッブズの自然権論

17世紀のイギリスの哲学者ホッブズは、アリストテレス以来の自然法論と自然権論に革命的な転換をもたらした（ホッブズ・文献⑩参照）。第1に、ホッブズは自然権を個々の人間が持つ自由と定義し、個人の主観的な権利と理解した。人間は自然権に基づき、自らの生命を維持するために自己の意思に基づき自分自身の力を使う自由を有し、生命の維持のために最適であると考える一切のことをなすことを妨げられないとされた。第2に、ホッブズは権利と法を明確に区別した。ホッブズによれば、権利が何かを行ったり差し控えたりする自由であるのに対して、法は、そのどちらか一方を命じ拘束するものである。法は自由を制限することから、権利とは両立しないとされた。最後に、ホッブズは個人を社会秩序から切り離し、法の源泉として位置づけた。

ホッブズの思想の基礎には次のような確信がある。すなわち、すべての

人間には自己の生存に対する強い生来的な欲求があり、人間同士は、他者の生存を犠牲にしてでも生き残るために永続的に対立・競争する状態にある。このような状態が「万人に対する万人による闘争状態」であり、そこには法は存在しないし、正義と不正の観念を語る余地もない。しかし、ホッブズは、このような人間にとって悲惨な状態においてもある種の自然権が存在すると考えた。それは、自己の生命に対する権利と、自己の判断に基づいて最適な手段と考える行為をなす権利である。ただし、人は相互に、他者に対して自然権を尊重する義務を負うものではないとされた。

　ホッブズによれば、すべての人間は、自己の生命を破壊したり、危険にさらしたりすることを禁ずる自然法に服している。ところが、生存のために繰り返される闘争において、人は自己の力を頼む以外に安全を確保することができない。すべての人間は、自己の生存を確保するために、戦争よりも平和を求めるはずである。これが、ホッブズにとっての根本的な自然法である。そして、人々は、他者もまた同じようにするならば、平和と自己の安全のためにすべての他者に対する権利を放棄し、他者に許されるのと同じ程度の自由で満足しなければならない。このようにして、すべての人間は、他人も約束することを条件に、平和を損なう危険のある権利を君主に譲り渡すことを約束する。さらに、この約束が守られるためには、約束違反から得られる利益よりもさらに大きな不利益（刑罰）の威嚇を背景に約束を強制できる権力が必要である、とホッブズは考えたのである。

(3) 政府の正当性の基礎としての自然権——ロックの社会契約論

　ロックの自然権論は、18世紀の2つの大きな革命とそれに付随する人権宣言に大きな影響を与えた。絶対王政を擁護するホッブズの議論を正面から論駁する意図がロック自身にあったかはともかく、ロックの自然権論は、いくつかの点でホッブズとは対照的である（ロック・文献⑪参照）。第1に、ロックはストア派の流れを汲み、自然状態を規範的に理解した。自然状態には1つの自然法があり、それは、何人も他人の生命、健康、自由および財産を傷つけてはならないと命ずる。ロックは、自然法を人間が神の被造物であることに基礎づけ、人間は理性により自然法を知ることができるとした。自己保存のための実際的な考慮が支配するホッブズの自然状態とは大きく異なる。

　第2に、ロックにとって自然権は、請求権であり、義務と相関するとさ

れた。ロックは自然権として、生命、自由および財産に対する権利を挙げ、生命と自由は、自らの手によっても放棄または譲渡できない不可侵の権利とされた。ロックの自由の観念は、自由の尊重を義務づけないホッブズの観念とは異なる。また、人間は、他人が自然法に違反し、自己の自然権を侵害した場合、自己の判断で自然法を執行する自然権を持つとされた。

　第3に、所有権は、ロックの自然権論の中で特異な地位にある。ロックの自然権論では、所有権は2つのレベルで重要な役割を果たす。第1のレベルは神と人間の関係である。人間は神の被造物であり、そのため神の所有に属する。そのことから、人間は相互に、他人の生命や自由を奪うことを禁止する自然法に服する。第2のレベルは人間と物との関係である。神は地上に人間にとって必要な物を豊かに与えるが、地上の物は元来すべての人間の共有に属する。しかし、人間は、労働によって手を加えることで、物に対する所有権を取得する。このロックの所有権論の背後には、人間は自らの身体に対する所有権を有するとする自己所有権の観念がある。

　第4に、ロックはホッブズと異なり、絶対的で恣意的な権力を持つ君主を否定する。神の所有に属する人間は、自己や他人の生命や自由を奪う権利を持たないから、そもそも生殺与奪の力を誰かに譲り渡すことはできない。また、人間は自然状態において、自然法を執行する権利を持つ。つまり自然状態では、人間は、自分が当事者である裁判において自らが裁判官となる。人間は、そのことから生ずる不都合から脱するために国家を樹立するのである。ところが、絶対君主と被治者の間で権利をめぐって争いが生じたとき、その裁判で君主が裁判官の役を演ずるとなれば、それは自然状態と変わらない。さらに言えば、自然状態を戦争状態とみなさないロックにおいては、合理的に考えるならば、恣意的な権力行使が許される状況よりも、自然状態のほうがよりましと言える。

　最後に、ロックはホッブズと同様、国家は人間の同意に基づき樹立されるとするが、その同意は、国家が定める一切の法に従う義務を基礎づけるものとは考えなかった。人間は自然状態を離れる際に、自然法を執行する権利を国家に譲り渡すが、生命、自由および財産に対する権利は不可侵な権利として保持し続けている。国家の目的はこれらの自然権の保全にある。そのため、国家の成員となった者も、自然権を毀損する国家の法に従う政治的義務を負わない。つまり、自然権の尊重は国家の正当性の条件と

されたのである。この思想が18世紀の革命の駆動力となった。人権保障の歴史的な発展は、各国の解説に譲る〔第3章　アメリカ・第4章　フランス〕。

II　人権保障の発展

1. 自然権の復権

　人類に大きな惨禍をもたらした第2次世界大戦後、人権保障の新たな時代は自然権思想の復権とともに始まった。この大戦の基本的な性格は、ファシズム諸国（枢軸国）と反ファシズム諸国（連合国）との戦争と特徴づけることができる。ファシズム諸国は、世界の再分割ねらって自らの勢力を確立していく過程で、劣等視する人間集団の人間性を無視し、最終的には大量に殺戮していくことをいとわなかった。ファシズム諸国を特徴づける残虐性は、ナチス・ドイツによるユダヤ人の大量虐殺（ホロコースト）において極限に達した。

　ナチス・ドイツの経験から得られた痛切な教訓は、民主的な法治国家でさえ、1つの民族の絶滅させるような残虐行為を行いうるということである。1920年代、ドイツは、当時として最も先進的な憲法を持ち、法の支配に基づく民主的な国家であった〔第5章　ドイツ〕。しかし、大恐慌に続く経済的な混乱の中で、ドイツ国民は、民主的な選挙を通じてヒトラーに圧倒的な支持を与え、ユダヤ人から結婚の権利や財産権や投票権を剥奪するヒトラーの政策にも賛同した。また、ユダヤ人から権利を剥奪するニュルンベルク法は、ヨーロッパの法伝統を受け継ぐ法律家や裁判官によって執行されたのであった。

　国民の熱狂的な支持を背景に、合法性の装いのもと最悪の不正がなされたことは、国家を含めていかなる権力も乗り越えることのできない「高次の法」があることを教えた。この高次の法の目的は、個人の良心をまどろみから揺り起こし、隣人に加えられた不正に対して、「それは合法であっても、正しくない」と考える勇気を与えることである。しかし、大戦の経験は、そのような個人の勇気を喚起するには、ヨーロッパの文化的な伝統をもってしても十分でなかったことを明らかにしたのである。

　普通の人々が不正な秩序を拒絶し、迫害を受ける隣人のために立ち上が

る勇気を人々に与える新しい言葉が求められた。その理念が「不可分性」である（Ignatieff・文献⑫48-49頁）。自分の権利は他人の権利から切り離すことはできない。他人の権利が侵害されているならば、それはすべての人の権利が侵害されているという意識である。大戦後の人権保障の発展は、このような文脈の中で理解されなければならない。

2. 現代の人権保障の特徴

　現代の人権保障を特徴づける現象として、次の5点を指摘することができる。①人権保障の国際化、②人権の根拠の不偏性、③人権保障の実質化、④人権の法的保障、⑤人権主体の多元化の5つである。

(1) 人権保障の国際化

　20世紀前半までは、人権問題は国内問題であった。ある国の国民や住民に対する扱いを人権侵害と見なし、他国がその侵害を止めるよう勧告したり、制裁的な措置を講じたりすることは、国家主権を侵す内政干渉にあたると解されていた。その意味で、人権保障の国際化と国家主権とは対立するものであった。

　人権保障の国際化と国家主権とのせめぎ合いは、早くも、大戦中のダンバートン＝オークス会議の議論に見られた。アメリカ、ソ連、イギリス、中国が、国際平和を集団的に維持するための恒久的な組織のあり方について論議する中で、アメリカは、「国連総会は、基本的人権の保護を促すための」勧告を行うべき旨の規定を草案に盛り込むよう提案した。これに対して、イギリスとソ連は、人権侵害を理由とする内政干渉を懸念し、草案において人権に言及することに反対した。しかし、アメリカは、人権問題はきわめて重要であり、世界平和を目的とする国際機関の設立にあたってこれを無視することはできないとし譲らなかった。結果として、国連の精神を規定する国連憲章（1945年）の前文において人権保障が謳われることになった。ただし、具体的な人権の宣言は、世界人権宣言（1948年）を待たなければならなかった。

(2) 人権の根拠の不偏性

　キリスト教の文化的な伝統に中で形成されてきた自然法や自然権の観念は、当然、宗教的な色彩を色濃く持っていた〔本章Ⅰ〕。「自明の真理」として、「すべての人間は生まれながらにして平等であり、その創造主によっ

て、生命、自由および幸福の追求を含む不可侵の権利を与えられている」と宣したアメリカ独立宣言はその伝統の上にある。この流れにあって、「自律」や「個性」といった道徳的な価値と人権の観念を結びつけたカントやJ.S.ミルの議論は、人権の根拠の不偏化の端緒といえるだろう。

世界人権宣言を起草する過程で、ユネスコの人権委員会は、文化や制度の面でも異なる国々のあいだで、草案の基礎にある原理が広く共有されていると報告した。多様な宗教的・文化的な背景を持つ人々がユネスコに示した、基本的権利のカタログは驚くほど似ていた。そこには、政治的・市民的権利も社会的・経済的権利も含まれていた。しかし、人権に関する共通の確信は、異なる哲学的な原理の観点から、そして異なる政治的・経済的体制を背景にして述べられていた。人権についての合意はあったが、その哲学的な基礎にはコンセンサスはなかったのである。

人権を国際的なスタンダードとするためには、人権の哲学的な基礎を特定の宗教的・文化的な伝統に求めることはできないことは当然である（ロールズ・文献⑬参照）。また、主権を持つ国家に対して人権侵害を止めさせ、人権保障を促すという実践を第1に考えるならば、人権の実践を単一の哲学的な基礎によって正当化することは、むしろこの実践を阻害することになるだろう（Beitz・文献⑭65-68頁）。このような実践的な観点から、国連憲章は、人権の根拠として「人間の尊厳及び価値」に対する批准国の「信念」に言及するにとどめた。人権が果たすべき実践的な役割からすれば、それで十分であると考えられたのである（Glendon・文献⑮77-78頁）。

(3) 人権保障の実質化

資本主義経済の発展に必要不可欠な条件は、個人による財産所有の保障と、市場における自由な経済活動の保障であった。国家の経済秩序への介入は、財産権の侵害を禁止し、詐欺や脅迫などの市場の秩序を損なう活動を取り締まることに限定されていた。18世紀の人権宣言では、財産権は「神聖不可侵」の権利とされていた。しかし、資本主義経済が、社会の需要に応えて機械化により生産性を向上させるにつれ、資本家から支払われる賃金によって生計を維持する労働者は、次第に不利な状況に追い込まれていった。生活のために労働者は、劣悪な労働環境のもと低賃金で長時間の労働を強いられるようになる。19世紀以降、労働者の「人間の尊厳」を傷つける失業・貧困・疾病は、深刻な社会問題として顕在化した。

社会問題の深刻化にともない、一方で、財産権を神聖視する18世紀の人権論は、資本家による労働者の支配を糊塗する、資本家にとって都合のよい理論にすぎないとして厳しく批判された（マルクス・文献⑯）。他方で、労働者の地位の向上により資本家と労働者との階級対立を融和させ、すべての人に「人間に値する」生活を保障するという生存権の理念が生まれてくる。この理念が人権保障の実質化を促す。人権保障の実質化は、個々の人間が置かれている現実の社会的・経済的な状況を考慮しつつ、各人に保障された自由や権利を実際に行使する社会的な条件や環境を整備することを意味する（ロールズ・文献⑰277-278頁）。たとえば、勤労の権利は、働く機会が形式的に保障されているだけでなく、現実に働く場所が与えられてこそ意味を持つ。そして、労働の条件は「人間に値する」ものでなければならない。したがって、勤労の権利の保障を実質化するためには、すべての人に「人間に値する」労働の場を保障しなければならない。その場合、国家による経済秩序への積極的な介入が求められることになる。

　ヴァイマル憲法（1919年）は、労働者も含めて、すべての人に「人間に値する」生活と一致する経済秩序を保障することを国家の責務と定めた最初の憲法である。しかし、このヴァイマル憲法の試みは失敗に終わった。その後、社会保障法（1935年）の制定などニューディール政策を推進したフランクリン・ルーズベルトは、大戦後のあるべき世界のヴィジョンを示した「4つの自由」の演説（1941年）の中で「必要不可欠な人間の自由」の1つとして「欠乏から免れる自由」を挙げた。大戦後、人権保障の実質化は、「社会的・経済的・文化的権利」を人権宣言に取り込むことを通じて実現することになる。この流れに大きな影響を与えたのが、西側の人権思想と一線を画すために社会的・経済的・文化的権利を強調したソ連であり、また、世界人権宣言の起草に当たった人権委員会の委員長を務めたエレノア・ルーズベルトであった（Glendon・文献⑮115-117頁）。

(4) 人権の法的保障

　人権宣言や権利章典は、政治的なマニフェストであり、植民地の宗主国からの独立や専制的な旧体制に対する抵抗を正当化するための政治的な意図を持った文書であった。人権保障が国家の権力を制限する高次の法である憲法の不可欠な要素と理解されるようになり、次第に法的な意義をもつ文書となっていった。

人権保障の法化において最も長い歴史を持つのは、アメリカ合衆国である〔第3章　アメリカ〕。イギリスの植民地であったヴァージニアの権利宣言（1776年）は、統治制度の規定と一体のものとされて憲法を形作るものとされた。アメリカ合衆国憲法（1788年発効）は、権利を明文で定めることで保障される権利の範囲が制限されることを危惧して、権利章典を置かなかった。しかし、フェデラリストと反フェデラリストとの政治的な妥協により、権利章典が第1回連邦議会に提案され、1791年に10か条の修正条項として規定された。その後、マーベリー対マディソン事件（1803年）において、連邦の裁判所に違憲立法審査権を認めることで、憲法が法的に執行されうる法であることが確認された。また20世紀に入って、ホームズ裁判官とブランダイス裁判官による表現の自由を強く擁護する革新的な判決は、人権保障の府としての裁判所の役割を確立していった。

　大戦後、人権保障の成功の尺度は、国内法であれ国際法であれ、人権が法典に編入され、裁判所などの司法機関を通じて法的に執行されるか否かに求められるようになってきた（Gearty・文献⑱63頁）。冷戦後、人権保障の法化の流れは顕著である。カナダ（1982年）〔第6章　カナダ〕、ニュージーランド（1990年）、スウェーデンやアイルランドなどのヨーロッパ大陸諸国は権利章典を受け入れた。旧植民地国家のなかでも、アパルトヘイト廃止後の南アフリカ憲法（1996年）はその典型例である。ヨーロッパ人権条約は、旧東側諸国を人権保障の法的な枠組みに組み入れる大きな原動力となった。最も強固な議会制民主主義の国であるイギリスも、ヨーロッパ人権条約の流れに抗することはできず、2000年以降、1998年人権法の規定に拘束されるようになった〔第2章　イギリス〕。またアジア諸国も例外ではない〔第8章　台湾・第9章　韓国〕。

(5)　人権主体の多元化

　人権はすべての人間に保障される普遍的な権利である。その一方で、女性、子ども、先住民族、障害者など少数派に属する集団の権利が語られ、国際法の領域ではこれらのマイノリティの権利を保障する条約が数多く締結されている〔芹田ほか・文献⑲第4・5章参照〕。このような人権主体の多元化の現象にはいくつかの理由がある。第1は、人権が何よりも人間の傷つきやすさを前提としていることである。苦痛と屈辱は人間にとって共通の経験であり、このことが人権の普遍性を支える1つの根拠である

(Turner・文献⑳9頁)。そして、独立よりも依存が人間関係の通常の姿であり、依存する人々は常に傷つきやすい立場に置かれることになる。それが依存される側が負うべき道徳的な責任の根拠とされる（Goodin・文献㉑110-117頁）。このような人権の性質からすれば人権保障が、歴史的あるいは文化的に依存を強いられ傷つきやすい立場に置かれたマイノリティに焦点を当てることは当然と言える。

　第2は、第2次世界大戦後の人権宣言の目的の1つが民族の自決権の保障にあったことである。まず、国連の目的に「人民の同権及び自決の原則の尊重に基礎をおく諸国間の友好関係を発展させること」（国連憲章1条②）が掲げられ、国連人権規約の締約国は、自決権を実現・促進し尊重する義務を負う（社会権規約1条③・自由権規約1条③）。人権保障の第一次的な責任は国家が負い（Beitz・文献⑭114頁）、人々は通常、自分が属する国家の制度を通じて人権を享受することになる。ところが、外国による植民地支配は、人々に等しく人権を保障するための制度を備えた国家の樹立を許さない。したがって、植民地支配は人間の尊厳に対する共通の脅威であり、脱植民地化を目指す自決権は、すべての人権保障の前提となる普遍的な権利と言える（Donnelly・文献㉒49頁）。

　第3は、人権が保障する個人の自律や自由にとって文化的な背景が必要不可欠であるとする多文化主義の理解が広まったことである。カントやJ.S.ミルのリベラルな人権論においては、人間は、自らにとって善き人生の目的を自由に決め、その目的の観点から自分の欲求や行為を規律し、その実現を目指す自律的な存在とされる。人権は、個人の人格的な自律にとって必要不可欠な自由や権利を保障するものである。善き人生の目標は、個人のアイデンティティの中核に位置するが、その人格の形成は、真空状態でなされるものではなく、一定の哲学的・道徳的・宗教的な背景を必要とする（Raz・文献㉓373-377頁）。人種的・民族的な集団は、個人の人格的自律にとって欠くことのできない文化的背景を与えうる点で独自の価値を有する。文化を維持・継承するために必要な限りで、文化的な集団を権利の主体とすることも許される（キムリッカ・文献㉔参照）。

III 人権の観念と根拠

1. 人権の観念
(1) 人権の普遍性

　自然権としての人権は、国内法としては、国家の権力を制限する憲法上の権利として具体化され、国際法としては、国家の主権を制限する国際人権として具体化される。人権のラディカルなインパクトは、国家あるいは国家間の実定法秩序を媒介することなく、人間の本性から直接導かれるという自然権としての性格に由来する。人権が自然権であるということが人権の本質的な特徴である。

　そして、人権が人間の本性に由来する権利であるとすれば、それは、すべての人間に保障される普遍的な権利である。しかし、人権は西洋に起源を持つ観念であり、人間像・社会像・価値観など西洋に固有の文化的な伝統に根ざした観念であると批判される。イスラム諸国やアジア諸国には、西洋とは著しく異なる文化的な伝統があり、人権の観念とは相容れない価値があると主張される（イグナティエフ・文献㉕109-114頁）。国内的にも国際的にも、人権と文化の衝突は深刻な軋轢を生んでいる（辻村・文献㉖第III・IV講参照）。しかし、人権は、地球規模の価値の多元性を前提にしつつ、普遍的権利と理解することはできるし、文化の多様性とも両立しうる。

1) 「標準的な脅威」からの保護

　人権は、人間を襲うあらゆる脅威に対して社会的な保護を与えるものではなく、地球のどこの国に暮らしていても、人々が絶えず直面する人間の尊厳に対する「標準的な脅威」からの保護を目的としている（Shue・文献㉗29-34頁）。たとえば、「労働時間の合理的な制限及び定期的な有給休暇を含む休息及び余暇をもつ権利」（世界人権宣言24条）は、19世紀のイギリスの工場労働者から今日のアジアのアパレル産業で働く女性労働者まで、労働者の尊厳を傷つける共通の脅威から彼らを保護する権利である（Donnelly・文献㉒98頁）。ただし、どのような危険を「標準的な脅威」とみなすかは経験的な問題であるとともに、時代によって変化する相対的なものでもある。

2) 地球規模の重合的合意の存在

　人権保障については、人々が理性的に考えるならば、地球規模の重合的

合意が成り立ちうる。世界には西洋とは異なる文化や生活様式を持った国が存在しており、西洋に固有の価値によって人権を正当化することは人権の普遍性を疑わせることになる。むしろ、人権の基礎づけは、それぞれの国の人々が信奉する哲学的・道徳的・宗教的な確信の観点からなされるべきである（ロールズ・文献⑬22頁）。その場合、人権は、それぞれの社会の伝統や文化に組み込まれた共通の「基本ユニット」として理解される。アジアにも人権の基礎となる思想的な伝統がある（セン・文献㉘61頁以下参照）。ジャック・マリタンが世界人権宣言の起草当時に述べたように（Glendon・文献⑮77-78頁）、人権保障に必要な合意は、単一の人間像や世界観への支持ではなく、行動の指針に関する信念への一致した支持に基づくべきである。

3）人権の概念の抽象性

最後に、地球規模の重合的合意の対象となる人権は、抽象的なレベルで理解された「概念」であり、その概念をどのように解釈し国内の憲法にどのような形式で落とし込むかはそれぞれの国に任されている（ロールズ・文献⑰8頁；Donnelly・文献㉒100-102頁）。人権の概念の中核を形作る要請については、一般化の程度に差はあるもののかなり一致している。最も一般的なレベルでは、①安全への権利、②自由への権利、③最低限の生存保障への権利を多くの論者が挙げている（Shue・文献㉗；Griffin・文献㉙；Beitz・文献⑭参照）。より具体的なリストを挙げる論者は、(a)生命を保持する権利、(b)自分なりの人生を送る権利、(c)著しく残酷で品位を欠く扱いを受けない権利、(d)著しく不公正な扱いを受けない権利を指摘する（Nickel・文献㉚62頁）。人権をどう分節化するかの違いはあるものの、人権の実体的な要請に大きな違いは見られない。

(2) 人権の規範的な性格

人権の規範的な性格は、憲法上の権利と国際人権に分けて考えるのが有益であろう。憲法上の権利としての人権は、国家の正当性の基礎である。自然権の確実な保障こそが国家を創設する目的であるから、国家がこの目的に反して自然権を深刻なかたちで侵害するとすれば、国家は政治的正当性を失う。国際人権として人権は、自国民の人権を侵害する国家に対して、他国が人権侵害を止めさせるために行う人道的介入を正当化する根拠となる。ジェノサイドのような重大な人権侵害は、他国による武力介入を

も許す（イグナティエフ・文献㉕80頁以下）。

　人権は、国家あるいは他者に義務を課する。その義務は、自由権のように人権の制約を禁止する消極的なものから、社会権のように保護や援助を与える積極的なものまで多様である。ここで強調されるべきは、人権の義務に対する優先性である（Raz・文献㉓183-186頁）。人権は、国家や他者に対する義務の源泉として先行し、具体的な状況において人権を保障するために必要な義務を正当化する根拠として働く。国際人権の場合、義務の主体は、伝統的な国家から、国際機関、民間のNGO、民間企業、個人に至るまで多様であり、人権保障の柔軟な構造は特に重要である（Beitz・文献⑭32-33頁・芹田ほか・文献⑲第3部参照）〔第10章　国際人権〕。

　人権は、民主的な多数決によって決定された集団の目標を覆すことのできる「切り札」としての性格をもつと理解されてきた（ドゥウォーキン・文献㉛参照）。少数者に対して不寛容な多数者が、数の力で少数者の自由や権利を制限する法律を制定した場合、憲法上の権利としての人権が持つ切り札としての性質は強い力を発揮する。しかも、人権の裁判的保障と結びつくならばなおさらである。しかし、国際人権の場合、人権保障は、多様なアクターによる複雑な政治交渉の過程を通じて行われる。そのため、人権の切り札性を前面に押し出すことは、議論を妥協の余地のないものとし、政治交渉を決裂させる危険があることに注意すべきである（イグナティエフ・文献㉕57-60頁；Gearty・文献⑱79-80頁）。

2．人権の根拠
(1)　問題の所在

　人権の根拠は、一般に「人間の尊厳と価値」（世界人権宣言）に求められる。しかし、これは議論の出発点であって、終着点ではない。また、尊厳の意味自体が多義的である（Rosen・文献㉜参照）。人間に尊厳と価値を与える人間の本性とは何かが問われることになる。人権は、他の道徳的な語彙に比べて強い規範的な意義を持つからである。

　人権とは、人間が人間であることから当然に有する権利であるから、人権の根拠は、特定の哲学的・道徳的・宗教的な確信に依拠するものであってはならない。しかし、特定の文化的な確信から独立した不偏的な観点から人権を根拠づけることは難しい。一方で、世界のあらゆる文化的な伝統

に共通に見いだすことのできる一般的・抽象的な価値では、人権の切り札としての性格や人道的介入の正当化根拠といった人権が持つ規範的・実践的な重みを支えきれない。他方で、人間の本性を論争的でない最小限度の理解にとどめるならば、社会的・経済的・文化的権利の多くは人権の範疇から外れることになるだろう。以下では、人権保障を根拠づける有力な3つのアプローチを紹介する。

(2) 倫理的アプローチ

倫理的アプローチは、人権を正当化する根拠を人間の本性から導かれる人間の利益の重要性に求める。近時の代表的な論者はイギリスの哲学者ジェームズ・グリフィンである（Griffin・文献㉙29-56頁）。グリフィンは、人権の起源をヨーロッパ中世の「人間の地位」の理念に求め、善き生について熟慮・評価・選択・実行する行為主体としての能力――「人格性」――を人間の地位の中核に据える。人格性は、あるべき人間の理念である点で規範的な性格を持ち、ここから抽象的なレベルで3つの人権が導かれる。すなわち、①善き生を選択するための自律、②善き生を実現するために必要な教育・情報・能力・資源を与える最低限度の生存保障、③善き生の追求が他人によって妨げられないことを保障するための自由である。

人権は、このような人格性を保護するための実践的な役割を担うものとして理解される。自律、最低限度の生存保障、自由に対する権利は普遍的な性格を持つものではあるが、人権の範囲を画するための基準としては抽象的である。そこで、人権の線引きのためのガイドとして「実践性」の観念が必要となる。人権は他人を義務づける請求権であり、権利の要請が効果的かつ社会的にコントロールできるものでなければならない。実践性は、人間の本性や人間の理解力と動機の限界に関する経験的な事実であり、これらの事実を考慮することで人権の実効性が確保されるとされる。

(3) 政治的アプローチ

政治アプローチは、人権の主要な役割を国際法または国際政治の領域に限定し、その根拠を人間の本性についての道徳的な観念ではなく、国際法やその実践から構成された政治的コンセプションに求める（Beitz・文献⑭102-106頁）。ロールズの「万民の法」の理論はこのアプローチに属する（ロールズ・文献⑬参照）。ロールズによれば、人権の政治的な意義は、国際社会における公共的な理由として働くことにある。国家が人権を尊重す

ることは、公正な国際社会において善き地位を占めるために必要な資格であり、他国による強制的な介入を排除するための十分条件である。逆に自国民の人権を尊重しない制度を持つ国家は、国際社会から非難されても、極端な場合には人権保護のために強制的な介入を受けたとしても抗議することはできない。

　人権は、緊急性を有する特別な種類の権利であり、人権侵害は、理に適ったリベラルな国家の人民だけでなく、良識のある階層的な国家の人民からも非難される。人権には、生命、自由、財産、法の下の平等な取り扱いに対する権利が含まれ、ロールズは、これらの人権を「固有の人権」(human rights proper) と呼ぶ。そして、固有の人権は、共通の正義の善き理念に不可欠な要素であり、リベラルな西洋の伝統に固有なものではないとされる。しかし、固有の人権は、国際人権法で保障されるすべての人権を網羅するものではない。たとえば、思想の自由は固有の人権の1つであるが、表現の自由や結社の自由、民主的な政治参加の権利はそうではない。また、差別を受けない権利も、宗教やジェンダーの観点から制限される場合もありうることを、ロールズは認める。

　もちろん世界には、リベラルでもなく良識ある国家でもない「無法国家」が存在する。人権は、無法国家やその支配者の道徳的な信念と両立しないとしても、人権の政治的・道徳的な力はすべての社会に及び、無法国家を含めてすべての人民と社会を拘束する。その意味で、人権は普遍的であるとされるのである。

(4) 最小限アプローチ

　最小限アプローチは、人権の基礎を国際的な「重合的合意」に求める。したがって、人権の根拠もその内容も各々の国家が合意できる最小限のものにとどまる。最もミニマムな議論を展開するのがマイケル・イグナティエフである（イグナティエフ・文献㉕101頁以下）。彼によれば、人権とは善の言葉ではなく正の言葉であり、人権は、善き生とは何か、何を愛し、何を信じ、何を名誉と考えるか定義するものではない。人権は、あらゆる人生にとって最小限の条件を規定するものであるとされる。

　イグナティエフは、「行為主体性」が人権にとって鍵となる理念であると言う。行為主体性とは、自分自身で目標を設定し、それにふさわしいやり方で実現しようとする能力を意味する。人権は、この行為主体性を発揮

するのに必要不可欠な基本的自由を保障するものである。個人が行為主体性を持ち、ある程度の自由を持って世界において行為する能力を有するならば、個人は、自分自身と自分の愛する者を保護することができ、自分の欲する人生を自ら選び取ることができる。これが、人権をめぐる議論を支える基本的な直感であるとされる。

むすびにかえて

　人権は、正義を実現するための万能薬ではない。むしろ、人権は、正義の最低限の要請を実現するための中間レベルの規範であり、実践的な原理である。したがって、実行可能性の観点からそれぞれの国の社会的・政治的・経済的な背景を考慮に入れなければならない。これらの点は特に、人権の中でも社会的・経済的・文化的権利の保障を考える際に忘れてはならない。社会権は、不公正な経済的格差や社会的排除を問題とする社会正義と同じではない。人権は、人々を襲う標準的な脅威から緊急性の高い基本的な利益を保護するためのものである。

　また、人権は目的であり、その保障を実現する手段とは区別されねばならない。人権をどの程度まで個別の権利として具体化し、それをどの範囲まで憲法に組み込むかは、人権の観念から一義的に導くことはできない。そして、国内－地域－国際のそれぞれのレベルにおける重層的で多様な人権救済の仕組みを用意することが望ましい。EU諸国の人権保障はその最先端をゆくものである。さらに、価値の多元性と文化の多様性を認める国や社会であれば、最低限の要請である人権保障は、それぞれの哲学的・道徳的・宗教的な枠組みの中に位置づけることのできる場所を見出すことができるはずである。それが結果的に人権保障を強固なものにするし、相互尊重と寛容を基本原理とする人権の理念にとっても相応しい。

〈参考文献〉（＊は主要な参考文献）
　①レオ・シュトラウス『自然法と歴史』（ちくま学芸文庫、2013年）
　②アリストテレス「弁論術」『アリストテレス全集16巻』（岩波書店、1986年）
　③キケロ「国家について」「法律について」『キケロ選集8巻』（岩波書店、1999年）
　④H. L. A. ハート「自然権は存在するか」H. L. A. ハート〔小林公ほか訳〕『権利・功利・自由』（木鐸社、1987年）

⑤ John Finnis, Natural Law and Natural Rights (1980)
⑥ Richard Tuck, Natural Rights Theories (1979)
⑦ Brian Tierney, The Idea of Natural Rights (1997)
⑧ James C. Holt, Magna Carta (2d ed. 1991)
⑨ Gary B. Herbert, A Philosophical History of Rights (2002)
⑩ ホッブズ〔水田洋訳〕『リヴァイアサン(1)』(岩波文庫、1954年)
⑪ ジョン・ロック〔加藤節訳〕『完訳　統治二論』(岩波文庫、2010年)
⑫ Michael Ignatief, The Rights Revolution (2000)
＊⑬ ジョン・ロールズ〔中山竜一訳〕『万民の法』(岩波書店、2006年)
＊⑭ Charles R. Beitz, The Idea of Human Rights (2009)
⑮ Mary Ann Glendon, A World Made New: Eleanor Roosevelt and the Universal Declaration of Human Rights (2001)
⑯ カール・マルクス〔城塚登訳〕『ユダヤ人問題によせて／ヘーゲル法哲学批判序説』(岩波文庫、1974年)
⑰ ジョン・ロールズ〔川本隆史ほか訳〕『正義論〔改訂版〕』(紀伊國屋書店、2010年)
⑱ Conor Gearty, Can Human Rights Survive? (2006)
⑲ 芹田健太郎ほか『ブリッジブック・国際人権法〔第2版〕』(信山社、2017年)
⑳ Bryan S. Turner, Vulnerability and Human Rights (2006)
㉑ Robert Goodin, Protecting the Vulnerable: A Reanalysis of Our Social Responsibilities (1986)
＊㉒ Jack Donnelly, Universal Human Rights in Theory and Practice (3d ed. 2013)
㉓ Joseph Raz, The Morality of Freedom (1996)
㉔ ウィル・キムリッカ〔角田猛之ほか訳〕『多文化時代の市民権——マイノリティの権利と自由主義』(晃洋書房、1998年)
＊㉕ マイケル・イグナティエフ〔金田耕一ほか訳〕『人権の政治学』(風行社、2006年)
＊㉖ 辻村みよ子『人権をめぐる十五講——現代の難問に挑む』(岩波書店、2013年)
＊㉗ Henry Shue, Basic Rights: Subsistence, Affluence, and U.S. Foreign Policy (2nd ed. 1996)
＊㉘ アマルティア・セン〔大石りら訳〕『貧困の克服——アジア的発展の鍵は何か』(集英社新書、2002年)
㉙ James Griffin, On Human Rights (2008)
＊㉚ James W. Nickell, Making Sense of Human Rights (2nd. ed. 2007)
㉛ ロナルド・ドゥウォーキン〔木下毅ほか訳〕『権利論』(木鐸社、1986年)
㉜ Michael Rosen, Dignity: Its History and Meaning (2012)
＊㉝ 樋口陽一『国法学　人権原論〔補訂〕』(有斐閣、2007年)

第2章 イギリス

木下　和朗

◎比較のポイント

　イギリスは、日本と異なり、憲法の人権規定と違憲審査制の何れも欠く国である。人権は伝統的に、議会と裁判所「双方」が権能行使を通じて市民に保障した「結果」として獲得された。議会制定法の至高性を認める議会主権を憲法原理としながらも、法の支配の下、人身の自由、信教の自由、表現の自由、集会の自由などの市民的自由が消極的に保障され、コモン・ロー裁判所がそれらの侵害を救済してきた。しかし20世紀に入り、人権保障の伝統的枠組みの限界が認識され、人権保障における裁判所の役割が拡大している。この要因となるのが、行政決定に対する司法審査の活性化と欧州人権条約の影響である。1998年人権法は裁判所の役割拡大の一つの到達点を示している。現在、コモン・ロー上の市民的自由とともに、欧州人権条約上の権利が人権法により国内法に編入され、保障される。人権法は、議会制定法を条約上の権利と適合的に解釈することを裁判所に要求し、それができない場合、裁判所が不適合宣言などの救済を行う制度を定める。この制度は違憲審査制に類似した機能を営む。また、人権法に基づく裁判所の審査が人権保障の制度として定着する一方、新たな権利章典（人権規定）の制定も主張され、論争が続いている。他方、貴族院憲法委員会や人権両院合同委員会の活動など、議会による人権保障への寄与も強化される。イギリスにおける人権保障は、人権規定と違憲審査制という我々にとって自明の「型」にはめられていないからこそ、人権とは何か、人権をどのように保障するかという問題を、統治機構のあり方と合わせてより深く考える素材を提供している。

I 人権保障の歴史

1. 人権保障の母国

　イギリスは、議会政と並び人権保障についても「母国」とされる。この理由として、第一に、マグナ・カルタに代表される人権思想の最も旧い淵源を見出し得ること、第二に、アメリカやフランスが近代的人権宣言を制定するに至った18世紀末において、イギリスでは国民の諸自由を保障する仕組みが既に比較的発展していると当時の国政指導者や思想家が理解していたことが挙げられる。イギリスにおける人権保障は、最高法規性をもつ憲法典を制定することによらず、議会及び裁判所が国王の大権を制限する地位を確立していく歴史を通じて徐々に形成された（歴史一般につき、田中・文献②参照）。本章は、連合王国（United Kingdom of Great Britain and North Ireland）の中心であるイングランドにおける状況を主に概説する。

2. 人権保障の伝統的枠組みの淵源

(1) マグナ・カルタ

　マグナ・カルタ（Magna Carta）はイギリス憲法史上最も重要な文書の一つである。1215年6月国王ジョンがマグナ・カルタを認証してから2015年で800周年を迎えた。マグナ・カルタは本来、封建諸侯による旧来の支配権を確認する文書であり、近代的意味における自由や人権を保障するものではない。ただし、1225年に再発布され最終形態となったマグナ・カルタ29条は、自由人はその同輩の合法的裁判又は国法に拠らなければ、逮捕、監禁、差押え等を受けない旨を定め、国王が何人にも司法と正義を売らず、何人に対しても司法と正義を拒否し、又は遅延させない旨を誓約する。本条には、法と統治手段を分断し、国王が裁判手続を政治支配の道具に用いることを防止する目的があり、人権保障の淵源としての意義がある。一部の条項（1条、9条及び24条〔25年の29条に相当〕）は現在なお、最古の議会制定法（Magna Carta 1297）に位置づけられる。

(2) 中世における法の優位

　13世紀から14世紀にかけて、封建契約に基づく階層構造の下、被治者のみならず、国王を含む統治者も、古来の法に従うべきであるとの観念が生成した（伊藤・文献⑨16-23頁）。13世紀、ブラクトン（Henry of Bratton, *as known also* Bracton)は、「国王も神と法の下にある。なぜなら、法が国王を作るからである。」という法諺によって法の優位を表明した。新国王の即位などの際、マグナ・カルタの再発布や再確認が繰り返されたのは、法の優位を反映する。マグナ・カルタは、この統治慣行を通じて後世、自由の憲章としての象徴的重要性を獲得するようになった（Ⅰ3(2)参照）。

古来の法は主に裁判を通じて発見され、国王に集権化されつつあった統治権も、法が保障するべき自由及び権利の存在によって制限されると観念された。イングランドにおいては、国王の諮問機関である国王評議会から分化した各種コモン・ロー裁判所の判決例を集成したコモン・ロー（common law）が発見された古来の法を体現した。

3．国王と議会及び裁判所との対立を通じた混合政体の形成

エリザベス1世の治世期（1558-1603年）に確立の域に達した国王の絶対主義統治は、スコットランド王ジェイムズ6世がイングランド王ジェイムズ1世として即位し、ステュアート朝が発足した（1603年）後も比較的安定していた。しかし、チャールズ1世の即位（1625年）以降、国王と議会の対立が尖鋭となった。2次にわたる内戦（1642-46年、48年）、統治章典（Instrument of Government）に基づく共和制（1653-60年）、王政復古（1660年）、名誉革命（1688-89年）と変転の時代を経て、イギリスの国制と目される混合政体（mixed government）ないし制限統治（limited government）が樹立された（田中・文献②109-120頁、130-139頁）。

(1) 議会

議会は、金銭の賦課に際しての苦情を救済し不法を救済するため、イングランド人が裁判所にアクセスする権利を擁護してきた。これとともに、議会は、①権利請願（Petition of Right. 1628年）、②1679年人身保護法（Habeas Corpus Act 1679）、③権利章典（Bill of Rights 1688. 新暦1689年制定）、④1701年王位継承法（Act of Settlement 1701）という古来の自由及び権利の保護を内包する歴史的文書及び議会制定法を議決、制定した。これらは、通常の臣民の権利保護にほとんど影響せず、あくまで政治的に強力な階層の利益主張を擁護するものだった。しかし、無制限の立法権が議会中の国王に付与され、議会制定法の至高性が確立し（Ⅰ4参照）、国王大権（prerogative power）が制限される機縁となった。

(2) 裁判所

　議会が古来の権利及び自由を保護するために中枢としての役割を果たした一方、コモン・ロー裁判所は、法を厳格に解釈して自由を保護するように適用する役割を担った（Loughlin・文献㉔91-92頁、Bradley・文献㉕357-358頁、O'Cinneide・文献㉘70頁）。

　17世紀初頭、クック（Sir Edward Coke）は、コモン・ローが国王の権能を制限していると主張し、その推論にマグナ・カルタに規定されている諸自由を援用した（*Dr Bonham's Case*. 文献⑥90頁〔寺尾美子〕。長谷部・文献⑩が示唆に富む）。

　18世紀から19世紀の間、①執行権はコモン・ロー及び議会制定法の明確な根拠がない限り、何事もなし得ず、個人の自由を制約し得ないという＜適法性の原則＞と②個人は法による明確な禁止がない限り、何事も自由であるという＜自由の推定＞が法制度へ徐々に根付いていった。*Entick v Carrington*（文献⑤36頁〔高窪貞人〕）は、このような自由保障のアプローチを例証する古典的判決である。煽動的記事を執筆したEntickの住居を、対象を特定せずに捜索差押する権限を付与するための一般令状を発付する国務大臣の権限は、煽動の沈静という国家利益のために不可欠であることを根拠としても、議会制定法及びコモン・ローにおいて認められないとした。さらに、③裁判所は個人の自由を保護するように刑事法及び警察権の射程を制限解釈すべきであるという制定法解釈の準則が生成した。

4．憲法原則としての議会主権と法の支配の定式化

　19世紀、Albert Venn Diceyは『憲法序説』（初版1885年）を著し、憲法の枠組みを定式化した。Diceyは「イギリス憲法全体を支配する二つの原理」（Dicey・文献㉓406頁、訳書388頁）として、①議会主権（Sovereignty of Parliament）と②法の支配（Rule of Law）を挙げる。第一に、議会主権の下、国王、貴族院（House of Lords. 議会上院）及び庶民院（House of Commons. 議会下院）が共同して活動する「議会中の国王」（King/Queen in Parliament）が制定する議会制定法（Act of Parliament）があらゆる事項に及び、最高の形式的効力をもつため、違憲審査制など議会制定法を無効とする制度は存在しない。第二に、法の支配の下、何人も、司法裁判所の判決の結果である通常法に拠らない限り、処罰されず、身体若しくは財物に不利益を加

えられない。さらに、すべての人が、その階級や身分にかかわりなく、通常法に服し司法裁判所の裁判権に従う義務がある。

5. 人権保障の伝統的枠組みの特徴

イギリスにおける人権保障の伝統的枠組みの理解は、Diceyの定式から大きな影響を受けている（Bradley・文献㉕357頁）。その特徴は、①消極的性質を有する市民的自由、②議会と裁判所との協調、及び③裁判所の判例形成を通じた通常法の結果による保障に見出される。

(1) 残余としての市民的自由

伝統的に保障されてきた市民的自由（civil liberties）は残余（residual）としての性質をもつ。適法性の原則と自由の推定（Ⅰ3(2)参照）によって市民的自由が消極的に保障される。かくして、イギリス市民は信教の自由、表現の自由、集会の自由等を享有する（Diceyは、人身の自由、討論の自由、公の集会の自由を挙げる）。市民的自由はその性質上、自由権である。ただし、市民的自由は集合体として観念され、個別の権利に分類、体系化するという意識は希薄である。

(2) 議会と裁判所の協調

市民的自由は、立法府たる議会と司法府たる裁判所との協調、すなわち、議会立法権の自制、議会による執行府の監視、及び裁判所の厳格な法解釈を通じて保障される。第一に、「議会主権と言っても、けっして単純に多数決で万事を決するということはあり得ないのであって、議会は不可避的に、かつ十分に『憲法が保障する権利』を尊重しこれを配慮して立法をおこない政策を決定する」（奥平・文献④12頁）。Diceyに拠ると、国民代表機関たる庶民院の優位に基づく政治的主権と法的主権との意思の一致、及び憲法習律（constitutional convention）による規律により、議会立法権の自制が確保される（Dicey・文献㉓429-432頁、訳書405-408頁）。第二に、「裁判所は、けっして議会追随主義をこととすることなく、議会主権の間隙を縫いながらコモン・ローに貫流する『権利』を、司法特有の技術と論理を駆使して保護してきている」（奥平・文献④13頁）。以上の2点は歴史解釈（ウィッグ史観）に基づく言明であり、名誉革命後の混合政体がこのように解釈されたのである。

(3) 通常法の結果としての市民的自由の保障

　市民的自由の保障が通常法の結果であることは、市民的自由が侵害されたとき、独立した裁判所がコモン・ロー上の救済を行うことと結び付いて理解される。裁判所による救済を得た自由が権利として蓄積する。したがって、憲法典の人権規定によって人権を保障するという発想が無い。またDiceyは、通常裁判所の判決であることを重視して、イギリスにおいては特別裁判所による行政活動の審査規範である行政法が無いと喝破し、公法と私法の区別を特に観念しない（Dicey・文献㉓12章、訳書318頁以下）。この結果、人権の私人間保障は問題にされてこなかった。

II　人権保障の諸制度

1．人権保障の伝統的枠組みの限界

　人権保障の伝統的枠組みは、①最高法規性及び硬性という性質を有する憲法典及び②違憲審査制という「『憲法が（権利を）保障する』ために特有なメカニズムをもたないですませてきている」（奥平・文献④11頁）。しかし20世紀に入ると、このような枠組みの限界が顕著になる。

(1) 議会制定法による市民的自由の縮減

　名誉革命により議会主権が確立した直後から、執行府に市民的自由を制約する権限を授権する議会制定法の例は陸続と見出される。国家的危機の最中に立法する、又は周縁の社会集団を対象に立法する場合、議会の自制は必ずしも働かないのである（Loughlin・文献㉔92-93頁、O'Cinneide・文献㉘71頁）。18世紀以降、国王に逮捕・勾留権を付与する議会制定法により、人身保護令状の実効性は劇的に低下した。19世紀のアイルランド危機に適用された特別の逮捕・勾留権を付与する一連の議会制定法は、1911年国家秘密法（Official Secrets Act 1911）、1914年国土防衛法（Defence of the Realm Act 1914）及び1920年緊急権法（Emergency Powers Act 1920）の先駆けとなった。これらの諸法は、大臣に立法権を白紙委任し、言論、移動及び集会の自由をも制限する。また、議会制定法による社会経済政策の推進は、政府に新たな裁量を付与することをも意味する。これは、行政国家、イギリスにおいては内閣統治制（Cabinet Government）の出現として知られる現象である。1929年、Lord Hewartは『新たな独裁』を公刊し、政

府が次々に権限を獲得することによって憲法の諸原理が浸食されると非難した。

(2) 不十分なコモン・ロー上の救済

裁判所によるコモン・ロー上の救済も十分でなかった。裁判所は、公的機関の行為を審査し、人権保障を遵守しているかを判断する権限を有していなかった。しかも、議会制定法の有効性を審査せず、議会の意思を実現するように制定法を解釈する。*Malone v Metropolitan Police Commissioner*（倉持・文献⑪97-124頁、文献⑥106頁〔戒能通厚〕）は、裁判所による救済の限界を典型的に示した判決である。令状なく自宅の電話が盗聴されていることの違法宣言判決を求めた事件につき、裁判所は、宣言判決する権限をコモン・ロー上又はエクイティ上の権利として否定するだけでなく、内務大臣の電話盗聴を禁止するコモン・ロー及び議会制定法が無い以上、電話盗聴は適法であると判決した。皮肉にも、市民は法により禁止されない限り自由であるという原則が、政府の行為は法により禁止されない限り適法であるという解釈に転用されたのである。

2. 行政決定に対する司法審査の活性化

第2次世界大戦後、議会制定法を通じて授権され増大する政府権限の行使を監視するために、新たな司法手続と準則が発展した（Loughlin・文献㉔97-98頁、深澤・文献⑫157-159頁、214-215頁）。裁判所は、行政決定の適法性を審査する際、権限踰越（ultra vires）原則に従い、①違法性（管轄権を踰越しているか）、②手続上の不適正、③不合理性（いかなる合理的な当局もなし得ないほどに不合理であるか。*Associated Provincial Picture House Ltd v Wednesbury Corp* 参照）という基準を適用する。裁判所は、議会の意思の解釈として、これらの基準を満たす授権が行政機関になされたことを前提にする。しかし実質的には、裁判所は、「議会の意思」を擬制し、不合理性及び手続上の不適正という基準の具体的内容を創造し始めた。1960年代、法の過誤、手続上の不適正及び国王大権といった分野の審査に関して幾つかの画期的判決があったものの、1970年代までの展開は緩慢だった。しかし1980年代以降、行政決定に対する司法審査権の積極的行使が目に付くようになった。裁判所は、①「厳格な適用」として前述の基準をコモン・ロー上の権利自由の保障に適した厳格な内容に再構成する

とともに、②審査対象を議会制定法に基づく権限の行使から国王大権や事実上の権力の行使にまで拡張し、③原告適格も緩和した。

3. 欧州人権条約の影響

　欧州人権条約（European Convention on Human Rights. 本章において以下、「人権条約」という）も、人権保障における裁判所の役割拡大の大きな要因となった。1951年、イギリスは人権条約を批准した（人権条約一般の国内法化につき、第10章Ⅱ参照）。1966年、イギリス政府はイギリス国民個人による人権条約違反の申立てを受容した。1975年、欧州人権裁判所（European Court of Human Rights）は、受刑者と弁護士との接見交通を制限する刑務所規則を人権条約6条1項（公正な裁判所による公開審理を受ける権利から、裁判所にアクセスする権利が保障される）等に違反すると判断し、イギリス政府が初めて敗訴した（*Golder v the United Kingdom*. 文献⑦275頁〔北村泰三〕）。1975年から90年までの間、イギリス政府が当事者となった人権裁判所判決30件のうち21件において条約違反と判断された（Bradley・文献㉕363頁）。Malone事件（Ⅱ1⑵参照）のように、国内裁判所で救済されなかった事案に関して個人が人権裁判所に申立て、人権裁判所が人権条約違反と判断し、判決を受けて議会制定法が制定又は改正されるという事象も見られた。イギリス裁判所は次第に、人権条約が国内法に編入されていないにもかかわらず、人権裁判所の判例をより考慮するようになった。

4. 法の支配の優位と人権保障の枠組みの転換

　イギリス国内における人権条約の影響は、司法審査の活性化と合わせて理解することが肝要である（Loughlin・文献㉔101頁）。裁判所は伝統的に、権限踰越原則に代表されるように公的機関が行使する権限に着目して審査するアプローチをとってきた。司法審査の活性化を通じて、権限行使が個人の権利を侵害するか、又はどの程度制約され得るかを審査するという権利基底アプローチが裁判所に普及した。しかし、議会主権の下で裁判所の役割を議会意思の解釈にとどめる憲法構造においては、積極的な司法審査といえども限界がある。これが背景になり1990年代以降、イギリスの国内裁判所が人権条約を直接執行すべき必要性を擁護する見解が指導的裁判

官の間で広がった。

　さらに、現代の国制＝憲法の中で法の支配の地位を強固にすることが裁判官の本質的任務であるという考えも指導的裁判官の一部に現れた。議会主権に対する敬譲を示しつつも、法の支配を、政治上の抱負から司法上の原則へと、さらに進んで、議会主権に優位する憲法上の根本原理へと転換しようと試みる立場が判決の意見中に表明されるようになった（例えば、*X v Mogan-Grampian [Publishers] Ltd* における Lord Bridge 意見）。これらの考えが、議会との協調に基づく人権保障の伝統的枠組みからの転換、すなわち、裁判所が人権保障においてより積極的な役割を果たそうとする動向に影響した。

5．1998年人権法
(1) 制度の概要

　1998年人権法（Human Rights Act 1998. 本章において以下、「人権法」という）は、2000年10月から施行され、人権保障における司法積極主義と議会主権との間に一応の折り合いを付けた。人権法は人権条約を国内法に編入する議会制定法である（江島・文献⑬、中村・文献⑭ 667-672頁参照。なお、江島による関連文献が多数ある）。

　人権法が規定する「条約上の権利」（Convention rights）とは、①人権条約2条から12条及び14条、②第1議定書1条から3条、並びに③第13議定書1条において規定される権利を意味する（1条）。裁判所は条約上の権利と可能な限り適合的に議会制定法を解釈する義務を負う（3条）。このような義務づけは、裁判所による議会制定法解釈の伝統的アプローチ（plain meaning）と対立する契機を含んでいる。公的機関（public authorities. 裁判所及び審判所並びに「公的性質をもつ機能を営むあらゆる者」）による条約上の権利に適合しない行為（作為又は不作為）は違法である（6条(1)）。ただし、①公的機関が議会制定法の規定に拘束され、他の行為を取り得なかったとき、又は、②行為の根拠となる議会制定法自体を条約上の権利に適合するように解釈できない若しくは執行できないときは、当該行為は違法でない（6条(2)）。人権法は、公的機関の行為を規律対象としており、私人間における条約上の権利侵害事案に適用可能かについて明定していない。この点、学説において争いがある。公的機関が6条にいう違法な行為を行った

と主張する者は、人権法に基づき公的機関に対する訴訟を裁判所に提起でき、又は、いかなる法的手続においても条約上の権利を援用できる（7条(1)）。ただし、これらの提訴等ができるのは、違法な行為により権利侵害を被った者、具体的には、人権条約34条に定める申立ての適格がある者に限られる（7条(7)）。

司法審査においては第一に、適合解釈が不可能なときは、裁判所は不適合宣言をなすことができる（4条(1)(2)）。ただし、不適合宣言は、争われた規定の効力、継続的な適用又は執行に影響を及ぼさず、事件当事者も拘束しない（4条(6)）。不適合宣言がなされた場合、議会制定法の改正が期待されるが、議会主権から当然に議会は改正を義務づけられることはない。他方、国務大臣が人権条約との不適合性を除去するために必要な議会制定法の改正を救済命令（remedial order）として発案し、議会が当該命令を一括して同意するかを判断するという手続が設けられる（10条。ヘンリー8世条項〔Henry VIII clause. 命令により議会制定法を改正する権限を大臣に授権する条項〕の1種である）。第二に、公的機関の行為が違法であるとき、公正かつ適切な救済又は命令を発することができる（8条(1)）。民事訴訟において裁判所が賠償の支払いを命ずることができ、かつ、他の救済措置を考慮しても損害賠償を認容する必要があると裁判所が認めるときは、裁判所は損害賠償を認容できる（8条(2)）。

(2) 不適合宣言と違憲審査制

裁判所が行う不適合宣言は違憲審査制に類似する機能を営むと目される。一般に、判例は、議会と裁判所の協調から両者の「対話」への移行に伴う困難を象徴している。これにともない、不適合宣言の性質が活発に議論されている（中村・文献⑭、上田・文献⑮参照）。

6. 人権法に基づく審査における判断枠組み

人権法の下、条約上の権利との適合性は3つの枠組みをもって審査される（Amos・文献㉖83-112頁）。

第一に、法によって規定されていること（prescribed by law）を要する。具体的には、①国内法において制約の法的根拠があるか、②争われる法又は準則が制約を被る個人にとって十分にアクセス可能であり、その者がその射程を理解し、制限される行為を予見できるか、③①及び②の基準を満

たすことを前提として、恣意的に適用されていないかが問題となる（*R v Commissioner of Police of the Metropolis, ex parte Rottman*）。

第二に、比例原則（proportionality）の下、制約は正当な目的を達成するために比例するものであることを要する（深澤・文献⑫251-317頁）。人権法制定前、比例原則は、イギリス裁判所においてEU法を媒介として用いられるにとどまり、判断枠組みとしては用いられていなかった。人権法制定後、意見の相違を経て、貴族院としては、Lord Steynが枢密院判決を引用して次の通り比例原則を定式化した（*R v Secretary of State for the Home Department, ex parte Daly*）。①立法目的（legislative objective）が基本権を制限することを正当化するために十分に重要であるか。②手段（measures）が立法目的に合理的に関連するものとして設計されたか。③手段が立法目的を達成するために必要最低限であるか。その後、Lord Binghamにより、比例原則は、①～③に④手段が個人の権利と共同体の利益との間で公正に均衡しているか（strike a fair balance）という基準を加えて、4基準にまとめられている（*R v Secretary of State for the Home Department, ex parte Razgar*）。

第三に、比例原則の適用判断における審査密度に関して、議会や執行府といった第一次判断権者が行った衡量に対する裁判所の敬譲（deference）が問題となる。裁判所は、「互いに競合する考慮を衡量すること、与えられた主題について責任を負い、かつ特別の知識と助言にアクセスできる者の決定の適切な衡量に従うこと」は「裁判所の通常の任務遂行」であるとして（*Huang v Secretary of State for the Home Department and Kashmiri v Secretary of State for the Home Department*）、審査密度を調整する。

これらの判断枠組みは、行政決定に対する司法審査基準であるWednesbury判決の不合理性（Ⅱ2参照）と異なる一方、ドイツ憲法裁判所や欧州人権裁判所の判例に見られる比例原則と同じであるかについて「異同が問題となる」（深澤・文献⑫348頁）が、近似しているとは言えよう。

7. 議会による人権保障

今日に至ってもなお、議会両院が人権保障において積極的役割を担うべきだという観念が存し、議会内に人権保障制度が発展している。人権法は、政府法案を所管する大臣に①当該法案が条約上の権利と適合する、又は②適合声明を発することができないにもかかわらず、当該法案の審議を求め

る、何れかの声明を第二読会までに行うことを義務づける（19条(1)）。議院は、憲法ないし人権事項を所管する委員会を設置して、当該委員会が審議・調査し、一般的な憲法問題や個別の議会制定法案（法案草案draft Billを含む）等に含まれる人権問題に見解を示している（木下・文献⑯参照）。代表例が人権両院合同委員会（Joint Committee on Human Rights）及び貴族院憲法委員会（Constitution Committee）である。これらの委員会は、その任務に応じて人権条約適合性ないし憲法上の妥当性の観点から政府法案を調査し、その修正等の内容を含む勧告を行っている。法案審議においても、当該委員会の勧告に基づく修正動議がしばしば熱心に提出される（Ⅲ3参照）。

8．新権利章典制定をめぐる論争
(1) 制定論争の背景と新権利章典の性質
　1970年代中頃から、第2次世界大戦後に形成された政治・経済・社会すべての仕組みにおいて行き詰まりが生じ、経済の衰退（英国病）が顕著となり、人権保障の伝統的枠組みを含む既存の国制＝憲法にも疑念が向けられるようになった（Loughlin・文献㉔38頁）。1972年ヨーロッパ共同体加盟法（European Communities Act 1972）の制定や、議会制定法を人権条約違反とする欧州人権裁判所の判決が続いたこと（Ⅱ3参照）も、この疑念に拍車をかけた。これらを背景に、Lord Lester, Lord Scarmanといった著名裁判官が憲法改革論の一環として新たな権利章典（Bill of Rights）の制定を主張したことが契機となり、新権利章典制定論争が政界・法曹界・学界において起こった（中村・文献⑭664-665頁参照）。ここでいう「権利章典」とは、議会主権を制限し、裁判所の審査を通じて保障される——この点で伝統的枠組みから逸脱する性質をもつ——権利の成文法典が念頭に置かれる。

(2) 制定推進論の文脈——親欧州人権条約から反人権法へ——
　従来、新権利章典の制定推進論は人権条約の国内法編入論と軌を一にする面があった。しかし、制定推進論と人権条約の関係をめぐる文脈は、人権法の制定（Ⅱ5参照）を機に一変した。人権条約、さらに人権法に基づく審査に対する反発として、人権法を廃止して、イギリス独自の価値を体現した権利章典を制定し、国内裁判所が最終判断機関となり、議会制定法の人権適合性を審査すべきであると主張されるようになった。2005年、

人権裁判所が受刑者の選挙権を停止する1983年国民代表法（Representation of the People Act 1983）を人権条約第1議定書3条に反すると判断した（*Hirst v the United Kingdom (no 2)*）ことは、このような反発と制定推進論が広がる象徴的事件となった。近年、労働党及び自由民主党が人権法を支持する一方、保守党は新権利章典制定を主張してきた。しかし学説の多数は、人権法に替えて新権利章典を制定することに批判的又は懐疑的である。

2016年6月23日、イギリスのEU離脱（ブレグジットBrexitと称される）の賛否を問う国民投票において、投票者の過半数が離脱を支持した。これにより直ちに人権法をはじめ人権保障の制度が変わるわけではない。欧州人権条約はEU法と異なる法体系だからである。ただし、EU離脱の影響が人権法や新権利章典論争にどのように波及するか、そもそもイギリス法がどのように変移するかは、予断を許さない状況にある。

III　保障される人権の特徴

今日、裁判所による審査を通じて保障される人権として、①コモン・ロー上の諸自由と②人権法により国内法に編入された人権条約上の権利が挙げられる。このうち、人権法に基づく審査が人権保障システムの中心をなす（O'Cinneide・文献㉘96頁）。特に、プライヴァシーの分野では人権法に基づく審査が大きな意義をもつ。

1．言論の自由
(1)　コモン・ロー上の自由

コモン・ローに基づく言論の自由は、残余として保障される市民的自由の典型である。言論が不法でない限り、自由に話し書くことが保障される。言論の自由は長い歴史をもつ広汎な制約に服する一方、その保障は次の通り発展している（バレント・文献⑰47-50頁）。第一に、主に名誉毀損、守秘義務違反、裁判所侮辱の事件において、裁判所は、言論の自由又はプレスの自由に係るコモン・ロー上の諸原則を援用し、当該自由の行使を制約する他のコモン・ロー上の準則の射程を限定しようと試みてきた。第二に、裁判所は、コモン・ロー上の言論の自由の優位という推定を、当該自

由を制約し得る議会制定法の射程を限定するために援用してきた。第三に、裁判所は、言論の自由の制約を理由として、新たな準則の定立や裁量行使をしばしば拒否してきた。総じて、言論の自由は、名誉や公正な裁判を受ける権利といった十分に確立された他の法的権利に対抗する防禦手段として、又は例外若しくは限定を設定するものとして扱われる。言論の自由を保障する強力な論拠が存在しない限り、言論の自由に対抗する法的権利が保障されるという推定が働くのである。さらに、裁判所は、言論の自由の射程についてさほど審査してこなかった。

(2) 人権法による保障

人権法に基づく審査によって言論の自由の保障が強化されたかという問題に解答することは難しい。そもそも一定の領域においては、コモン・ロー上の言論の自由の保障は人権条約より進んでいたと評価される。人権条約が表現の自由に対する一定の制限を許容する（10条2項）ことから、人権法は、裁判所が人権条約上の表現の自由の重要性を特に考慮しなければならない旨を規定し、特に事前差止めに関しては裁判所に特別の考慮を要求する（12条(2)及び(4)）。ただし貴族院は、人権法の下で表現の自由が原理上優位するとは考えられず、競合する条約上の権利及び利益と衡量されなければならないとした（*Campbell v MGN Ltd*）。

(3) ヘイト・スピーチ規制

人種・民族・国籍・宗教など特定の属性により区別される集団又は個人に対する憎悪ないし差別表現はヘイト・スピーチと称される。イギリスは第2次世界大戦前から、議会制定法に基づき特定のヘイト・スピーチに刑事罰を科してきた（奈須・文献⑱、文献⑧390頁以下〔村上玲〕参照）。1936年公序法（Public Order Act 1936）は、治安紊乱の蓋然性があることを要件に、人種差別言論にも適用された。1965年人種関係法（Race Relations Act 1965）は、移民増加にともなう人種間の緊張を緩和する政策の一環として制定され、治安紊乱を要件としない人種憎悪煽動（incitement to racial hatred）罪を初めて法定した（6条）。人種憎悪煽動罪は、数度の改正と新法制定を経て、現行法である1986年公序法（Public Order Act 1986）第3編に統合、編入されている。

86年法によると、人種憎悪とは「皮膚の色、人種、国籍（市民権を含む）又は種族若しくは民族の出身により定義される人達の集団に対する憎悪」

である（17条）。威迫、罵倒若しくは侮辱する言葉若しくは行為を用いた者、又は同様の文書を掲示した者は、人種憎悪の煽動を意図したとき、又はすべての状況に鑑みて人種憎悪が煽動される蓋然性があるときは、罪となる（18条）。①文書の公表又は配布、②演劇の公演、③録画物又は録音物の配布、上映又は演奏、④放送又はケーブル放送番組といった形態についても、18条とほぼ同じ要件により罪となる（19～22条）。加えて、掲示、公表等の目的で人種憎悪を煽動する物の所持も罪となる（23条）。これらの罪の法定刑は2001年に大幅に引き上げられ、最高7年の自由刑に処せられる（27条）。

　憎悪煽動罪の対象は現在、①宗教信仰（29A～29N条）及び②性的指向（29AB条）によって定義される人達の集団に拡張される。このうち、宗教に係る言説は社会の構成や文化に関する言論という意味で公的言論であり、宗教的言論に対する過度の規制には根強い懸念がある（バレント・文献⑰315頁）。この懸念により貴族院段階において法案が修正され、宗教憎悪煽動罪の要件は人種憎悪煽動罪に比べて厳格である。すなわち、宗教憎悪煽動罪の成立は、威迫的内容に限定され、憎悪を煽動する意図の証明を要する。さらに、同罪が特定の宗教に対する批判等の表現の自由を禁止、制約するように解釈、適用されてはならない旨が規定される（29J条）。

2．平等
(1) 立法による保障

　イギリスにおいても19世紀末から、自由権を中心とする保障は、すべての者に平等な自由を希求するより革新的な自由主義思想の挑戦に晒されることになった。ただし、コモン・ローは不当な不平等を救済できなかった（Stone・文献㉗519頁）。平等や社会権の保障は、政府による教育、保健、住宅、社会保障などといった社会経済政策の問題と観念され、立法を通じて実施されている。

　平等保障に関しては、移民の増加や女性の進出という社会状況を背景に、1965年人種関係法を嚆矢として、主に私人間の労働関係における人種及び性別による差別禁止が立法化された。1970年代以降、EC加盟にともなう条約及び指令に基づく差別禁止義務の実施という要因も相俟って、1970年平等賃金法（Equal Pay Act 1970）、1975年性差別禁止法（Sex

Discrimination Act 1975)、1976年人種関係法（Race Relations Act 1976）、1995年障害者差別禁止法（Disability Discrimination Act 1995）に代表される個別の議会制定法及び制定法文書（Statutory Instruments. 従位立法）の制定を通じて、差別禁止の対象となる事由、形態及び関係が拡充されてきた（Stone・文献㉗519-520頁）。

(2) 2010年平等法

2010年平等法（Equality Act 2010）は、平等保障に係る個別法を統合・調和し、平等の進展を強化することを主な目的とする（Stone・文献㉗521-532頁。なお、文献⑧422頁以下〔杉山有沙〕参照）。主な内容は次の通りである。

第一に、①年齢、②障害、③性転換、④婚姻及び同性間のシビル・パートナーシップ（civil partnership）、⑤妊娠及び母性、⑥人種、⑦宗教又は信条、⑧性別、⑨性的指向を、差別禁止の対象となる保護特性（protected characteristics）とする（4～12条）。

第二に、次の形態の差別を原則禁止する。①特定の者をその保護特性を理由に他の者よりも不利に取り扱う＜直接差別＞（13条）。②平等に適用される一方、特定の保護特性を有する者にとって不利となる規定、基準及び慣行を適用する＜間接差別＞（19条）。ただし、禁止される間接差別の具体的内容は保護特性に応じて複雑に規定する。③婚姻及びシビル・パートナーシップ並びに妊娠及び母性以外の保護特性に関して、尊厳を侵害する又は脅迫・敵対・降格・侮辱若しくは攻撃となる環境を創出する効果をもつ、相手が望まない行為である＜ハラスメント＞（26条）。④本法の保護行為（争訟の提起、情報提供、差別の主張等）を理由に不利益を課す＜迫害＞（victimisation. 27条）。

第三に、積極的格差是正措置（positive action）に係る一般規定として、①保護特性を有する者が当該特性に関して不利益を被る、②保護特性を有する者にそうでない者とは異なるニーズがある、又は③保護特性を有する者による活動への参加が不相応に低いという状況のいずれかがあると合理的に考える者は、当該状況を改善する目的に比例する措置をとることを禁止されない（158条）。また英国議会議員選挙等において、登録政党は、政党所属の候補者数における不平等解消という目的達成に比例する手段として、候補者の選定を規制する措置を講ずることができる（104条）。性別に関しては、例えば女性のみに限るといった候補者リストが認められる一

方、性別以外の保護特性に関しては、特定の保護特性に限定する候補者リストは認められない。ただし、性別に関して積極的格差是正措置を許容する規定は2030年末までの限時法である（105条）。2002年性差別禁止（選挙候補者）法（Sex Discrimination [Election Candidates] Act 2002）が同様の措置につき2015年末までとしていた期限を延長する効果をもつ。

　第四に、大臣、政府省庁、地方当局、NHS等の公的機関は、戦略的決定を行う際、当該決定が社会的経済的不利益をともなう不平等を縮減するために妥当なものかを考慮する義務を負う（1条）。加えて、附則第19に規定される公的機関は、本法が禁止する行為の廃絶、並びに、保護特性を有する者とそうでない者との機会の平等及び良好な関係の促進という義務も負う（149条）。従前の立法は、主に私人間関係における平等を規律していた。当該諸規定により、一部の保護特性に限られていた公的機関との関係における平等保障が拡充される。

(3) 差別による被害の救済

　差別による被害の救済は、雇用関係に関しては雇用審判所（employment tribunal）、これ以外の関係に関しては議会制定法に基づく不法行為（statutory tort）の問題として主にカウンティ裁判所によって担われる。このほか、2006年平等法（Equality Act 2006）に基づき、平等及び人権委員会（Equality and Human Rights Commission）が設置される（Stone・文献㉑532頁）。当該委員会の任務は広汎にわたり、被害者の救済を補佐する権限も有する。当該委員会は国内人権機関としても位置づけられる（第10章Ⅰ3(2)参照）。

3．テロリズム対策立法と人権保障

　テロリズム対策立法をめぐる政府、議会及び裁判所の対応は、イギリスにおける人権保障の現況を示す格好のテーマの一つである。

(1) テロリズム対策の立法化

　イギリスは、アイルランド26州の分離独立（1921年イギリス‐アイルランド条約締結。1937年憲法制定）後も北アイルランド紛争という危機要因を抱えている。1960年代末から過激武装組織である北アイルランド共和軍（IRA）の活動がイングランド内に及ぶと、1974年テロリズム防止（臨時措置）法（Prevention of Terrorism [Temporary Provisions] Act 1974）が制定された。以降、各種テロ対策が限時法により実施された。

1990年代に入ると、イスラム過激思想に基づくテロの脅威が顕在化する。2000年テロリズム法 (Terrorism Act 2000) は、取締対象組織を拡張し、それまでに実施されたテロ対策を統合する恒久法として制定された。2000年法は、「テロリズム」を、①人に対して深刻な暴力を加える、財産へ深刻な損害を与える、本人以外の者の生命を危険に晒す、公衆の健康若しくは安全に深刻なリスクが生ずる、又は、電子システムに深刻な障害若しくは混乱をもたらす行為の何れかに当たり、②政府に影響を与える若しくは公衆を威嚇することを企図し、かつ、③政治・宗教・人種若しくはイデオロギー上の大義の追求を目的にする行為を行うか又はその虞があることと定義している（1条）。

アメリカ同時多発テロの発生（2001年9月11日）後、Tony Blair 労働党政府は、アメリカ合衆国が主導する「対テロ戦争」に参画すべく、国内のイスラム過激派に対する取締を強化する方針を示した。2001年反テロリズム・犯罪・安全保障法（Anti-Terrorism, Crime and Security Act 2001）が急遽制定された。2005年7月7日、ロンドン中心部において地下鉄・バス爆破テロ事件が発生し、イギリス国民に多大な犠牲（死者56人、負傷者700人以上）をもたらした。この事件が自国籍のイスラム教徒の青年達によって実行されたことが明らかになると、社会全体に衝撃が走った。現在、政府が国内外の情勢変化に対応しつつテロの脅威にいかに対処すべきかは、大きな政治、社会問題である。2000年法以降、2015年対テロリズム及び安全保障法（Counter-Terrorism and Security Act 2015）までの間、テロ対策法は主要な議会制定法に限っても8を数える（上田・文献㉒49-56頁）。

(2) 政府・議会・裁判所の重層的対話

2000年法以降のテロ対策法に関しては、①起訴を経ない無期限勾留 (indefinite detention without trial)、②行動統制命令（control order）などが人権保障との関係で問題となった。これらの問題が裁判所において争われる場合、コモン・ロー上の権利が援用されることもあるが、通常、人権法に基づき人権条約適合性が審査される。

貴族院は2004年、国際協定に関わる法の観点又は実務的理由から国外退去を命ずることができない外国籍の国際テロリスト被疑者を起訴せずに無期限勾留する権限を内務大臣に15ヶ月という期限を付して授権する2001年法23条を人権条約5条に適合しないと宣言した（*A v Secretary of*

State for the Home Department)。

　A判決を承けて政府は、2001年法の無期限勾留を廃止して行動統制命令に置き換える方針に転換し、2005年3月14日の2001年法23条等の失効を控えて、新法制定を急いだ。しかし、貴族院の審議において党派を超えて法案に対する反対が生じた。行動統制命令は、勾留よりも人権侵害的でないものの、適用対象がイギリス国民に拡張され、刑事手続を経ない自宅軟禁が可能になると捉えられたからである。結果、①条約の適用除外を要する命令の発令は裁判所の権限とすること、②失効期日を定める条項（sunset clause）を加えるという修正を行うことで両院が一致し、2005年テロリズム防止法（Prevention of Terrorism Act 2005）が制定された（岡久・文献⑲参照）。2005年法によると、行動統制命令とは、テロリズムのリスクから公衆を保護することに関わる目的のため個人に対して義務を課す命令である（1条(1)）。命令は、テロ関連活動への関与を防止又は制限することに関わる目的のために必要と判断したあらゆる義務を対象者に課すことができ（1条(3)）、例えば、指定時間帯の外出禁止、自宅への来訪者若しくは面会の禁止若しくは制限、電子タグの装着など、広汎かつ多岐にわたる個人の活動制限を含む（1条(4)～(7)）。

　2005年法を根拠に発令された行動統制命令はすべて、内務大臣が発令し12ヶ月間有効である、条約の適用除外の明示を要しない命令（non-derogating order. 2条）である。しかし、従来は自宅軟禁とされてきた制限形態も含まれており、司法の場で人権条約適合性が争われた。貴族院は、命令制度自体の適合性を審査せず、個別の命令の内容や手続の適合性を審査している（江島・文献⑳、岩切・文献㉑参照）。

　2010年庶民院総選挙を承けて成立したDavid Cameron保守党・自由民主党連立政府は、行動統制命令を速やかに見直す方針を政策綱領に明記した。見直しの結果、2011年テロリズム防止調査措置法（Terrorism Prevention and Investigation Measures Act 2011）が制定された。2011年法の制定は、2005年法と比較すると、十分な時間を費やし、慎重な手続を踏むものだったことが注目される。2011年1月26日、政府は、検証報告書（Cm 8004 [2011], Review of Counter-Terrorism and Security Powers: Review Findings and Recommendations）を議会に提出し、新法の理念を明確にした。5月23日の法案提出後、庶民院が法案を一般法案委員会（Public Bill Committee）へ

付託したほか、人権両院合同委員会及び貴族院憲法委員会においても法案に含まれる問題点が調査され、議院に報告された。

　2011年法は、2005年法を廃止して（1条）、テロリズム防止調査措置（TPIM Measures）を発する権限を内務大臣に付与する（2条(1)）。当該措置の内容は2015年現在、所定の居宅における夜間滞在など、附則第1の第1編が列挙する12項目に限定され（2条(2)）、有効期間も最長2年である（5条）。この点で、行動統制命令に非常に似ているが、それよりは人権侵害的でないと評価されている。

　テロ対策法と人権保障との関係をめぐっては、政府、庶民院、貴族院という政治部門と裁判所がそれぞれ規制の正当性及び人権観を率直に表明し、動態的かつ重層的な相互作用——今日のイギリス学説においても「対話」(dialogue)と称されることが多い——が成立していると言えよう。

むすびにかえて

　イギリスにおいては、人権保障の伝統的枠組みの限界を克服するべく、人権法という新制度を導入し、議会主権という憲法原理を維持する一方、人権保障における裁判所の役割が飛躍的に拡大した。このことにより、政治部門と裁判所の相互作用、議会による人権保障の強化、権利章典制定論議という多様な展開が生じている。ここに、独特の伝統と革新との調和という経験知を見出し得る。また、イギリスにおける人権保障は、国内・ヨーロッパの重層にわたる統治部門間の相互関係と多様な統治手法とを通じた動態的過程である。その保障が最善であるかは分からず、完璧でもないが、停滞はしていない。確かに、人権保障の眼目の一つは普遍性の追求にある。ただし、これに加えて、時代ごとに妥当する人権の内容と保障の仕組みを積極的に追求、構築することの重要性をイギリスの実践は我々に教えている。

〈参考文献〉（＊は主要な参考文献）
　＊①木下和朗「イギリスにおける人権保障」岡山大学法学会雑誌67巻1号（2017年）公表予定〔本章の詳細版である〕
　＊②田中英夫『英米法総論 上』（東京大学出版会、1980年）

*③倉持孝司=小松浩（編著）『憲法のいま―日本・イギリス―』（敬文堂、2015年）
④奥平康弘『憲法Ⅲ―憲法が保障する権利―』（有斐閣、1993年）
⑤『英米判例百選Ⅰ　公法』（別冊ジュリスト、1978年）
⑥藤倉皓一郎=木下毅=髙橋一修=樋口範雄（編）『英米判例百選［第3版］』（別冊ジュリスト、1996年）
⑦戸波江二=北村泰三=建石真公子=小畑郁=江島晶子（編）『ヨーロッパ人権裁判所の判例』（信山社、2008年）
*⑧倉持孝司=松井幸夫=元山健（編著）『憲法の「現代化」―ウェストミンスター型憲法の変動―』（敬文堂、2016年）
⑨伊藤正己『法の支配』（有斐閣、1954年）
⑩長谷部恭男「国王も神と法の下にある―『絶対王政』対『法の支配』？―」松井茂記（編著）『スターバックスでラテを飲みながら憲法を考える』（有斐閣、2016年）所収295頁以下
⑪倉持孝司『イギリスにおける市民的自由の法構造』（日本評論社、2001年）
⑫深澤龍一郎『裁量統制の法理と展開―イギリス裁量統制論―』（信山社、2013年）
⑬江島晶子『人権保障の新局面―ヨーロッパ人権条約とイギリス憲法の共生―』（日本評論社、2002年）
⑭中村民雄「欧州人権条約のイギリスのコモン・ロー憲法原則への影響」早稲田法学87巻3号（2012年）659頁以下
⑮上田健介「人権法による『法』と『政治』の関係の変容―不適合宣言・適合解釈・対話理論―」川﨑政司=大沢秀介（編）『現代統治構造の動態と展望―法形成をめぐる政治と法―』（尚学社、2016年）所収151頁以下
⑯木下和朗「第二院の憲法保障機能―比較法概観とイギリス貴族院における制度運用―」憲法理論研究会（編）『憲法学の未来〔憲法理論叢書18号〕』（敬文堂、2010年）所収135頁以下
⑰エリック・バレント（比較言論法研究会訳）『言論の自由』（雄松堂出版、2010年）
⑱奈須祐治「イギリスにおけるヘイト・スピーチ規制法の歴史と現状」西南学院大学法学論集48巻1号（2015年）207頁以下
⑲岡久慶「2005年テロリズム防止法」外国の立法226号（2005年）44頁以下
⑳江島晶子「『安全と自由』の議論における裁判所の役割―ヨーロッパ人権条約・二〇〇五年テロリズム防止法（イギリス）・コントロール・オーダー―」法律論叢81巻2=3号（2009年）61頁以下
㉑岩切大地「イギリスにおけるテロ対策立法と司法審査―2005年テロ防止法を中心に―」大沢秀介=小山剛（編）『自由と安全―各国の理論と実務―』（尚学社、2009年）所収309頁以下
㉒上田健介「テロ対策立法と公正な裁判を受ける権利―特別弁護人付き証拠非開示手続制度の適法性―」榊原秀訓『行政法システムの構造転換―イギリスにおける『行政的正義』―』（日本評論社、2015年）所収48頁以下
*㉓A V Dicey, *An Introduction to The Study of the Law of the Constitution* (10th edn

with an introduction by E C S Wade, Macmillan 1959)〔第8版（1915年）の邦訳：
A．V．ダイシー（伊藤正己＝田島裕訳）『憲法序説』（学陽書房、1983年）〕
＊㉔ Martin Loughlin, *The British Constitution: A Very Short Introduction* (Oxford University Press 2013)
＊㉕ A W Bradley, K D Ewing & C J K Knight, *Constitutional and Administrative Law* (16th edn, Pearson Education 2015)
＊㉖ Merris Amos, *Human Rights Law* (2nd edn, Hart Publishing 2014)
＊㉗ Richard Stone, *Textbook on Civil Liberties & Human Rights* (10th edn, Oxford University Press 2014)
＊㉘ Colm O'Cinneide, 'Human Rights and the UK Constitution' in Jeffrey Jowell, Dawn Oliver & Colm O'Cinneide (eds), *The Changing Constitution* 67 (8th edn, Oxford University Press 2015)

　＊イギリス国内の成文法については、Legislation.gov.uk <http://www.legislation.gov.uk>参照。議会制定法、制定法文書等ほとんどの形式の成文法が参照可能である。
　＊判例については、BAILII: British and Irish Legal Information Institute <http://www.bailii.org/>（無料で利用できる法情報データベース）参照。連合王国最高裁判所の判例（2009年以降）については、最高裁判所の公式ウェブサイト<http://www.supremecourt.uk>でも参照できる。

第3章 アメリカ

大島　佳代子

◎比較のポイント

　アメリカの人権保障を考える際に、その特徴として無視しえないのが連邦制である。13の主権国家であった邦（state）は、より強い結合を求めて邦の有する権限を一部委譲することで「連邦国家」を形成した。したがって、連邦政府は合衆国憲法に明示された権限しか行使することできない。これに対し、州は日本のような単一国家同様、憲法や法律に違反しない限り無制限の権限を有している。そこで、連邦制はしばしば、私たちにとって理解の難しい判決をもたらす。たとえば、1995年に連邦最高裁は、学校付近で銃を所持することを禁じた連邦法を違憲とした（United States v. Lopez）。なぜ違憲判断が下されたのか。その理由は、このケースではまず連邦にそのような規制権限があるのか否かが問題とされたからである。つまり、連邦に権限がなければ当該連邦法は違憲となり、権限があると認められた場合に、漸くその規制の合憲性が問われることになる（なお、連邦の規制権限の有無は、合憲性の判断基準にも反映することがある。本章では詳述できなかったが、判決を読む際には留意が必要である）。

　連邦制はまた、州の権限濫用を抑制する機能も果たしている。合衆国憲法第6条は合衆国憲法が最高法規であることを謳っている。したがって、合衆国憲法に違反する州の憲法や法律は違憲無効となる。州が連邦と比べて広い権限を持つといっても、恣意的行使が許されるわけではなく、合衆国憲法に枠づけられているのである。

　さらにアメリカ人にとっては個人の自由がもっとも重要であり、政府はそれを守るために存在するものであって、それを脅かす「強すぎる政府」は連邦であれ州であれ不要だと考えられている。連邦制は個人の自由を保障するための1つのしくみといえよう。

I 人権保障の歴史

1. 独立戦争と独立宣言

　17世紀初頭以来、イギリスは北アメリカで活発な植民活動を行い、18世紀前半までに13の邦が成立した。当時アメリカを目指した人たちは、主に投機的行動を目的とした冒険的商人、イギリスにおける囲い込みで土地を失った農民、ピューリタンなどの宗教的自由を求めた人々であった。農民や宗教的自由を求めた人々はイギリス政府に失望して新大陸へ渡って来たので、当初から、政府に頼らず、自立、自助、自己責任の意識が強く、それがアメリカの伝統になった。

　イギリスにとって、名誉革命（1688年～89年）後に国内が安定するまではアメリカの植民地に関心を払っていられなかったが、18世紀に入ると植民地支配をめぐってフランスと覇権を争うようになった。戦費による債務の返済や新たに獲得した植民地の経営にかかる費用を捻出するために、イギリス本国はアメリカ植民地に対して課税し、さらに植民地支配の強化を図った。これにより本国と植民地の間の抗争が激化し、ついに1775年にボストン郊外で戦端が開かれ、翌76年7月4日にジェファソンの起草した独立宣言が公表された。独立宣言には、すべての人が平等であり、譲ることのできない権利として生命・自由、幸福追求権が挙げられ、さらには革命権も謳われていた。独立を宣言したアメリカ植民地は、フランス、スペイン、オランダの参戦を得て、1783年のパリ条約で完全な独立を果たしたのである。

2. 連合の時代

　アメリカ合衆国憲法は1788年5月に13邦のうち9邦の賛成を得て成立した。独立宣言から10年余り後のことである。この時期は連合（Confederation）の時代と称される。当時13邦はそれぞれが主権国家であり、その間に連合関係があると理解されていた。連合のあり方の基本を定めた連合規約が1777年に策定されたが（発効は1781年）、連合に与えられた権限は非常に限定されていた。したがって、課税権のない連合政府は独立戦争で負った負債を弁済できず、州際通商を規律する権限もないので各邦が相互に関税を課し連合内の自由な経済活動を妨げていても打つ手がなかった。また、

常備軍もなく、ネイティブアメリカンなどとの戦いにも苦慮した。そこで、1787年に連合規約の改正のために、各邦の代表がフィラデルフィアに参集した。しかし、この会議は当初の目的を超え、合衆国憲法草案を策定する憲法制定会議（Constitutional Convention）となるのである。

3. 憲法制定会議における「連邦派」と「州権派」の対立

　弱い連合体制に対する不満は、連合よりも強力な中央政府（連邦政府）を求めることに繋がった。しかし、どこまで連邦政府の権限を認めるかについて、連邦派（Federalists）と州権派（Republicans）の対立が生じた。1787年の憲法制定会議において、最終的にまとめられた憲法草案は連邦派が推進したものである。しかし草案には人権規定がなかったことで州権派から強い反対にあい、憲法制定後の第1議会で改正憲法として人権規定を盛り込むという妥協案が採られた。そこで、1791年に第1修正から第10修正までの権利章典（Bill of Rights）が追加された。通常、アメリカの最初の憲法（original Constitution）とは、この第10修正までの人権規定を含んで使われる。

4. 修正条項

　合衆国憲法の改正は現在までに27回行われている。そのうちの10か条は上述した権利章典である。権利章典はそもそも憲法に当然含まれるべき人権規定であり、信教および表現の自由を保障する第1修正、デュー・プロセスや財産権を保障する第5修正、刑事手続に関する規定（第4・5・6・8修正）などがある。

　その他の17の修正の理由は次の3つに大別される。1つ目は、連邦最高裁判決を覆すために憲法改正が行われた例である。1970年に州の選挙について選挙権の年齢を18歳に引き下げるよう求める連邦法が違憲とされた（Oregon v. Mitchell）が、1971年の第26修正により、連邦・州のいずれにおいても18歳以上の合衆国市民に選挙権が保障された（この他、第11修正、第14修正第1節、第16修正を参照）。2つ目は、そもそも最初の憲法の段階で生じていた問題解決のために憲法改正がなされた例である（第12修正、第20修正、第25修正を参照）。3つ目は、社会の変化に連れて憲法改正が必要とされた例であり、その代表がいわゆる南北戦争修正条項（第

13・14・15修正）である（この他、選挙権に関する修正—第17修正、第19修正、第22条修正、第23修正、第24修正—、禁酒に関する修正—第18修正、第21修正—を参照）。

II　人権保障の諸制度

1.　概観

　そもそも合衆国憲法の修正条項（権利章典）の制定は連邦政府の権限を制約することにあり、連邦政府が人民の権利を積極的に保護することを目的としたものではなかった。憲法制定当時、人民の市民的権利の保護は州政府の役割だと考えられており、連邦政府は憲法によって明示された権限しか行使できず、その他の権限は州または人民に留保された（第10修正、参照第9修正）。合衆国憲法の人権規定（第1修正〜第8修正）は連邦政府にしか適用されず、南北戦争後に制定されたいわゆる南北戦争条項（第13・14・15修正）のみが州の行為を制限していた。しかし19世紀後半からの行政国家化に伴い、権限拡大の必要性が生じた連邦政府は、司法審査権、州際通商規制権（第1条第8節第3項）、支出権限（第1条第8節第1項）などを利用して連邦権限の拡大を図ると同時に、組み込み理論、実体的デュー・プロセス理論、ステイト・アクションの法理などを援用して合衆国憲法の人権保障の及ぶ範囲を拡大していった。

2.　司法審査権

　合衆国憲法には司法審査権に関する明文の規定は存せず、この権限は1803年の最高裁判決マーベリィ対マディソン（文献⑬4頁〔紙谷雅子〕）によって確立された。これにより、合衆国憲法と連邦議会制定法が抵触する場合には制定法が無効とされ、その際の憲法解釈権が司法府にあるとされたのである（なお本判決が連邦最高裁に独占的な憲法解釈権を認めたとする見解に対しては近年批判がなされている）。合衆国の司法審査権は司法権行使に付随してのみ行使できる付随的違憲審査制であるから、その前提として、司法権行使の要件（具体的事件性・争訟性、当事者適格性、成熟性、ムートネスの法理）が満たされていなければならない。これらの要件を満たせば、最高裁のみならず、すべての連邦裁判所が司法審査権を行使できる。

しかし、憲法問題が提起されても、裁判所は常に憲法判断をしなければならないわけではない。

3. 組み込み理論

　南北戦争（1861年〜65年）後、奴隷制を廃止する第13修正、奴隷とされてきた黒人に法の下の平等とデュー・プロセスを保障する第14修正、選挙権における人種差別を禁じた第15修正の3つの憲法修正がなされた。とくに第14修正のデュー・プロセス条項は、合衆国の人権保障にとって重要な役割を果たした。同条項は「いかなる州も、法の適正な手続によらずに、何人からも、生命、自由または財産を奪ってはならない」と規定しているが、連邦最高裁は、この「自由」に基本的な人権（たとえば、思想の自由や表現の自由、裁判手続を経ない限り有罪にされない権利など）を組み込むことで州政府による人権侵害に対抗した。とりわけ、1960年代以降、選択的に組み込まれる人権の範囲を拡張し、実際には第1修正から第8修正までの人権のカタログの大部分が第14修正の「自由」に組み込まれるに至った。

4. ステイト・アクションの法理

　本法理は、合衆国憲法が適用されるためには、原則としてステイト・アクションがなければならないという考え方である。合衆国憲法による権利保障は一般に連邦と州を拘束するものであって私人の行為に対する制限はないとする、つまり、私人間効力を否定する法理である。

　しかし、連邦最高裁は、この法理の例外として、公的機能の例外と政府との関わりによる例外を認めてきた。前者は、伝統的に州にだけ許された権限を私的な団体が行使している場合に、それをステイト・アクションとみなし合衆国憲法を適用するものである。典型例として、私的な会社が所有している「会社町」で宗教文書を配布した者が起訴されたケースにおいて、連邦最高裁は、会社が私的に所有している土地が通常の市におけるコミュニティの商業地区としての機能を果たしている以上、そこで行われた活動には第1修正が適用されるとした（Marsh v. Alabama (1946)）。後者は、私的な団体が政府と深い関わりを有することを理由にステイト・アクションの存在を認めるものである。この典型例に、不動産を白人以外には譲渡

しない旨の協定を根拠に、州裁判所に対して、不動産を購入した黒人（Shelley）に土地の占有の禁止を命ずるよう求めたケースがある。連邦最高裁は、本件協定の条件を州裁判所の命令により実現することはステイト・アクションに当たり、それによってShelleyは第14修正（平等保護条項）の権利を否定されたと判示した（Shelley v. Kraemer (1948), 文献⑬52頁〔宮下紘〕）。

　このようにステイト・アクションの存在が認められれば私人の行為に対しても合衆国憲法の保護が直接及ぶことになるが、この法理は決して合衆国憲法を直接適用する範囲を拡大しようとするためのものではない。本法理の意義は、私人の自由な選択領域を確保する（つまり、私的自治の保障）だけでなく、連邦制を採用している合衆国の特色に基づき州の主権的領域を保護することにある。

　しかし、かつて1940年代から60年代にかけて、特に人種差別の撤廃のために政府との関わりによる例外が積極的に認められ、ステイト・アクションの法理が人権保障の機能を実質的に果たしたことがある。1964年にCivil Rights Act（市民的権利に関する法律）が制定され、ホテルやレストランなどの公的な場所における私人間の人種差別が禁止されことで、連邦法レベルでの救済が可能になった。それ以降、連邦最高裁判所は本法理の適用について消極的な態度を示している。

III　保障される人権の特徴

1. 特徴

　合衆国憲法が明文で保障する権利は、表現の自由、信教の自由、法の下の平等、刑事手続に関する権利である。このほか、デュー・プロセス条項が、何人に対しても、法の適正な手続によらずに生命、自由、財産を奪われないことを保障している。わが国と比べると明文で保障された権利が少なく、社会権が保障されていない点に特徴がある。また、連邦最高裁は、時代に即して、デュー・プロセス条項に基づき、明示されていない自由や権利に憲法上の保護を与えてきたことも特徴として挙げられる。

2. 表現の自由
(1) 表現の自由の意義

エマソン教授は、表現の自由の意義を、個人の自己実現、真理の発見の促進、社会の決定プロセスへの参加、社会的安定の実現にあるとした（文献④86-87頁）。つまり、何らかの権威が一方的に真理を決めるのではなく、思想の自由市場を通じて議論を積み重ねる中で真理に到達することが重要であるとされる。このような表現の自由の特性から、連邦最高裁は、表現の自由を規制する法律に対しては合憲性の推定が働かないとして厳格審査を行っているが、経済的自由を規制する法律には合憲性の推定を認め緩やかな審査を行っている。このように、最高裁は、表現の自由と経済的自由に対する規制の合憲性判断に異なる基準を採用している（「二重の基準論」）。これらのことから、表現の自由は優越的地位を占める自由と称されている。

(2) 保護の対象

第1修正は「合衆国議会は、…言論もしくは出版の自由…を奪う法律を制定してはならない」と規定している。明示的な名宛人は連邦議会であるが、表現の自由は、連邦政府のどの部門に対しても、また、すでに述べた組み込み理論によって州政府に対しても保障される（Gitlow v. New York (1925)）。

第1修正による保護は「言葉」だけでなく、表現的行為（expressive conduct）にも及ぶとされ、表現的行為には、たとえば、徴兵カードの焼却、国旗焼却、デモ行進、宣伝広告などが含まれる。しかし他方で、連邦最高裁は、そもそも第1修正によって保護されない言論の存在を認めてきた。暴力行為を引き起こすような挑発的言辞（Chaplinsky v. New Hampshire (1942)）、わいせつな表現（Miller v. California (1973), 文献⑬66頁〔金井光生〕）や児童ポルノ（New York v. Ferber (1982)）がそれである。

このような例外はあるものの、第1修正の保護が広く表現的行為にも及ぶとなると、次に、表現の自由がどの程度保護されるかが問題となる。この点、連邦最高裁は、表現の自由の保障は絶対的ではないとし、表現の自由を制約する政府の行為と表現の自由の保障との調整を図ってきた。表現の自由に対する規制は、表現内容に基づく規制、内容中立規制、象徴的表現に対する規制に分けられ、最高裁は各々異なる合憲性の審査を行ってき

た。もっとも、表現に対する規制を内容規制と内容中立規制に単純に二分化して考えるのは短絡的にすぎる。表現活動に対する政府のさまざまな規制に対する連邦最高裁の違憲審査の手法を理解するためには、表現内容に基づく規制を細かくみていく必要がある（文献⑱613頁）。

(3) 表現内容に基づく規制

表現内容に基づく規制の合憲性判断には厳格審査基準が適用されるのが原則である。つまり、規制が合憲とされるためには、規制の目的がやむにやまれぬ利益であり、それを達成するための手段が必要不可欠なものであることを、規制する政府側が立証しなければならない。

表現内容に基づく規制であっても、この厳格審査基準とは異なる審査基準が用いられる場合がある。政府転覆などの違法行為や犯罪行為を煽動する言論の規制に対しては「明白かつ現在の危険」の基準が適用される。そもそも「明白かつ現在の危険」という基準は、通常ならば第1修正によって保護される表現内容を状況によって処罰するための、規制の正当化法理であったが、1940年代に表現の自由を保護する基準として、犯罪の煽動以外の文脈でも広く適用されるようになった。その後、第二次大戦後の冷戦体制下で、連邦最高裁は言論規制に対して緩やかな態度を採るようになり、本基準は大きく修正された（Dennis v. United States (1951)）。しかし、1969年のブランデンバーグ事件（文献⑭110頁〔浦部法穂〕）において、暴力や犯罪行為を唱導する言論に対する州法の規制が許されるのは「そのような唱導が差し迫った不法な行為を煽動または生み出すことに向けられており、かつ、そのような不法な行為を煽動または生み出しそうな場合である」という規制に厳しい基準として再生された。

また、名誉毀損についても厳格審査基準が適用されない。合衆国では名誉毀損は主に不法行為（民事事件）として争われるが、言論の対象が公職にある者か公的人物の場合には憲法問題となり、「現実の悪意」の法理が適用される。すなわち、名誉毀損を主張する原告が、問題となっている言辞が虚偽であることを知りながら、または虚偽であるか否かを無謀に無視して述べられたものであることを説得力ある明快さで証明する責任を負うのである。

商業的言論については、当初第1修正の範囲外とされていたが、後に判例変更がなされて（Virginia State Board of Pharmacy v. Virginia Citizens

Consumer Council (1976))、表現の自由の保護の対象とされた。もっとも消費者を騙したり違法行為に関わるような広告や宣伝などは表現の自由の保護を受けないが、それ以外の商業的言論は、厳格審査よりも緩やかな基準（中間審査の一種）で合憲性が審査されている（Central Hudson Gas & Electric Corp. v. Public Service Commission (1980))。

(4) 内容中立規制

内容中立規制は表現行為の時・場所・態様を制約するものであり、具体的には治安維持や交通安全の確保を理由とする集団行動に対する規制、美観保持のための屋外広告物規制、プライヴァシー保護のための規制などが挙げられる。内容中立規制に対する合憲性の判断は、厳格審査基準よりも緩やかな基準（中間審査基準）によって審査される。すなわち、規制が合憲とされるためには、①当該規制が表現内容に中立的であること、②規制目的が政府の重要な利益にかない、手段が最小限であること、③その規制がなされてもなお表現伝達のための合理的な回路が他に残されていることが要求される。

また、連邦最高裁は、場所に対する規制について、パブリック・フォーラムの法理を発展させてきた。伝統的にパブリック・フォーラムとされてきた場所（道路や公園）や政府がパブリック・フォーラムと指定した場所（たとえば、市の公会堂や公立大学の集会所など）では表現の自由が保障され、そこでの規制に対しては、上述の内容中立規制に対する審査基準が適用される。ノンパブリック・フォーラム（軍の基地、政府機関の郵便受け、監獄、学校など）における規制の合憲性は、合理性の基準によって審査される。

(5) 象徴的表現

象徴的表現の典型例としては、ベトナム戦争反対の意思表示として徴兵登録証明書を焼却した行為が同証明書の故意の損壊を禁止した連邦法に違反するとして起訴されたケースが挙げられる（United State v. O'Brien (1968)、文献⑭114頁〔榎原猛〕）。象徴的表現が問題となる場合、まずは問題となっている行為が表現の自由の保護の対象となるか否か、すなわちコミュニケーションの一形態であるか否かを見極めなければならない。第1修正の保護が及ぶとされ、その規制が表現内容に向けられたものであるときには厳格審査によって合憲性が判断される。当該規制が表現の内容に中立的なものであるときにはオブライエンテストが適用される。すなわち、言論と

非言論の要素が同じ行為の中に一体化しているときには、非言論に対する規制が、①政府の憲法上の権限内にあり、②重要な政府の利益を促進し、③言論の抑圧に無関係で、④政府の利益達成に必要な限度であるという4条件が満たされれば、当該規制は合憲とされるのである。

(6) 表現の自由保障から導かれる派生的法理
1) 事前抑制の禁止
　第1修正が制定された背景には、国家や政府に対する言論を抑圧してきたイギリスの叛逆罪（treason）、検閲法（censorship laws）、煽動的名誉毀損罪（seditious libel）の影響があったといわれる。したがって、第1修正が検閲ないし事前抑制を禁止していることは自明であるとされている。

　合衆国においては、行政府が行う検閲であれ、裁判所による差止めであれ、立法府が差止めの根拠を法律で定めることであれ、原則第1修正によって禁止される。国家の安全に関わる情報提供については例外とされるが、例外も簡単には認められない。ベトナム戦争をめぐる文書の公表の差止めを政府が求めたケースにおいて、連邦最高裁は政府に重い立証責任を課し、差止めを認めなかった（New York Times Co. v. United States (1971), 文献⑬64頁〔毛利透〕）。

2) 過度の広汎性ゆえの無効の法理
　表現に対する過度に広汎な規制は、表現を行う者に対して萎縮効果を及ぼし、表現に対する事前抑制的な性格をもつ。したがって、過度な広汎性が認められると文面上無効となるが、単なる過度の広汎性ではなく、それが相当程度の広汎性といえる場合でなくては無効とされない。空港ターミナルにおける「すべての表現活動の禁止」が争われたケースで、連邦最高裁は、本件規制が過度に広汎であるとして違憲と判断した（Board of Airport Commissioners of Los Angeles v. Jews for Jesus, Inc. (1987)）。

3) 曖昧性ゆえの無効の法理
　曖昧ないしは不明確な規制も表現行為の委縮効果をもたらす。たとえば、「通行人に迷惑となる方法」で集会すること等を禁じた市の条例が曖昧であるとして無効とされている（Coates v. Cincinnati (1971)）。

3. 国教樹立禁止条項と信教の自由
(1) 第1修正と国教樹立禁止条項・信教の自由

　第1修正は、連邦議会に対して、国教を樹立する法律、自由な宗教活動を禁止する法律の制定を禁止している。一般に、前者は国教樹立禁止条項（Establishment Clause）、後者は宗教の自由条項（Free Exercise Clause）と称される。第1修正が制定された当時（1791年）、ヴァージニア州やマサチューセッツ州などのいくつかの州は公定宗教を定めており、連邦の権限を制限する第1修正は州の公定宗教に介入できなかった。しかし、1940年には宗教の自由条項が（Cantwell v. Connecticut）、1947年には国教樹立禁止条項が（Everson v. Board of Education）州に対しても適用されると解釈されるに至った。

(2) 国教樹立禁止条項
1) 国教樹立禁止の意味とレモンテスト

　連邦最高裁は、国教樹立禁止とは、少なくとも、①州または連邦政府が教会を設立すること、②特定の宗教またはすべての宗教を援助したり、特定の宗教を優遇する法律を制定すること、③その者の意志に反して教会へ行く行かないを強制すること、もしくは信仰告白を強制すること、④信仰の有無やそれを告白したことを理由に、または教会への参加の有無を理由に処罰すること、⑤宗教活動や宗教的慣習を支えるために徴税すること、⑥州または連邦政府が宗教組織や宗教団体の問題に関与すること、またはその逆のこと、の禁止を意味すると判示した（Everson v. Board of Education (1947)）。

　しかし、政府と宗教がまったく関わりを持たないということは不可能であるから（たとえば、教会に対する警察や消防のサービス提供を第1修正を理由に拒むことはできないであろう）、政府と宗教の関わり方が問題となる。

　そこで、連邦最高裁は、政府と宗教の関わりが国教樹立禁止条項の下で許されるか否かを判断する基準として、1971年にレモンテストを定式化した（Lemon v. Kurtzman, 文献⑬56頁〔神尾将紀〕）。すなわち、政府の措置が合憲とされるためには、①目的が世俗目的であること、②主要な効果が宗教を援助したり抑制したりするものでないこと、③宗教と過度の関わり合いをもたらさないことが要求される。しかし、レモンテストに対しては、たとえば、宗教系学校は宗教を教えることが使命であるから、宗教系

学校に対する政府の関与の「目的」はほぼ宗教目的とみなされる、とか、政府が何らかの援助をすること自体が過度の関わり合いの危険を招くことになるといった強い批判がなされてきた（文献⑰1068頁）。連邦最高裁は未だレモンテスト自体を放棄してはいないが、1990年代以降、政府と宗教の関わりが問題となっている領域に応じて別のテストを適用して判断する例もみられる。

2）学校教育における政府と宗教の関わり

学校教育における政府と宗教の関わり方で、もっとも問題となるのは、私立学校に対する援助の問題である。合衆国では、下級教育機関の私立学校の多くが教会区学校であることから、宗教に対する優遇として問題となりうる。連邦最高裁の態度は一貫していないが（1970年代から80年代まではレモンテストの下で違憲判断を下すことが多かった）、90年代以降は中立性のテスト（neutrality test）を適用して援助を合憲とする傾向がみられる。たとえば、カトリック系の高校に通う聴覚障害を持つ生徒に公費で手話通訳をつけたことは、生徒に対する便益を公立、私立、宗教系学校を問わず中立に給付したものであるとして国教樹立禁止条項に反しないとしている（Zobrest v. Catalina Foothills School District (1993)）。また、大学への補助については、連邦最高裁は一貫して緩やかな態度を示し合憲と判断している。

他方、公立学校における宗教的教育については、レモンテスト採用以前から、連邦最高裁は違憲判断を下す傾向にあった。たとえば、公立学校の授業時間中に教会区学校の教師による宗派的授業に参加することを認めた州法を違憲とした（McCollum v. Board of Education (1948)）ほか、公立学校における祈祷（Engel v. Vitale (1962)）や聖書朗読（School District of Abington v. Schempp (1963)）も違憲としている。1985年には始業時の任意的祈祷のための黙祷制度（Wallace v. Jaffree）をレモンテストの下で違憲としたが、1992年には卒業式での牧師による祝福と祈祷について宗教の強制があったことを理由に（「強制テスト」(coercion test) を適用）違憲と判断している（Lee v. Weisman，文献⑪162頁〔長谷部恭男〕）。

また、レモンテスト採用以前に争われた公立学校で進化論を教えることを禁じた州法（Epperson v. Arkansas (1968)）も、1987年にレモンテストの下で審査された進化論と創世説の両方を教えることを義務づけた州法

(Edwards v. Aguillard (1987)) のいずれも違憲とされている。

3) それ以外の領域における政府と宗教の関わり

　自治体がクリスマスにキリスト生誕の飾りを行うことの合憲性も重大な争点となった。1984年に連邦最高裁は、市有地にキリスト生誕の飾りを取り付けたことが争われたケースで、レモンテストを適用し、祝日を祝いその祝日の起源を描いたものに過ぎないとして5対4で合憲判断を下した (Lynch v. Donnelly)。しかし、その5年後には、同じくレモンテストに言及しつつも、郡庁舎の大階段に設置されたキリスト誕生の飾りは一般人には政府がキリスト教の伝統を支持している (endorse) ようにみえるとし、5対4で違憲とした。

(3) 信教の自由

　信教の自由が問題になる局面として、宗教的信条の表現に対する規制やその意に反する宗教的行為の強制の問題があるが、合衆国においては、これらはほとんど表現の自由の問題として理解されている。したがって、信教の自由として問題になるのは、宗教的行為に対する不利益な取扱いである。宗教上の理由で土曜日には働けない人が土曜日の就業を拒んだところ解雇されたうえ、失業給付も拒否されたケースにおいて、連邦最高裁は、厳格審査基準を適用し、このような給付の拒否は宗教の自由を否定するものとして違憲判断を下した (Sherbert v. Verner (1963))。この後も、連邦最高裁は、同様の事案について信教の自由を侵害すると判断している。しかし、宗教を理由として一般市民の負う義務に反するような場合には、最高裁は信教の自由の主張を認めていない（たとえば、宗教上の理由で社会保険負担金の支払いを拒否したケース (United States v. Lee (1982))、宗教的信念に基づき社会保険番号を拒否したケース (Bowen v. Roy (1986)) など)。また、失業補償給付拒否の理由が刑法違反の行為であったケースでは、宗教の自由に対する制約が一般的に適用されうる法律の単なる付随的効果である場合には第1修正に違反しないとされた (Employment Division v. Smith (1990), 文献⑬60頁〔金原恭子〕)。

4. 法の下の平等
(1) ブラウン判決までの道程

　合衆国憲法制定時、連邦議会の下院議員の数については次のように定め

られていた。すなわち、「各州の人口は、自由人の総数に、その他のすべての者の数の5分の3を加えることにより算出する」(第1条第2節第3項)。この条項は、憲法が奴隷制を前提にしていたことの一例である(この他にも、第1条第9節第1項、第4条第2節第3項参照)。実際、建国時の13州は、奴隷州6、自由州7であった。その後、19世紀に入り領土拡張期になると、準州が奴隷州として連邦に加入するか、自由州として加入するかで南北が対立するようになった。連邦議会はミズーリ協定法を制定しルール化を図ったが、1857年連邦最高裁は、ドレッド・スコット判決(文献⑬74頁〔根本猛〕)で、この連邦法を違憲と判断した。連邦最高裁は、傍論ながら、奴隷州の奴隷が自由州に滞在し戻ってきたことで奴隷でなくなったとする主張を認めることは、単に自由州に連れて行っただけで奴隷という財産が奪われることになり、適正な手続なしに財産権を奪うことを禁止する第5修正に違反するとしたのである。この判決は奴隷制をめぐる南北の対立を激化させ、ついには南北戦争へと至る。4年にわたる激戦を経て北軍が勝利した後、順次、憲法改正が行われた。いわゆる南北戦争修正条項といわれる3条項のうち、第13修正は奴隷制を廃止し、第14修正はデュー・プロセスと平等を保障し、第15修正は選挙権における人種差別を禁止した。

　こうして1868年に成立した第14修正によって、合衆国憲法にはじめて平等保護の規定が置かれたが、連邦最高裁は、第14修正の平等保護条項を、州や自治体などが黒人を差別することを禁じる趣旨だと狭く解釈した。さらに、1896年には、鉄道会社に対して車両等の施設を人種別に設置することを要求したルイジアナ州法の合憲性が問題となったプレッシー判決(文献⑬76頁〔紙谷雅子〕)において、連邦最高裁は「分離すれども平等(separate but equal)」法理を示した。つまり、各人種に同じような施設やサービスを提供する限り、平等保護条項に違反しないとするものである。この法理は、交通機関や学校施設の分離だけでなく、公園、海辺、ホテル、レストラン等の公共施設の分離にも適用されるようになり、公的な差別も私的な差別も「分離すれども平等」であれば許されたのである(なお1883年に連邦最高裁は劇場やホテルなどの私的施設における人種差別を禁じた連邦法を、連邦議会にはそのような法律を制定する権限がないとして違憲と判断している(Civil Rights Cases, 文献⑬50頁〔勝田卓也〕))。

　しかし、20世紀に入ると、連邦最高裁は、高等教育における分離につ

いて「平等な施設」が提供されていないとして違憲判断を下すようになった（Missouri ex rel.Gaines v. Canada (1938), Sweatt v. Painter (1950)）。また、第二次大戦中に日系アメリカ人を人種のみを理由に強制隔離した行為が争われた1944年のコレマツ判決（文献⑬78頁〔萬澤陽子〕）で、連邦最高裁は人種による区別が「疑わしい区別」であり、厳格な審査に服するべきだと判示した（もっとも戦争を理由に本件訴えは退けられている）。そして、1954年、遂に連邦最高裁は、公立学校の人種別学制の合憲性が争われたブラウンⅠ判決（文献⑬80頁〔安部圭介〕）で「分離すれども平等」の法理を完全に否定したのである。

(2) 合憲性の審査基準

第14修正は元奴隷であった黒人の保護を目的に制定されたが、条文は、差別の禁止を黒人にのみに限定せず、「何人に対しても」法の平等な保護を保障している。また、連邦最高裁は、第5修正のデュー・プロセス条項の「自由」に平等保護の利益が含まれるとして、連邦政府に対しても平等保護を要求した（Washington v. Davis (1976)）。

そこで、ある区別が存在するとき、それが第14修正または第5修正によって禁止される区別か否かが問題となる。次に、ある区別が平等保護に違反するかどうかを審査することになるが、その際、連邦最高裁は「何によって区別しているか」によって異なる審査基準を適用してきた。

まず、①人種、外国人であることに基づく区別は「疑わしい区別」とみなされ、厳格審査が行われる。厳格審査の下では、区別の目的がやむにやまれぬ政府の利益にあり、その目的を達成する手段が必要不可欠な場合にのみ合憲とされ、立証責任は常に政府が負う。②性別や嫡出性に基づく区別には中間審査が行われる。中間審査の下では、区別の目的が重要な政府の利益にあり、目的達成のための手段と実質的に関連している場合にのみ合憲とされ、立証責任は政府が負う。③上記の区別以外の理由に基づく区別には、合理性の基準が適用される。合理性の基準の下では、区別の目的が正当な政府の利益にあり、目的と手段に合理的な関連性があれば合憲とされる。一般に、合理性の基準が適用されると、連邦議会の判断を尊重し合憲判決が出されることが多いが、州外の人に対する区別（他州で購入した車の使用税について州民にのみ免税措置を設けていたことが違憲とされたケース（Williams v. Vermont (1985)））や性的指向に基づく差別（州および地

方政府機関が同性愛者を差別から保護することを禁じた州憲法改正規定が違憲とされたケース（Romer v. Evans (1996), 文献⑫164頁〔紙谷雅子〕））については合理性の基準の下で違憲と判断されている。

　上記のような人の属性に基づく区分に着目した合憲性の審査の手法のほかに、連邦最高裁は、一定の権利が平等保護条項との関係で「基本的権利」であることに着目して審査を行うこともある。たとえば、第1修正で保障された基本的権利の行使に影響を及ぼす区別や選挙権に関わる区別については厳格審査を行っている。前者の例には、学校付近のデモを禁止している州法が校内の労働紛争に関する平和的なピケを例外としていたことが違憲とされたケース（Police Department of Chicago v. Mosley (1972)）、後者の例には、投票資格に人頭税の支払いを義務づけたヴァージニア州法が違憲とされたケース（Harper v. Virginia State Board of Elections (1966)）がある。また、貧困ゆえに上訴に際し提出を義務づけられている上訴趣意書にかかる費用を支払えないことで上訴権行使が妨げられていることが問題となったケースで、連邦最高裁は、支払い能力と被告人の有罪無罪の間に合理的関連性がないとして州法を違憲とした（Griffin v. Illinois (1956)）。このケースでは厳格審査基準が適用されたわけではないが、上訴権の基本的権利性に着目し違憲判断が導かれた事例といえる。

(3)　アファーマティヴ・アクション

　人種に基づく区別は「疑わしい区別」とされ厳格審査に服することはすでにみた。この原則の下では、人種を理由とする区別が合憲とされる余地はきわめて限られる。そこで、人種差別を是正するために優遇措置（アファーマティヴ・アクション）を講ずることが憲法上許されるか否かが問題となる。この問題につき、州立の医学校が黒人の入学のために特別枠を設けていたことが白人に対する逆差別として争われたバッキー事件（文献⑮66頁〔髙橋一修〕）において、1978年に連邦最高裁は、割当て（quota）制は違憲としたが、学生集団の多様性のために合否判断に人種を考慮要素とすることは許されるとした。このような優遇措置が許される「やむにやまれぬ利益」として、パウエル裁判官は過去の差別の救済と多様な学生集団の確保を挙げている。この判決から25年後の2003年、連邦最高裁は、ミシガン大学ロー・スクールの入学に関する人種的少数者優遇措置を、厳格審査の下で、学生集団の多様性確保という「やむにやまれぬ利益」を実現

するための限定的な手段であるとして合憲と判断した (Grutter v. Bollinger, 文献⑪84頁〔吉田仁美〕)。しかし、同じくミシガン大学が、大学入学に際し人種的少数者に20点を自動的に付与していたことは学生集団の多様性確保のための限定的な手段とはいえないとして違憲とされた (Gratz v. Bollinger (2003))。

5. 実体的デュー・プロセス理論

　第5修正および第14修正は、デュー・プロセスによらずに生命、自由もしくは財産を奪われないことを保障している。これらの条項は、憲法の明文で保障されていない一定の実体的権利を保護する規定と理解されてきた。

　このような実体的デュー・プロセス理論が注目されたのは、20世紀初頭であった。19世紀末からの商業資本の形成、労働人口の都市への集中に伴い、州が社会経済的規制を積極的に行うようになり、このような規制の合憲性が問題とされるようになった。連邦最高裁は、デュー・プロセス条項の「自由」には契約の自由が含まれると広く定義し、州の規制を違憲と判断した。労働者保護を目的として最高労働時間を規制した州法が違憲とされた1905年のロックナー判決（文献⑬90頁〔川岸令和〕）はその象徴的事例といえる。その後、連邦最高裁は世界恐慌を克服するためのニュー・ディール政策をも次々と違憲と判断し、事態はフランクリン・ルーズベルト大統領の裁判所抱き込み計画（大統領が自らの考えを認める裁判官を最高裁へ送り込もうとした）へと発展した。結局この計画は頓挫するが、連邦最高裁も自らの態度を変えるに至った。この後、社会経済規制について、連邦最高裁はきわめて緩やかに合理性を審査し、違憲判断を行ったことはない。こうして経済的実体的デュー・プロセス理論は終焉を迎えたのである。

　しかし、1970年代に、連邦最高裁は実体的デュー・プロセス理論を復活させ、プライヴァシーの権利を認めた。1973年のロー判決〔文献⑬96頁〔小竹聡〕〕において、連邦最高裁は、中絶するか否かの女性の決定権は第14修正の「自由」に含まれる基本的権利であるとしたのである。

　実体的デュー・プロセス理論の特徴は、合憲性の審査がきわめて厳しいことにある（このことはロックナー時代でも同様であった）。合衆国において

は、妊娠中絶の問題は国を二分する重大な政治的問題でもある。ロー判決以後、いくつかの判決を経て、連邦最高裁は中絶に関する規制を緩やかに認めるようになってきたが、妊娠中絶の権利がプライヴァシーの権利として憲法上保護されていることに変わりはない。

このほか、連邦最高裁は、リプロダクションの権利（Carey v. Population Services International (1977)）、性行為の自由（Lawrence v. Texas (2003), 文献⑬102頁〔大野友也〕）、家族の形成・維持に関わる事項（家族の同居に関する決定権（Moore v. City of East Cleveland (1977)）、子どもの養育権（Troxel v. Granville (2000)）など）をプライヴァシーの権利として認め、それらの規制に対して、厳格審査の下で違憲と判断している。また、また、2015年、連邦最高裁は、他州で合法的に認められた同性婚カップルの婚姻を承認しないことが争われたケースにおいて、婚姻の自由は第14修正のデュー・プロセス条項によって保障される基本的権利であるが、同性カップルにはその権利が否定されているとして違憲判決を下した（Obergefell v. Hodges (2015)）。

他方で、「死ぬ権利」がデュー・プロセス条項によって認められる否かについては、連邦最高裁は消極的な態度を示している。植物状態の娘の生命維持装置の取り外しを両親が求めたケースで、連邦最高裁は、仮にそのような権利が第14修正の下で存在するとしても、州法の要件（患者の生前の希望を明確かつ納得のいくよう証明することを代理人に要求していた）は、慎重な手続を採ろうとしたものであって違憲とはいえないと判断した（Cruzan v. Director, Missouri Department of Health (1990), 文献⑮86頁〔高井裕之〕）。また、医師の助けによって自殺する権利はデュー・プロセスによって保護された基本的権利ではないと判断している（Washington v. Glucksberg (1997), 文献⑬100頁〔佐藤雄一郎〕）。

むすびにかえて

アメリカはわが国同様、付随的違憲審査制度を採用している。したがって、具体的な事件の中で、当該具体的事件に適用される限りで合憲性が審査されることになる。違憲の主張の多くは、法律や政府の行為などの宣言的無効やその執行の差止めを求めて民事訴訟として提起される。つまり、

合衆国憲法によって保障されている権利を制約する州法などが自分に適用される危険性が十分あるとして、市民はそれらが違憲であることの宣言や執行の差止め（または両方）を求めて提訴するのである。たとえば、2003年「一部誕生した胎児の堕胎を禁止する連邦法」が成立すると、直ちに全国各地でその連邦法の執行差止めを求める訴訟が提起された。そこでは、違憲の法律の執行によって将来的に刑事罰を受けるかもしれないとする医師らの主張が認められて、具体的審理に入っている。わが国と比べて、早い段階から司法的救済の機会が与えられるといってよいであろう。

　また、裁判所にはエクイティの伝統に基づく救済の権限が広く認められている。エクイティ上の救済は、コモン・ロー上の救済手段（金銭賠償が原則である）では救済として不十分なときにのみ与えられるものであり、差止命令はその典型例といえる。そのほか、たとえば、本文でも触れたブラウンⅠ判決の後、連邦裁判所は、学校での人種統合を図るために学校区の変更や強制バス通学を命じている。また、州議会の議員定数不均衡については、議会による是正がなされない場合、連邦地裁が選挙区割案を作成しそれに基づいて選挙を行うよう命じている（Reynolds v. Sims (1964), 文献⑬12頁〔中村良隆〕）。

　このように、アメリカにおいては、違憲判決を実効的なものとするために事実に即した弾力的な措置をとることができ、救済レベルにおいて連邦最高裁をはじめ下級裁判所が積極的な役割を果たしていることは、アメリカの人権保障の特徴であるといえよう。

〈参考文献〉（＊は主要な参考文献）
　①松井茂記『アメリカ憲法入門［第7版］』（有斐閣、2012年）
　②樋口範雄『はじめてのアメリカ法』（有斐閣、2010年）
　③樋口範雄『アメリカ憲法』（弘文堂、2011年）
　④T・I・エマスン・木下毅『現代アメリカ憲法』（東京大学出版会、1978年）
　⑤藤倉皓一郎・小杉丈夫編著『衆議のかたち』（東京大学出版会、2007年）
　⑥勝田卓也『アメリカ南部の法と連邦最高裁』（有斐閣、2011年）
　⑦大沢秀介・大林啓編著『アメリカ憲法判例の物語』（成文堂、2014年）
　⑧吉田仁美『平等権のパラドクス』（ナカニシヤ出版、2015年）
　⑨リチャード・H・ファロン・Jr.（平地秀哉・福嶋敏明他訳）『アメリカ憲法への招待』（三省堂、2010年）

⑩ M・L・ベネディクト（常本照樹訳）『アメリカ憲法史』（北大図書刊行会、1994年）
⑪ 憲法訴訟研究会・芦部信喜編『アメリカ憲法判例』（有斐閣、1998年）
⑫ 憲法訴訟研究会・戸松秀典編『続・アメリカ憲法判例』（有斐閣、2014年）
⑬ 別冊ジュリスト『アメリカ法判例百選』（有斐閣、2012年）
⑭ 別冊ジュリスト『英米判例百選Ⅰ公法』（有斐閣、1978年）
⑮ 別冊ジュリスト『英米判例百選［第3版］』（有斐閣、1996年）
⑯ 田中英夫『英米法のことば』（有斐閣、1986年）
⑰ Choper & Fallon, jr. & Kamisar & Shiffrin, CONSTITUTIONAL LAW (10th ed.), West, 2006
⑱ Nowak & Rotunda, PRINCIPLES OF CONSTITUTIONAL LAW (4th ed.), West, 2010
⑲ http://www.findlaw.com/casecode/
⑳ http://www.lawsource.com/also/usa.cgi?us1

第4章 フランス

中村 睦男

◎比較のポイント

　フランスの憲法は、1791年憲法から現行の1958年憲法に至るまで総数15を超え、憲法の歴史において、立憲君主制、共和制、帝制という3つの憲法制度がサイクルになって繰り返されるという特徴を持っている（辻村＝糠塚・文献①1頁）。

　現行1958年憲法は、「フランス人民は、1946年憲法前文で確認され、補充された1789年宣言が定める人権および国民主権の原則、さらに2004年環境憲章が定める権利と義務に対する愛着を厳粛に宣言する」と規定し、1789年人権宣言と1946年憲法前文を再確認するとともに、2005年の憲法改正により環境憲章をさらに宣言するに至っている。ただし、1789年人権宣言、1946年憲法前文および環境憲章の個別的な人権規定は、1958年憲法の中には置かれているわけではないので、1958年憲法とは別にそれぞれ参照する必要がある。

　フランス憲法による人権保障の特色として、次の2点をあげることができる。第1に、世界における人権宣言のモデルとなっている1789年人権宣言および各種の社会権を規定した1946年憲法前文が現行1958年憲法前文で再確認され、実定憲法としての効力を有していることである。第2に、1958年憲法により、フランス独自の憲法裁判機関である憲法院が創設され、人権保障機関として重要な機能を果たしていることである。憲法院は、憲法施行後50年間は違憲審査の対象を法律施行前の事前審査に限定していたところ、2008年の憲法改正により通常裁判所からの移送による法律の事後審査を行う権限が導入されて、文字通りの憲法裁判機関になっている。

I 人権保障の歴史

1. フランス革命と人権

(1) 1789年人権宣言の制定

1789年7月14日に市民がバスティーユ監獄を襲撃することによって始まったフランス革命は、封建的束縛や絶対王政の恣意的支配から個人を解放し、個人の自由な結合体としての市民社会の実現を図ったものである。革命の進行の中で1789年6月19日には人権宣言の起草が提案され、憲法制定議会は、約20の草案を審議して、1789年8月26日に「人および市民の権利宣言」(以下、「人権宣言」という)を採択したのである。

人権草案の起草にあたっては、アメリカの独立宣言やヴァージニア憲法をはじめ諸州の憲法が参照されたため、ドイツの法学者であるイエリネックは、フランスの人権宣言はアメリカの先例の単純なコピーに過ぎないという見解を明らかにして、フランスの学者からの反論を受けた。反論の一例を挙げると、「これほど甚だしい誤りはない。両者の否定できない類似については、着想の共通性によって簡単に説明することができる。すなわち、両者とも、両大陸に普及していた思想の共通基盤(社会契約・自然法など)に立脚していたのである」(デュヴェルジェ・文献④53頁)というのである。

(2) 1789年人権宣言の内容

1) 自由と平等

人権宣言は、まず、「人は、自由かつ権利において平等なものとして出生し、存在する」(1条)と規定して、人間が生まれながらにして自由かつ平等であり、国家が生まれる前に人権が存在するという自然権の考え方を明らかにしている。「人の自然の、かつ、時効によって消滅することがない権利」として、自由のほかに、「所有、安全および圧制への抵抗」が挙げられている(2条)。自由の定義は、「自由は、他人を害しないすべてのことをなしうることに存する」(4条)として与えられており、自由主義社会の基本原則が明らかにされている。

個別的な自由権については、刑事上の人権として、法定手続の保障(7条)、罪刑法定主義(8条)および無罪の推定(9条)の三つの条文が置かれ、近代刑事司法を支配する基本原理が示されている。精神的自由権として、

意見の自由（10条）と表現の自由（11条）が規定されている。経済的自由権としては、特に、所有権に対して、「所有は、侵すことのできない神聖な権利」（17条）と規定されて、所有権の不可侵性が明らかにされている。所有権の不可侵性は、1789年人権宣言が近代的人権宣言であることの特徴の一つとなっており、資本主義経済発展の法的基盤になるのである。また、平等は、社会的差別の禁止（1条）、公務就任の平等（6条）、租税負担の平等（13条）というように個別に規定されている。

2）政治的結合の目的と構造

人権宣言2条によると、政治的結合の目的は、「人の自然の、かつ時効によって消滅することができない権利の保全」であるとされている。国家のために個人が存在するのでなく、個人の人権を保全するために国家が存在するという近代市民国家の基本原理がここで明らかにされている。さらに、人権の保障を確保するための国家の形態として、モンテスキューの影響を受けた権力分立の原則が採用されている。すなわち、「権利の保障が確保されず、権力の分立も定められていないすべての社会は、憲法を有するものではない」（16条）という規定である。この規定は、憲法に人権の保障と権力の分立の規定が不可欠という近代的意味の憲法を明確に定義づけるものである。

3）法律による人権の保障

1789年の人権宣言において、法律に対して、自由を保障する役目が与えられている。法律は、自然権の限界を定め（4条）、刑事手続（7条）、罪刑法定主義（8条）、無罪の推定（9条）を定め、平等を確保し（6条）、意見の自由の限界である「公の秩序」や表現の自由の限界である「自由の濫用」を定めている（10条、11条）のである。

法律に自由を保障する高い地位を与える根拠にあるのは、「法律は、一般意思の表明である」（6条）という観念である。法律が一般意思の表明であるという観念は、ルソーの思想に由来し、法律はその性質上自由を抑圧するものではなく、自由を保障する手段とされている。

しかし、1789年の人権宣言においても、法律への信頼が絶対的なものであるとは考えられていなかった。「法律は、社会に有害な行動でなければ、禁止する権利を有しない」（5条）とされ、また、「法律は、厳格かつ明白に必要な刑罰でなければ、定めてはならない」（8条）というように、

法律で禁止できる行為を「社会に有害な行為」に限定したり、法律が定めるのは「厳格かつ明白に必要な刑罰」のように法律が定める内容に枠がはめられている。さらに、1791年憲法第1編は、より明確に、「立法権は、この編において規定され、かつ、憲法によって保障された自然的および市民的権利の行使を侵害し、阻害するいかなる法律も定めることができない」と規定して、法律が憲法で規定する人権を侵害する可能性を認めて、立法権に制限を加えている。

　このように1789年の人権宣言のなかに、「法律による自由の保障」という観念と「法律の侵害に対する自由の保障」という2つの考え方が存在しているが、人権宣言の全体的な構成としては、「法律による自由の保障」に力点があり、その後の運用においても、「法律による自由の保障」という考え方が支配的になっていくのである。1789年の人権宣言は、理念的根拠としては「人の自然権」から出発するのであるが、実定的構造としては、「法律による保障」として組み立てられており、議会こそが人権保障の担い手とされ、人権が法律によって保障されるというのが、1789年の人権宣言だけではなく、近代立憲主義の確立期の典型と考えられるイギリスと第三共和制フランスにおいても考えられ、近代立憲主義のあり方とされるのである（樋口・文献②60頁）。

(3) 営業の自由と労働者の団結の禁止

　1789年の人権宣言は、営業の自由をはじめ職業の自由を明文で規定していない。しかし、1791年6月14＝17日の法律であるル・シャプリエ (Le Chapelier) 法は、あらゆる職業的団体の結成および争議行為を刑罰によって禁止した（中村・文献⑧44頁以下）。ル・シャプリエ法は、「同一の身分および職業の市民のすべての種類の同業組合の廃止は、フランス憲法の根本的基礎の一つであるから、いかなる口実及びいかなる形式の下にも、それを事実上再建することは禁止される」(1条) と規定し、手工業・商業を担っていた旧体制（アンシアン・レジーム）下のすべての同業組合の復活を禁止して、営業の自由・職業の自由を認めた法律である。しかし、この法律を制定した直接の原因は1789年の春に起こった労働者の賃上げ要求の争議行為であり、また、実際上も、19世紀の後半に至るまで、労働者の団結を禁止する法律として機能していくのである。

　ル・シャプリエ法の基礎にある思想は、個人主義的な経済的自由主義で

ある。重農主義にその源を求められる経済的自由主義の原則によると、賃金の決定を雇主と労働者との間で個人対個人の関係における自由な合意に委ねることによって、労働者の適正な賃金額が決定されるというのである。孤立した個人間の自由競争が最良の結果を生み出すという考え方が基礎になっている。

2. 1848年憲法と個人主義的・自由主義的法原則の修正

　1848年の二月革命の推進したイデオロギーは、1789年の原則と断絶することなしに、19世紀前半に進展した産業革命の結果生じた労働者の悲惨な境遇の改善を目指すものであった。1848年憲法の人権に関する規定は、憲法前文で体制の一般的原理が宣言され、本文第2章の「憲法によって保障される市民の権利」（2条〜17条）で個別的な人権が列挙されている。「労働権」の規定が憲法制定議会の討論の中で否決されたとはいえ、各種の社会権の原型となる規定がみられる。労働権、生存権、教育権は個人の権利として規定されるに至らなかったが、国家の積極的義務が認められている。また、1789年の個人主義の原則も修正されている。社会は、「労使関係の平等、共済および信用制度、農業団体」によって、「労働の発展を助長し、奨励する」（13条）という規定は、労働の発展のために、労使関係の平等と各種の団体の存在が想定されている。

　集団的な権利が法律によって保障されるようになったのは、19世紀後半になってからである。職業的分野では、争議行為の自由が承認されたのは、1864年5月25日法よってであり、さらに、労働組合結成の自由が承認されたのが、1884年3月21日法よってである（中村・文献⑧84頁以下）。これによって労働者の争議行為と組合結成の自由を刑罰で禁止していたル・シャプリエ法が廃止され、労働運動の基盤となる労働者の団結の自由が認められるのである。団結の自由を承認した論理は、一人の労働者が自由に労働条件を論じ、労務を提供もしくは拒否できるのであるから、個人を集合した複数の労働者は同じことをなし得るということである。集会の自由は、1881年6月30日法によって認められ、また、結社の自由が一般的に認められたのは、20世紀に入った1901年7月1日法によってである。

3. 第2次世界大戦後における社会権の承認
(1) 1946年憲法
　第2次世界大戦中のナチスドイツの占領下におけるレジスタンス運動に参加した政党である共産党、人民共和派、社会党の三党鼎立による憲法制定議会で第四共和制憲法が制定された。第四共和制憲法は、人権を規定するに当たって憲法前文の形式を採用した。憲法前文は、第1に、1789年人権宣言の再確認、第2に、「共和国の諸法律によって承認された基本原則」の再確認、第3に、「現在に特に必要な政治的、経済的および社会的原則」の個別の規定によって構成されている。ここで、1789年の人権宣言と「現代に特に必要な社会的・経済的原則」を併存させることにより、自由権と社会権が認められている。

(2) 1958年憲法
　第四共和制は、強い議会と弱い内閣の下で政局が不安定であった。1958年5月にアルジェリアでクーデタが発生し、この問題の解決のためドゴール将軍が首相に就任し、新しい憲法の制定にあたった。第五共和制憲法は、第三共和制以来の議会中心主義から、大統領を中心とする執行府の優位に特徴がある。1958年憲法の人権規定は、当初、1789年の人権宣言と1946年憲法前文を憲法前文で確認するという方式をとり、その後、2005年の憲法改正によって環境憲章が加えられている。

II　人権保障の諸制度

1. 通常裁判所による違憲立法審査権の欠如
　司法裁判所および行政裁判所ともに、有力な学説（デュギー、オーリュウ）の反対にもかかわらず違憲審査権を否定してきた。

2. 憲法院による法律の合憲性の審査
(1) 憲法院の創設
　1958年憲法によって設置された憲法院は、フランス独自の憲法裁判機関で、1974年の議会の少数派への提訴権の拡大、2008年の法律の事後審査制の導入という二度にわたる憲法改正で、憲法裁判機関としての権限が強化されている。憲法院の構成は、任期が9年で、再任されない9名の構

成員に、任期が終身の元大統領が加わる(憲法56条)。構成員の任命は、9名の構成員のうち、3名は大統領により、3名は国民議会議長により、残り3名は元老院議長により、それぞれ3年ごとに行われる。憲法院の権限は、大統領および国会議員の選挙争訟を裁定すること、国民投票の施行の適法性を監視すること、法律事項と命令事項の区別を判定することのほか、重要な任務は、議会によって制定された法律を大統領が審署する前に、その合憲性を審査することである。法律の審署は、法律が憲法の規定に従って成立したことを認証し、それに執行力を付与する大統領の行為で、大統領は、法律が政府に送付されたのち15日以内に審署することになっている(憲法10条)。通常の法律は、大統領、首相、両院のそれぞれの議長の提訴によって審査に付されることになっていたのが、1974年の憲法改正により、提訴権者に、60名の国民議会議員と60名の元老院議員が加えられている（憲法61条2項）。判決の効力は、公権力ならびにすべての行政機関および司法機関を拘束する（憲法62項3項）。

(2) 憲法院の人権保障機関への進展

　憲法院に対して、当初期待されていた任務は、憲法で設定された公権力の分立の維持、特に、議会の権限に属する法律事項を制限的に列挙し（憲法34条）、その他の事項を政府の権限に属する命令事項とする（憲法37条）という、立法に関する憲法上の権限分配に関して生ずる議会と政府との間の争いを判定する職務（憲法41条2項）において、政府の自主立法領域を議会が尊重するよう監督するということであった。

　しかし、1971年7月16日の憲法院判決は、大方の予想に反した判決で憲法院の憲法裁判機関そして人権保障機関としての性格を一般に認識させた（中村・文献⑨261頁以下、山元・文献⑤371頁以下）。1971年の違憲判決は、1901年の結社の自由を改正する法律について、結社の届出に対して、従来は受領書が団体の適法性の審査なしに自動的に交付されていたのに対して、検察官と大審裁判所の介入によって自動的交付が行われなくなった問題に憲法判断を行ったものである。この判決は、次の2点で注目された。第1に、結社の自由を憲法前文で再確認されている「共和国の諸法律によって承認された基本原則」として認めたことである。第2に、結社の自由の保障内容として、結社が自由に結成され事前の届出のみに服し、特別のカテゴリーの結社を除いて、たとえそれが無効とされる外見を有しま

は違法な目的を有する場合でも、行政機関はもとより司法機関によっても事前の介入は許されないことを明らかにして、結社の自由の事前規制を違憲と判断したことである。

　1974年の憲法改正による議会の少数派に対する提訴権の拡大により、審査件数が増大し、違憲判決も相当数出されるようになっている。しかし、憲法院の違憲審査が法律の事前審査に限られ、市民からの提訴が認められないという重大な不備があった。

　2008年の憲法改正は、「抗弁による事後的な違憲審査制」を新たに導入し、裁判所で係争中の事件の審理に際して、憲法で保障された権利と自由が法律によって侵害されていることが主張された場合には、コンセイユ・デタ（最高行政裁判所）または破毀院（最高司法裁判所）からの移送による憲法院への付託が可能になった結果、間接的ではあるが、一般市民に違憲審査の請求が認められたのである（憲法61条の1第1項）。

　憲法61条の1第1項は、「裁判所で係争中の事件の審理に際して、憲法で保障される権利と自由が法律によって侵害されていることが主張されている場合には、憲法院は、所定の期間内に見解を表明するコンセイユ・デタないし破毀院からの移送によって、この問題について付託をうけることができる」と定めている。同条第2項により適用を定める組織法律により、「合憲性優先問題」（Question prioritaire de constitutionnalité 以下、QPCという）の概念が登場し、以後事後審査制の仕組みは、QPCと呼ばれるようになったのである。

　QPCの仕組みは、次のようになっている（辻村＝糠塚・文献①141頁以下、文献⑦303頁以下〔池田晴奈〕参照）。第1審裁判所または控訴審裁判所は、係争中の事件において、憲法上の権利・自由が侵害されていると主張された場合に、①「異議を申し立てられた規定が訴訟もしくは訴訟手続に適用されるか、または提訴理由を構成すること」、②「異議を申し立てられた規定が、事情の変更があるときを除いて、以前に憲法院判決の理由および主張において、合憲と判断されていないこと」、③「問題が重大な性質を欠いていないこと」の三つの要件を満たすと判断した場合に、コンセイユ・デタまたは破毀院にQPCとして移送する。事前審査制で合憲と判断されている規定でも、「事情の変更があるとき」には、事後審査が可能になっている。憲法院は、合憲、留保条件付き合憲、全部違憲、一部違憲の

いずれかの判断を行う。憲法院による違憲判決の効力は、判決が公布された日、または判決が定める期日に当該規定が廃止されることになる。

(3) 「憲法ブロック」の承認

「憲法ブロック」とは、フランス憲法独特の用語で、憲法院が憲法的な価値を有するとして参照する法規範のことをいう。

1) 1789年人権宣言

憲法院が、初めて1789年人権宣言に明示的に援用したのは、職権課税に関する1973年12月27日の職権課税判決（文献⑥105頁〔多田一路〕）である。この判決は、年収が一定額を超えない納税者は租税裁判所で反証をあげることにより職権課税の支払いを免れることができる予算法律の規定について、高額納税者と通常の納税者との間に、行政による職権課税に反証をあげる可能性に関して差別することは、「1789年人権宣言の内容をなし、憲法前文によって厳粛に再確認された法律の前での平等に反する」と判断した。

2) 1946年憲法前文

1946年憲法前文では、「現代に特に必要なものとして」宣言した「社会的・経済的原則」として、各種の社会権が規定されている。1946年憲法前文を最初に援用したのは、憲法院1975年1月15日の人工妊娠中絶法合憲判決（文献⑦107頁〔建石真公子〕）である。フランスではカトリック教会の影響で長らく人工妊娠中絶が禁止されていたが、人工妊娠中絶を一定の要件で自由化する法律に対して、憲法院は、1789年人権宣言2条、「共和国の諸法律によって承認された基本原則」と並べて、「国は子どもに健康の保持を保障するという1946年憲法前文で宣言された原則」を明示的に援用している。憲法院が社会権として認める権利として、健康の保護への権利のほか、社会的保護および物質的安全への権利（憲法前文11項）、正常な家族生活を営む権利（同10項）、教育を受ける権利（同13項）、国民的連帯への権利（同12項）、雇用への権利（同5項）、労働組合の自由（同6項）、ストライキ権（同7項）、労働条件の集団的決定への参加権（同8項）である。憲法院は、1946年憲法前文の明文で認められたこれらの社会権を、「憲法的価値を有する原則」として承認している。

社会権の憲法的価値の認め方は規定によって異なっている。まず、労働組合の自由、ストライキ権、労働条件の集団的決定への参加権のような労

働基本権に関わる規定については、権利としての法的効力が認められている。しかしこの場合にあっても、権利の保障は絶対的なものではなく、労働組合の自由は、労働者の個人的自由との調和が、公務員のストライキについては、「公役務の継続性の原則」との調和が、核燃料物資精錬事業のストライキについては、「人および財産の健康と安全の保護」との調和が必要とされている。つぎに、健康への権利、社会的保護を受ける権利、雇用を得る権利のような国家の積極的給付を受ける権利は、国家に対する給付請求権を認めるものではなく、財産権や企業の自由を制限する法原則として認められるに止まるものである。

3) 共和国の諸法律により承認された基本原則

共和国の諸法律により承認された基本原則は、1789年人権宣言と1946年憲法前文との間の空白を埋めるもので、具体的内容は、憲法院の判例で明らかにされている。ここで認められた人権としては、前述の1971年判決で認められた結社の自由のほか、1976年12月2日判決による防御権、1977年1月12日判決（文献⑦158頁〔高作正博〕）による個人的自由、1977年11月23日判決（文献⑦136頁〔小泉洋一〕）による良心の自由と教育の自由、1999年7月8日判決による高等教育の自由、1984年1月20日判決（文献⑥177頁〔成嶋隆〕）による大学教授団の独立、2010年8月6日判決（文献⑦340頁〔南野森〕）による研究者教員の独立などがある。

4) 環境憲章

2005年の憲法改正によって2004年の環境憲章が憲法前文に加えられ、1789年人権宣言、1946年憲法前文と並んで、フランス人民が「愛着を厳粛に宣言する」ことになった。環境憲章は、各人は、「健康が尊重され、かつ均衡がとれた環境のなかで生きる権利をもつ」（1条）とともに、何人も、「環境の保全と改善に参与する義務をもつ」（2条）と規定して、個人にとって、環境が権利であると同時に、義務になっていることに特徴がある。憲法院2008年6月19日判決（文献⑦175頁〔大藤紀子〕）は、環境憲章を憲法ブロックに組み込み、「憲章において定められた権利と義務の総体は憲法的価値を有する」（2009年12月29判決も同旨）と判断している。

3. 通常裁判所による法律の条約適合性審査

フランスでは、欧州人権条約をはじめ条約によって人権が保障されてい

る。憲法院は、人工妊娠中絶法が欧州人権条約2条に違反することが争われた前掲1975年1月15日判決において、法律に対する条約の優位を定める憲法55条の解釈に関して、法律の条約適合性の判断は憲法院の任務ではないと判断した。この判決を受けて、破毀院は直ちに1975年5月24日判決で法律の条約適合性審査を行っている。その後、コンセイユ・デタも、1989年10月20日のニコロ判決で、法律の条約適合性審査を行うようになった。フランスでは、このように憲法院ではなく、通常裁判所が法律の条約適合性審査を行っているのである。

4．権利擁護官による人権の擁護

2008年憲法改正により、憲法で明記された人権保障機関である「権利擁護官」（憲法71条の1）が規定され、2011年6月に創設されている。権利擁護官は、大統領により任期6年で任命される。権利擁護官の任務は、公的機関との関係での市民の権利・自由の擁護、子どもの人権の擁護と促進、差別の撤廃、治安活動に従事する者に対する職業倫理尊重の監視であり、権利を侵害された市民が申立できる。

5．国家人権諮問委員会

「国家人権諮問委員会」は、国際法の法典化と国家の権利義務と人権の擁護のため1947年に創設された人権諮問委員会を引き継ぎ、1986年より世界のみならず、フランス国内の人権にも権限が拡大している。この委員会は、政府の下に置かれ独立性を保障された行政機関で、人権や人道的活動の領域で助言と提言を提出する役割を有している。委員会は、NGOの代表、議会や関係省庁の代表、組合の代表、有識者など60名程度のメンバーで構成されており、毎年、フランスにおける差別の撤廃に関する報告を出し、人権賞を授与している。

III　保障される人権の特徴

1．ライシテ原則（政教分離の原則）
(1) 1905年法によるライシテ原則の確立

フランスにおいて政教分離の原則は、ライシテと呼ばれており、人権の

うちでも最も活発に議論されてきた問題である（小泉・文献⑪参照）。1801年にフランスとヴァチカンの間で締結されたコンコルダ制度（政教協約）によると、カトリック教会、プロテスタント2教派およびユダヤ教が公認宗教制度とされ、政府は、公認宗教の聖職者の任命権を持つなど教会の組織と活動を統制する反面、公認宗教は国から財政的支援などの優遇を受けていた。第三共和制の初めから激化したカトリック教会と共和派との抗争のなかで、共和派により繰り広げられたカトリック教会に対する反教権主義の結果として、1905年12月9日法が誕生した。この法律は、共和国は、「いかなる宗教に対してもこれを公認せず、給与を支払わず、補助金を与えない」という規定で（2条）、公認宗教制度を廃止し、宗教を私的領域の問題とした。ただし、学校、病院、保護収容施設および刑務所のような公共施設において、自由な礼拝を確保するための施設付司祭への公費支出は認められている（同法2条2項）。また、ライシテ原則は、宗教に対する敵対を意味するのではなく、「共和国は、良心の自由を確保する」（同法1条）という規定によって、宗教信者の自由を尊重しながら政教分離を行うことが明らかにされている。

　第2次大戦後は、1946年の第四共和制憲法でライシテは憲法上の原則となり（1条）、現行第五共和制憲法においても同様に憲法上の原則されている（1条）。政教分離の原則は、宗教的自由の保障と結びついた、国家の宗教的中立の意味で理解され、必ずしも厳格に捉えられていない。

(2)　1959年法による私学助成の確立

　私立学校の大半がカトリック系であることから私学助成は、私立学校の教育の自由を実質的に保障するために私学助成を要求する右派とライシテの堅持を唱えて私学助成に反対する左派との間で「学校戦争」と呼ばれる対立があった。「学校戦争」に一応の終結をもたらしたのが、1959年12月31日のドブレ（Debré）法である。この法律は、私立学校に対して、国家と私立学校との契約により、「単純契約」と「協同契約」の二つの方式が用意され、国庫助成の程度に応じて国の監督を強めるという独自の私学助成制度を採用することによって、政教分離の原則と私立学校の教育の自由の調和を図っている（中村・文献⑩121頁以下）。

　憲法院2009年10月22日判決は、私学助成がライシテ原則に違反しないことを次のように明らかにしている。「客観的かつ合理的基準に基づき

自らの評価を設定するという留保のもとに、私立学校の教育役務遂行の性格および重要性に応じて、立法者が協同契約の下にある私立学校の運営資金援助に対する公共団体の一部負担を規定する可能性をライシテ原則は妨げない」というのである。

(3) 2004年法による公立学校でのスカーフの禁止

歴史的には、カトリックとの関係で生まれたライシテの原則は、現代にあってはイスラム教徒の関係で大きな問題になっている。2004年3月15日法は、ライシテ原則を適用して公立学校における宗教への所属を表明する標章または服装の着用を禁止する法律である。スカーフの着用は、イスラム教の一部の教団においてコーランに基づく義務とされ、移民の女子生徒が公立学校でスカーフを着用することが許されるかどうか、という問題に対して長い議論の結果とられた結論である（小泉・文献⑪77頁以下）。2004年法は、公立学校において、「生徒がこれ見よがしとなるように自己の宗教への所属を表明する標章を着用することは、禁止される」(1条) と規定している。法律実施のための通達によると、控えめな宗教的標章を着用する生徒の権利は否定されておらず、また、普通に着用されるアクセサリーおよび服装は否定されていない。禁止される宗教的標章は、「いかなる名称であるかを問わず、イスラムのスカーフ、ユダヤ教徒帽子または明白に過度な大きさの十字架のような、その着用により、即座に宗教への所属が見分けられることになるもの」、および普通に着用されるアクセサリーなどであっても、イスラムのスカーフの代用として宗教的意味を持たせる目的で着用する場合である。しかし、法律の適用ではあいまいな点があり、学校現場では、控えめな宗教的標章とは何か、目的によって宗教的標章になるのはどのような場合かが問題になっている。

(4) 2010年ブルカ禁止法

ライシテ原則を学校現場から一般市民生活の場にも拡大したのが、2010年10月11日法である。この法律は、公的な場所でブルカやニカーブのように顔や身体を全面的に覆うスカーフの着用を禁止して、違反した場合に罰金か、それともフランスの習慣などを学ぶ公民教育の義務付けを課すことにしている。この法律に対して、憲法院2010年10月7日判決は、公的な場所で顔を覆うことを禁止するということが、公衆に開かれた礼拝の場所での宗教的自由の行使を保障した1789年人権宣言10条の過度な侵

害になりうることから、このような過度の制約を含まない、という解釈上の留保をつけて合憲判断を下している。

2．ポジティヴ・アクション
(1) 平等とポジティヴ・アクション
　1958年憲法1条によると、フランスは、「不可分の共和国」であり、「出生、人種または宗教による差別なしに、すべての市民に対して法律の前の平等を保障し」、「いかなる信条をも尊重する」ことが明文で規定され、さらに、1958年憲法前文で再確認されている1946年憲法前文第3項によって男女の平等が規定されていることから、出生、人種、宗教、信条、性別に関する平等は厳格に解釈されている。

　1990年代に入ってからは、恵まれない社会集団の構成員に対して、事実上の不平等を是正する目的で財または給付の優先的配分を義務づけるプログラムであるポジティヴ・アクションがとられるようになった。1958年憲法1条が、「出生、人種、宗教による差別」を明文で禁止しているために、ポジティヴ・アクションは、「出生、人種、宗教」以外の標識に依拠した事項においてなされ、特に、雇用や国土整備の領域で行われている。憲法院1995年1月26日判決（文献⑥116頁〔大藤紀子〕）は、地理的に恵まれない特定地域について、格差を是正する目的で意図的に不平等な地域振興策を遂行しても、平等原則に反しないと判断している。

(2) 政治的分野での男女平等
　1982年に、人口3,500人以上の市町村で名簿式2回投票制で選出される地方議会議員選挙において、「候補者名簿は、同一の性に属する候補者を75％以上含んではならない」とするクオータ制（割当制）の合憲性が憲法院で問題になった。憲法院1982年11月18日判決（文献⑦119頁〔糠塚康江〕）は、憲法3条（国民主権原理）および人権宣言6条（平等原則）が選挙人や被選挙人のカテゴリーによるあらゆる区別に対立する原理を言明していることを理由に、地方議会議員選挙におけるクオータ制を憲法違反と判断した。すなわち、憲法院は、フランス国民は普遍的に平等であるから、女性のみを優遇する措置をとることはできないというのである。

　性別クオータ制が違憲とされたので、女性議員率の向上のために憲法改正により導入されたのが、パリテである。パリテとは、議会において男女

同数の代表を選出することによって、男女の平等な政治参画を実現することを意味する。1999年の憲法改正により、「法律は、選挙によって選出される議員職と公職への男女の平等なアクセスを促進する」(3条5項)と「政党および政治団体は、法律の定める要件に従って、3条最終項 (3条5項) で表明された原則の実施に貢献する」(4条2項) というパリテ条項が憲法上設けられた。

2000年6月6日法によって作り上げられたパリテの基本的な枠組みは、次の3つの手法によって構成されている (糠塚・文献⑫114頁以下、鈴木・文献⑬158頁以下参照)。第1に、拘束名簿式比例代表1回投票制では、候補者名簿登載順を男女交互とする (元老院議員選挙の一部、欧州議会議員選挙など)。第2に、拘束名簿式比例代表2回投票制では、候補者名簿登載順6人ごとに男女同数とする (人口3,500人以上の市町村議会議員選挙など)。第3に、小選挙区2回投票制で実施される国民議会議員選挙では、政党および政治団体に帰属する候補者の男女比を同率とする。ある政党および政治団体の候補者の男女の開きが、候補者全体の数の2％を超えた場合には、当該政党および政治団体に配分される政党助成金が減額される。その後、2013年5月17日法によって、県議会議員選挙において男女2人組で立候補し、各選挙区から1組を選出するパリテ2人組多数代表2回投票制という徹底したパリテが実現した (服部・文献⑮22頁)。

(3) 職業的・社会的分野での男女平等

1999年の憲法改正によるパリテ条項は、「選挙による議員職および公職」にのみ適用され、他の分野への拡大は憲法院の違憲判決によって阻止された。特に、2006年3月16日の男女給与平等法判決 (文献⑦123頁〔糠塚康江〕) は、公企業・私企業の取締役・監査役に関する性別クオータ制を職権で審査し、「公法上ないし私法上の法人の管理機関ないし諮問機関の構成が性別に基づく強制的ルールによって決められること」は、平等 (1789年人権宣言1条・6条、1946年憲法前文3項、1958年憲法1条) に違反すると判断した。

2008年の憲法改正で、従来の政治的分野でのパリテ条項と統合し、新たに、「法律は、選挙によって選出される議員職と公職、ならびに職業的および社会的要職に対する男女の平等なアクセスを促進する」(憲法1条2項) という規定が設けられた。この規定を具体化する法律として、「取締

役会及び監査役会における男女の均衡のとれた代表並びに職業上の平等に関する法律」である2011年1月27日法が制定された（服部・文献⑭3頁以下）。この法律が定めたのは、パリテではなく、40％の性別クオータ制である。さらに、2012年3月12日法は、40％クオータ制の適用対象を公務員に及ぼし、その結果、国家公務員、地方公務員および医療公務員の特定の管理職（デクレで一覧を定める）の年間の任命数について、男女の割合をそれぞれ40％以上にすべきことになっている。

3. 警察留置

　フランスの刑事司法の特色の一つである警察留置は、被留置者の権利を保障するために絶えず改革の対象となってきた（白取・文献⑮参照）。警察留置とは、司法警察官が捜査の必要のために、罪を犯しまた犯そうとしたことを疑うに足りる徴表のある者を警察署に留置する措置である。期間は、原則24時間であるが、大審裁判所検事正の書面による許可により24時間（テロや麻薬取引の場合には48時間）の延長が可能である。

　現行の刑事訴訟法が施行された1958年当時では、防御権が認められていないだけではなく、家族友人に連絡する権利も保障されていなかった。1993年の法改正により、被留置者に対する諸権利、すなわち、家族への連絡、医師による診断、弁護士との接見交通などの権利とその告知が認められるようになった。

　しかしながら、防御権の保障など警察留置を受ける者の権利を侵害するという主張でQPCが破毀院からの移送により憲法院に付託された。憲法院2010年7月30日判決（文献⑦335頁〔中島宏〕）は、警察留置を違憲と判断すると同時に、合憲性優先問題の受理可能性と違憲判決の効力発生の時期に関して、次のような重要な判断を行っている。

　まず、本判決は、合憲性優先問題について、組織犯罪・麻薬取引・テロ行為に対する警察留置に関しては、合憲と判断した2004年3月2日判決の「事情の変更」を認めず、合憲性の再審査を行わなかったのに対して、それ以外の領域での警察留置については、現在の刑事司法における警察留置の重要性や日常化、執行数および執行資格者数の増加に「事情の変更」を認め、警察留置制度の再審査を行い違憲と判断したのである。

　つぎに、本判決が警察留置を違憲と判断した理由は、一方では、公序へ

の侵害の予防と犯人捜査、他方では、憲法上保障された防御権の保障との調整が確保されなければならないところ、被留置者が弁護人の効果的な援助を受ける権利が確保されていないなど両者が均衡を失っているので、警察留置を定める諸規定は、無罪推定を定める1789年人権宣言9条および防御権の尊重が導き出される同人権宣言16条に違反する、ということである。

　さらに、本判決は、違憲判決の効力について、即時無効とした場合に、現に留置中の手続をすべて無効とし、多くの被留置者を釈放することになり、刑事司法の混乱が予想され、また、議会に違憲性を治癒するための十分な時間を確保するため、違憲判決から11か月後の2011年7月1日に違憲判決の効力が発生するという、将来効判決の手法を用いている。

4．反論権と表現の自由

　表現の自由に関するフランスの特色として挙げられるものとして、反論権がある（曽我部・文献⑯参照）。出版の自由を確立した1881年7月29日法13条によって認められた反論権の要点は、次の2点にある。第1に、反論権は、あらゆる人に対して、新聞または定期刊行物における指名または指示のみによって成立し、名誉毀損などの要件を必要としないことである。第2に、反論権行使の態様として、新聞または定期刊行物の発行責任者は、反論者自身が作成した反論文を、無料かつ原記事と同様の条件（同じ掲載場所および活字、原則として同じ分量）で掲載する義務を有することになる。反論権法の基本的な理念は、反論文ができる限り原記事と同一の読者の目に触れ、注目を集めることである。反論権の憲法上の位置づけは、表現の送り手の自由を制約するが、第1には人格権の保護を目的にし、副次的には表現の受け手たる公衆の利益の促進をも目的とするものとして正当化されるのである（曽我部・文献⑯237頁）。

　放送に関する反論権はより限定されている。1982年7月29日法によると、「名誉または評判を侵害するおそれのある非難」に対してのみ、反論権が認められている。

5．「記憶の法律」と表現の自由

　「記憶の法律」（loi mémorielle）は、歴史上の事件に関する国家の公式的

見解を宣言し、さらには強制すら行う法律である。極端な場合には、このような法律は異なった見解の表明を刑罰で禁止できる」という定義がなされている（Letteron・文献㉒478頁。同じく、曽我部・文献⑰75頁以下、樋口・文献⑱173頁以下、山元・文献⑤98頁以下参照）。記憶の法律は、歴史の「公定」や歴史家の学問の自由や表現の自由の侵害が問われることになる。次のような法律が「記憶の法律」として議論されている。

1990年7月13日のゲソー（Gayssot）法は、プレスの自由に関する1881年法を改正してホロコーストを否定する発言をした者を処罰する規定を追加した。ゲソー法の制定にあたっては、表現の自由の侵害等を理由とする違憲論もあったが、憲法院への事前審査の提訴は行われなかった。さらに、2008年の憲法改正による事後審査についても、破毀院が憲法院への付託を拒否したため憲法院の判断は示されていない。

2001年5月21日のトビラ（Taubira）法は、特定の奴隷貿易と奴隷制を人道に反する罪であると認定する（1条）とともに、奴隷貿易および奴隷制について、学校の教育課程および歴史学と人文諸学の研究プログラムでふさわしい取扱いをすることを定めている（2条）。

2005年2月23日法は、1962年のアルジェリア独立に伴ってフランス本土に引き上げてきた人々の功績および労苦を認知することと、軍関係者に対する補償の充実を趣旨とするとされ、具体的には、「学校の教育課程は、海外領土とりわけ北アフリカにおけるフランスの存在の積極的役割を認め、かつ、これらの地域出身のフランス軍兵士の歴史と犠牲に対し、それにふさわしい重要な取り扱いを行うものとする」（4条2項）という規定が問題になった。この規定は、かつてフランスの植民地であった国々の世論の怒りを引き起こしたばかりではなく、歴史を書くことは立法者の任務ではないと考える大多数の歴史学者の批判を招いた。この規定は憲法院判決により法律事項ではなく、命令事項ということになり、制定後約1年を経て首相のデクレ（命令）により廃止された。

2001年1月29日法は、「フランスは1915年のアルメニア人ジェノサイドを公式に認める」という1条だけからなる法律である。その後、アルメニア人ジェノサイドを否定する表現に対する罰則を求める動きが強まり、2012年法案は、アルメニア人ジェノサイドの存在に異議を唱える者を前述のゲソー法と同様に処罰する規定を有していた。憲法院2012年2月28

日判決は、法律の事前審査で、2012年法案を表現の自由を侵害して違憲であると判断したため、法律として成立しなかった。

　学説は、2012年法案の違憲判断を支持する点では概ねコンセンサスがあるが、ゲソー法については合憲論が有力であるとされている（曽我部・文献⑰83頁）。そこでは、ホロコースト否定はユダヤ人に対する差別的言論であるのに対して、アルメニア人ジェノサイドは必ずしも差別的言論とはとられないという社会的文脈の相違が指摘されている。

むすびにかえて

　憲法院がウェブサイトで公表している統計によると、2010年3月1日より5ヵ年で395件のQPC判決が出されたうち、全部違憲判決が14.6％、一部違憲判決が9.3％になっており、違憲判決がかなり多いのが目立っている。QPC制度によって憲法院は、民主政下における憲法裁判所として健全な機能を果たしていると評価されている（池田晴奈「事後的・具体的規範統制と基本権保障」文献⑲291頁、文献⑦307頁〔曽我部真裕〕）。憲法院はフランス型の憲法裁判所として、比較憲法的にも興味ある存在になっている。

　憲法判断の手法として解釈留保付合憲判決が重要な役割を果たしており、日本における合憲限定解釈と共通する手法として注目される（文献⑦293頁〔辻信幸〕）。

　違憲審査基準について、憲法院で多用されてきている比例原則は、適合性、必要性、狭義の比例性の三つの要素の審査からなる審査基準であるが、憲法院で厳密に適用されているわけではない（文献⑦286頁〔今関源成〕）。他の論者は、憲法院は2008年2月21日判決を転機として比例原則の適用例がみられるようになるとし、その例として、2011年3月10日判決が、スポーツ会場における騒乱を目的とするネット上でチケットを再販売することを処罰する条項に関して、処罰は「立法目的に照らし、明らかに適切ではなく」、「刑罰の必要性の原則に違反する」として違憲判断をし、また、前述の警察留置を違憲とした2010年7月30日判決を挙げて、人身の自由に関わる比例性審査において違憲判断が導かれる傾向を指摘している（建石・文献⑳240頁以下）。

〈参考文献〉（＊は主要な参考文献）
* ①辻村みよ子＝糠塚康江『フランス憲法入門』（三省堂、2012年）
* ②樋口陽一『比較憲法〔全訂第3版〕』（青林書院、1992年）
* ③井上武史「フランス」初宿正典編『レクチャー比較憲法』（法律文化社、2014年）
④デュヴェルジェ〔時本義昭訳〕『フランス憲法史』（みすず書房、1995年）
⑤山元一『現代フランス憲法理論』（信山社、2014年）
⑥フランス憲法判例研究会編（編集代表辻村みよ子）『フランスの憲法判例』（信山社、2002年）
⑦フランス憲法判例研究会編（編集代表辻村みよ子）『フランスの憲法判例Ⅱ』（信山社、2013年）
⑧中村睦男『社会権法理の形成』（有斐閣、1973年）
⑨中村睦男「フランス憲法院の憲法裁判機関への進展」北大法学論集27巻3=4号（1977年）
⑩中村睦男「フランスにおける私学助成をめぐる憲法問題」今村成和教授退官記念『公法と経済法の諸問題（上）』（有斐閣、1981年）
⑪小泉洋一『政教分離の法』（法律文化社、2005年）
⑫糠塚康江『パリテの論理』（信山社、2005年）
⑬鈴木尊紘「フランスにおける男女平等政治参加」外国の立法233号（2007年）
⑭服部有希「フランスにおける取締役会等へのクオータ制の導入」外国の立法257号（2013年）
⑮白取祐司『フランスの刑事司法』（日本評論社、2011年）
⑯曽我部真裕『反論権と表現の自由』（有斐閣、2013年）
⑰曽我部真裕「フランスにおける表現の自由の現在」憲法問題25号（2014年）
⑱樋口陽一『憲法という作為』（岩波書店、2009年）
⑲辻村みよ子編集代表『社会変動と人権の現代的保障』（信山社、2017年）
⑳建石真公子「フランス憲法院における比例原則による基本権保障」比較法研究75号（2013年）
㉑Jean Rivero, Les libertés publiques （PUF, t. I, 8e édition, 1997 ; t. 2, 6e édition, 1997).
㉒Roseline Letteron, Libertés publiques （Dalloz, 9e édition, 2012）

第5章 ドイツ

寺島 壽一・齊藤 正彰

◎比較のポイント

　ドイツにおける憲法上の権利保障の歩みを見ると、19世紀には、君主政原理下での法律の留保を伴う権利保障、自由主義化を目指した革命・憲法の挫折があり、20世紀の第1次世界大戦後には、数々の社会権条項を掲げる共和制憲法の登場があった。それに続く人権無視のナチス体制を経て、第2次世界大戦後の西ドイツでは、「人間の尊厳」の不可侵性が憲法に明記され、それが東西ドイツ統一後の憲法の規定でも堅持されている。

　今日のドイツにおいて、憲法の保障する権利は「基本権」と呼ばれ、憲法典に相当する制定法は「基本法」と題されている。その基本権保障の特徴のポイントは以下の点である。

　第1に、強力な「憲法の番人」である連邦憲法裁判所の存在、個々人が自らの基本権の救済を求めてこの裁判所に提起しうる憲法異議の制度、が挙げられる。

　第2に、基本権のほとんどは自由権・市民的権利であるが、連邦憲法裁の判例は、それらが法の全領域にわたり広範な効果を及ぼすと捉え、そこから、国家に対し種々の積極的措置を求める権利をも、導き出している。

　第3に、「基本法1条1項と結びついた基本法2条1項」、「基本法20条1項と結びついた基本法1条1項」など、複数の憲法条項の「合わせ技」によって様々な権利を根拠づけていることも、連邦憲法裁の判例の特徴である。

　第4に、これらの反面で、いわゆる「たたかう民主制」が採用されていることも、やはり特徴として挙げておく必要があろう。

I 人権保障の歴史

1. 三月革命・フランクフルト憲法とその挫折まで

　18世紀末、「ドイツ」と呼ばれる地域は、約300もの国々に分かれており、それらの緩やかな連合として「神聖ローマ帝国」があった。19世紀に入ると、ナポレオン（1世）率いるフランスの支配下に入った地域では小国が統合・再編され、神聖ローマ帝国は1806年に解体に至る。この地域がフランスの支配を脱した後、約40にまで整理されたドイツ諸国は、新たな連合を結成する（1815年の「ドイツ同盟」）。これに加わった君主国の多くで、権利保障規定を含む憲法が制定されたが（その先駆けは、1818年のバイエルンとバーデンの欽定憲法、1819年のヴュルテンベルクの協約憲法である）、それらは、君主政原理に立ち、憲法が列挙する権利・自由の実現を法律あるいは勅令に委ねていた。ドイツ諸国の中でも大国であったプロイセンとオーストリアでは、近代憲法の制定自体が立ち遅れていた。

　そのような中、1848年3月、ドイツ諸国に広がる「三月革命」が勃発する。それは、自由主義化とともに、「統一ドイツ国家」の建設（ただし、ドイツ諸国の並存を前提とする連合国家の結成）・その憲法の制定を目指すものでもあった。こうして、統一ドイツ国家——それはドイツ諸（王）国を包含する（連合国家的性格の）「帝国」という意味合いで「ライヒ（Reich）」と呼ばれた——のための憲法制定国民議会が、1848年5月にフランクフルトの地で始まる。この議会の採択した「ドイツ帝国憲法」が、いわゆる「フランクフルト憲法」である（1849年3月28日採択、同年4月28日公布）。

　国民主権主義に立つこの憲法は、第6章を「ドイツ国民の基本権」とする（130条〜189条、14節構成。その原型は、国民議会が前年12月に採択した「ドイツ国民の基本権に関する法律」である）。そこでは、自然権的な「人権」の語を避け、実定憲法が認める権利を指して「基本権」という語を採り、同章の基本権は、いかなるライヒ構成国の憲法・法律もこれを廃止・制限し得ない、と定め（130条）、人身の自由、意見表明の自由、信仰・宗教活動の自由、学問・教授の自由、集会・結社の自由、法律の前の平等、請願権、裁判を受ける権利などを規定する。その中でも、死刑の原則的廃止（139条）、初等教育の学費無償制（157条）などが注目される。

　しかしながら、この憲法の公布の頃には、反革命派がすでに巻き返して

おり、主なドイツ諸国はこの憲法を受け容れなかった。革命は終息し、フランクフルト憲法は一片の歴史的文書と化したのである（以上につき、高田＝初宿編著・文献⑧1～5頁［初宿正典］、初宿・文献⑨283～294頁参照）。

2. プロイセン憲法とドイツ帝国憲法

(1) プロイセン憲法

三月革命勃発後の1848年12月、プロイセンでは欽定憲法が制定されたが、この憲法の下で選挙された下院は、フランクフルト憲法の承認を求め国王と対立する。国王は下院を解散し、新たな憲法制定議会の選挙法を勅令で定め、この新たな議会による修正・国王の裁可を経て、1850年1月31日の「プロイセン国憲法典」が成立した（初宿・文献⑨293頁）。

この憲法は、第2編「プロイセン人の権利」（3条～42条）で詳細に基本権を規定するが（学問・教授の自由、意見表明・出版の自由、集会・結社の自由も掲げられていた）、それらの基本権の多くは「法律の留保」を伴い、法律の範囲内で容認されるにとどまるものであった。

(2) ドイツ帝国憲法

その後、プロイセンの勝利で終わった普墺戦争とドイツ同盟の解体(1866年)、北・中部ドイツ諸国による「北ドイツ連邦」結成（1867年）を経て、西南ドイツ諸国が加わり、オーストリア抜きの統一ドイツ国家「ドイツ帝国(ライヒ)」が連合国家（連邦）として発足（1871年1月。プロイセン国王が皇帝を兼ねる）、ドイツ帝国(ライヒ)憲法が成立した（同年4月16日皇帝認証、同月20日公布、同年5月4日施行。プロイセン首相の名から通称「ビスマルク憲法」）。

しかし、この憲法には、連邦構成国――それは「ラント（Land）」と呼ばれた――の国民の帝国領内における居住・営業の自由などを保障する規定（3条）を除けば、帝国国民の基本権の規定は置かれなかった。その理由は、ラントのほとんどが（法律の留保を伴うにせよ）権利保障規定を含む憲法をすでに有していたことにあった（初宿・文献⑨295頁）。

3. ヴァイマル憲法からナチス支配へ

(1) ドイツ革命とヴァイマル憲法の制定

第1次世界大戦末期の1918年11月、ドイツでは革命が勃発し、君主制が崩壊する。翌年、共和制の新憲法として「ドイツ国(ライヒ)憲法」が制定され

た（1919年8月11日に初代大統領が認証、同月14日公布・施行）。この憲法は、憲法制定議会の開催都市の名ヴァイマル（Weimar）——わが国では「ワイマール」と表記されることが多い——にちなんで、「ヴァイマル（ワイマール）憲法」と呼ばれる。この憲法でも連邦制が維持された。

(2) ヴァイマル憲法の基本権規定

ヴァイマル憲法は、その第2編「ドイツ人の基本権および基本義務」で詳細な基本権規定を掲げている（109条～165条、5章構成）。この憲法の基本権保障の主な特徴は以下の点である（初宿・文献⑨306～307頁参照）。

第1に、第2編第1章（個人）・第2章（共同生活）では、主に自由権が規定されたが、それらには「法律の留保」に服するものが少なくなかった。

第2に、第2編第3章（宗教および宗教団体）では、個人の信仰・良心の自由を定める一方で、教会を公法人として位置づける等の規定も掲げていた（その一部は今日でも有効である。Ⅲ5(2)参照）。

第3に、第2編第5章（経済生活）は、社会権の規定を数多く含む。その中でも、「経済生活の秩序は、すべての人に、人たるに値する生存を保障することを目指す正義の諸原則に適合するものでなければならない。各人の経済的自由は、この限界内において確保されるものとする。」（151条1項）という規定は、生存権の理念を表すものとして有名である。他に、労働力の国家的保護（157条）、私企業の公有化の可能性（156条）などの規定もある。しかしながら、これらの社会権条項はプログラム（綱領）的性格を有するにすぎないと解されていた。

第4に、憲法第1編（ライヒの構造および任務）では、国民により直接選挙されるライヒ大統領に強力な非常措置権を与え、それにより、一定の基本権規定の効力を一時的に停止させることをも認めていた（48条2項）。その対象となる基本権の範囲は広く（人身の自由、住居の不可侵、信書・通信の秘密、意見表明の自由、集会の自由、結社の自由、所有権に及ぶ）、この点はヴァイマル憲法の基本権保障の大きな弱点であった。

(3) ヴァイマル憲法体制の崩壊とナチス体制

1929年の世界恐慌以降、ドイツでは民族社会主義ドイツ労働者党（ナチス）が急速に台頭し、その党首ヒトラーがライヒ首相に就任する（1933年1月）。ヒトラーは大統領に憲法48条2項の非常措置権を発動させ、その対象となる基本権すべての効力を停止させた（同年2月）。さらにその

後、いわゆる全権委任法（政府に無制限の立法権を与え、憲法の規定を覆すことさえ認める）など、ヴァイマル憲法を骨抜きにする法律が相次いで制定され、大統領の死とともに、国家元首法（1934年8月）でヒトラーが元首をも兼任するに至る。ヴァイマル憲法体制は完全に崩壊し、人権無視のナチス独裁体制の下で、ドイツは第2次世界大戦へと突き進んでいく。

4．第2次世界大戦後
(1) 東西ドイツの分断とボン基本法の制定
　1945年5月、ドイツは敗戦し、米・英・仏・ソ連の4か国によって分割占領される。しかし、その後ソ連と厳しく対立した米英仏は、自らの占領する西側地域のみに適用される憲法の制定会議の招集権を、この地域内のラントの首相に与えた。それらのラントの首相は、現状では、正式の「憲法」ではなく暫定的な「基本法」の制定にとどめるべきだと考え、ラント議会が選んだ議員で成る「議会評議会」を基本法制定会議としてボンに招集する（1948年9月）。こうして成立したのが「ドイツ連邦共和国基本法」、いわゆる「ボン基本法」である（1949年5月23日公布、翌日施行）。その第1章「基本権」（1条～19条）は冒頭で、人間の尊厳の不可侵を定めた（Ⅱ2(2)参照）。その後、ソ連占領下の東側でも「ドイツ民主共和国憲法」が制定され（1949年10月7日、同日施行）、ドイツは「分断国家」の道を歩むことになる（以上、初宿＝辻村編・文献⑩165～166頁［初宿正典］）。

(2) 東西ドイツの統一
　1972年12月21日、東西両ドイツは「基本条約」を締結した。これは「両ドイツの平和的共存」の始まりであったと同時に、「両ドイツの統一がそれだけ遠ざかることも意味」するものと思われた（高田＝初宿編著・文献⑧13～14頁［初宿正典］）。

　しかし、1980年代末の急激な緊張緩和は、一挙に両ドイツを統一に向かわせる。1989年11月9日、東西ドイツ分断の象徴であった「ベルリーンの壁」が崩れた後、東ドイツでは、1952年に廃止されたラント制度が再導入され、5つのラントが復活した（1990年7月）。1990年8月31日、両ドイツの間で「統一条約」が調印され、同年10月3日をもって、東ドイツの5ラントがボン基本法の適用領域に加わることとなった。新「憲法」制定という選択肢は採られず、「ドイツ連邦共和国基本法」が統一ドイツ

の憲法典とされたのである（以上、同前・文献⑧14～16頁［初宿正典］参照）。

Ⅱ 人権保障の諸制度

1．憲法裁判制度
(1) 連邦憲法裁判所
① 基本法の大きな特徴の一つは、具体的訴訟事件の裁判を担う一般の裁判所（通常・行政・税務・労働・社会の5裁判権系列に分かれる）とは別に、主に憲法問題を扱う特別の裁判所として、「連邦憲法裁判所」を設置している点にある（基本法92条）。

② 連邦憲法裁判所の裁判官は、その半数ずつを連邦議会・連邦参議院（各ラント政府が任命するその代表者から成る）がそれぞれ選出し（基本法94条1項）、連邦大統領が任命する（同60条1項）。その際、連邦議会は、その内部に置かれる選出委員会からの提案に基づき、投票の3分の2以上（かつ法定議員数の多数）の賛成で選出を行い（連邦憲法裁判所法6条）、連邦参議院は、その票決数の3分の2以上の賛成で選出を行う（同7条）。

③ 連邦憲法裁は2つの「法廷（Senat）」から成り、各法廷は8名の裁判官から成る（連邦憲法裁判所法2条1・2項）。各法廷は法令等の違憲判断を自ら行える。裁判官の任期は12年で再任不可、任期満了前でも68歳に達した時は退官となる（同4条1～3項）。

(2) 連邦憲法裁判所における主な救済手続
連邦憲法裁判所が管轄する裁判手続（訴訟形式）の種類はきわめて広範にわたり、機関争訟、連邦制的争訟等を含むが（基本法93条、連邦憲法裁判所法13条。畑尻＝工藤編・文献⑪参照）、以下では、基本権の救済・実現にとって特に重要なものを見ておく。

1）憲法異議
① 最も重要なのが「憲法異議（Verfassungsbeschwerde）」（「憲法訴願」・「憲法抗告」とも訳される）である。これは、「何びとでも、公権力により自らの基本権［基本法第1章の権利］のいずれか、または、［基本法］第20条第4項［抵抗権］、第33条［公民権・公職就任における平等］、第38条［選挙権・被選挙権］、第101条［例外裁判所の禁止・裁判を受ける権利］、第103条［法的聴聞を求める権利および遡及処罰・二重処罰の禁止］および第104条［人身

の自由を剝奪する際の権利保護〕に含まれる権利のいずれかが侵害されているとの主張をもって、提起することができる」ものである（基本法93条4a号）。当初は、連邦憲法裁判所法で設けられた制度でしかなかったが、1969年の第19回基本法改正で、基本法の中に規定されるに至った。

② 憲法異議は、他に可能な出訴の途を利用し尽くした後でなければ、原則として提起できない（連邦憲法裁判所法90条2項）。さらに、3名の裁判官から成り各法廷に複数置かれる「部会（Kammer）」が、膨大な数の憲法異議の中から、裁判に値する重要な申立を選別するための「受理」手続の制度がある（同法93a条以下。詳細については、畑尻＝工藤編・文献⑪311頁以下〔小野寺邦広〕参照）。

③ 受理手続の存在にもかかわらず、憲法異議の件数は非常に多数のまま推移しており（2007年～2016年は年間5,610件～6,606件）、連邦憲法裁への申立てのほとんどが憲法異議である（連邦憲法裁の発足時から2016年末までの全手続件数中96.61％〔基本法93条4b号の自治体憲法異議を含む〕）。

2）具体的規範統制・抽象的規範統制

いわゆる「規範統制（Normenkontrolle）」（「規範審査」・「法令審査」とも訳される）の手続として、次のものが重要である。

① **具体的規範統制**　これは、訴訟を扱う裁判所が、適用すべき法律の規定を基本法違反と考え、しかも、当該規定の有効性が裁判の結論を左右する場合には、手続を中止し、当該規定の効力について連邦憲法裁の判断を求めなければならない、という制度である（基本法100条1項）。こうした制度は、議会制定法律に対する適用拒否（違憲判断）権が、原則として憲法裁判所の独占的権限とされている、ということを表している。具体的規範統制は、連邦憲法裁の扱う手続の中で、憲法異議に次ぐ割合を占めている（2016年末時点で1.60％）。

② **抽象的規範統制**　これは、連邦・ラントの法令の基本法適合性について、疑義・見解の対立が生じた場合、所定の申立権者（連邦政府、ラント政府、4分の1以上の連邦議会議員）が連邦憲法裁に審査・判断を求めうる、という制度である（基本法93条1項2号）。連邦憲法裁の手続の中で抽象的規範統制が実際に占める割合は小さいが（2016年末時点で0.08％）、重要な基本権判例の中でも、たとえば第1次・第2次堕胎判決（Ⅲ2(3)参照）は、この制度に基づいて下されたものである。

(3) 判決の方法・効力

① **判決の方法**　連邦憲法裁判所が法律の規定を違憲と判断する場合、その規定の無効を判決主文で宣言するのが基本型である。しかし、違憲判断の場合でも、判決主文では、当該規定を無効とはせず、その違憲性の確認宣言にとどめる「違憲確認判決」、当該規定は現時点ではなお合憲と判断しつつも、そのままではいずれ違憲となる可能性を指摘する「違憲警告判決」、判決理由中に示す特定の解釈を施すことを条件として、当該規定を合憲とする「憲法適合的解釈」などの手法も用いられている（畑尻＝工藤編・文献⑪226頁以下［有澤知子］参照）。

② **判決の効力**　連邦憲法裁の裁判は、すべての国家機関を拘束し、その裁判主文で法律の規定の無効・違憲・合憲が宣言された場合は、この主文に「法律的効力」が認められる（連邦憲法裁判所法31条1項・2項）。この結果、主文中の無効宣言は当該規定自体を失効させる一方、主文の法律的効力は私人にも及ぶため、主文で合憲と宣言された規定は憲法異議で争えなくなる（畑尻＝工藤編・文献⑪274頁［嶋崎健太郎］参照）。

2．憲法改正の限界
(1) 基本法79条3項

基本法は改正が頻繁なことで知られるが（2014年12月23日に第60回改正）、基本法改正手続によっても変更し得ない事項（憲法改正の限界）を基本法自体が定めている。すなわち、基本法改正には、連邦議会議員の3分の2以上、かつ、連邦参議院の票決数の3分の2以上の賛成が必要であるが（基本法79条2項）、これを充たす場合でも、「連邦が諸ラントによって構成されること、立法に際しての諸ラントの原則的関与、または第1条および第20条に掲げる基本原則」に触れることは許されない（同3項）。

1条の基本原則とは、①人間の尊厳（1項：「人間の尊厳は不可侵である。これを尊重し保護することは、すべての国家権力の義務である。」）、②不可侵・不可譲の普遍的「人権」の肯定（2項）、③「基本権」の法的拘束力（3項：「以下の基本権は、直接に適用される法として、立法、執行権および裁判を拘束する。」）であり、20条の基本原則とは、①「ドイツ連邦共和国は、民主的かつ社会的な連邦国家である」こと（1項）、②国民主権と権力分立（2項）、③法治国原理（3項）である（20条には4項〔抵抗権〕まであるが、同項は79

条3項にいう「基本原則」には含まれないと解されている。ヘッセ・文献⑥465頁、Pieroth, in: Jarass/Pieroth・文献㉓, S. 928 [Rn. 18 zu Art. 79])。

　以上によっても、基本権規定の改正がおよそ不可能となるわけではないが、人間の尊厳等の基本原則に抵触する改正は禁じられるのであり、その点で、基本権は憲法改正手続からも一定の程度保護されるのである。

(2) 憲法改正の違憲審査

　ある基本法改正が79条3項に反しないか否かについては、憲法異議などの裁判手続を通じて連邦憲法裁判所が審査しうる。基本権を制限する内容の改正が実際に審査された例として、①通信の秘密・その司法救済を制限する改正（1970年の盗聴判決；文献①261頁［西浦公］）、②庇護要求権（亡命権）を制限する改正（1996年の「安全な第三国」判決；文献③357頁［川又伸彦］）、③犯罪捜査のために、盗聴を伴う住居監視を許容する改正（2004年の「大盗聴」判決；文献③320頁［平松毅］）などがある。ただし、いずれの例でも、当該基本法改正自体は79条3項に反しない、とされている。

III　保障される人権の特徴

1. 基本法の規定から見た特徴

(1) 全体的な特徴と保障されている権利の注目点

　①　基本法の基本権の全体的な特徴の第1は、古典的な自由権・市民的権利が中心で、社会権の規定は比較的乏しい、という点である。基本法制定者の関心は、基本権規定を、裁判上の救済に裏打ちされた拘束力ある法規範とすることにこそあり、ヴァイマル憲法の生存権条項のようなプログラム条項はそこに盛り込むのにふさわしくない、と考えられたためである（小山・文献⑫78〜79頁）。ただし、基本権規定の中にも、団結権（9条3項）、婚姻・家族・母親に対する保護の規定はあり（6条1項・4項）、基本権規定の外に、社会国家条項が置かれている（20条1項）。

　②　全体的な特徴の第2は、「たたかう民主制」のための基本権制限である。具体的には、(i)教授の自由は「憲法に対する忠誠」、結社の自由は「憲法的秩序」、通信の秘密・移転の自由は「自由な民主的基本秩序」による制限を受けうる（5条3項、9条2項、10条2項・11条2項）、(ii)「自由な民主的基本秩序」への敵対のために一定の基本権（意見表明・教授・集会・結

社の自由、通信の秘密、所有権、庇護要求権）を濫用した者に対しては、それらの基本権の喪失を連邦憲法裁判所が宣告できる（18条）、(iii)「自由な民主的基本秩序」の侵害・排除を目的とする政党は「違憲」（憲法上禁止）とされ、この違憲性の認定も連邦憲法裁が行う（21条2項）、といった規定がある。これらはもともと、東西ドイツ分裂の下で、ナチズムの復活からも共産主義の脅威からも西ドイツの体制を防衛することを狙いとしていたが（違憲政党認定の実例である1956年のドイツ共産党（KPD）違憲判決につき、文献①414頁［樋口陽一］）、ドイツ統一後の今日では、テロリズムからの防衛の機能を果たすようになっている（初宿・文献⑦11頁参照）。

③　個別な規定で注目されるのは、庇護要求権（亡命権）の保障（16a条）、公権力による権利侵害に対する出訴の途の保障（19条4項）、男女同権促進条項・障害者差別禁止条項（Ⅲ5(1)参照）、国家と宗教の協働に関する諸規定（Ⅲ5(2)参照）などであろう。また、基本権規定には含まれないが、死刑廃止の規定（102条）、さらに、「自然的生存基盤および動物」の保護を国家目標として謳う規定がある（20a条）。

(2)　法律の留保と「本質的内実」保障

基本法の基本権規定には、「法律により」あるいは「法律に基づいて」当該基本権を制約できると定める、「法律の留保」を伴うものも少なくない（例、2条2項2文〔人身の自由〕、12条1項3文〔職業遂行の自由〕など）。その中には、許容される基本権制約の目的・条件を事細かに限定している複雑な条文もある（例、11条2項〔移転の自由の制限〕）。

しかし、基本法はその一方で、「いかなる場合でも、基本権はその本質的内実において侵害されてはならない」(19条2項) とも規定している。この保障の意味については、本質的内実の侵害になるか否かは事例ごとの比較衡量によってのみ決しうるとする「相対説」と、個々の事例の状況に左右されない絶対不可侵の本質的内実を想定する「絶対説」とがある。相対説に立つと、本質的内実の保障と後述の「比例原則」との間には「違いがない」ことになる（Bumke/Voßkuhle・文献㉕, S. 47［Rn. 172］）。

この点、判例の立場は明確でなく、学説も区々と言われるが、人間の尊厳の侵害となるものに関する限りは、絶対説的に解される一方で（Ⅲ4(1)参照）、それ以外に関しては、比例原則違反か否かの問題にほぼ還元される（それとは別に本質的内実の侵害になるか否かを問う実際上の意味は乏しい、

とされる）傾向にある、と整理できそうである（Jarass, in: Jarass/Pieroth・文献㉓, S. 486 f.[Rn. 9 zu Art. 19]）。

2．「防御権」としての基本権と比例原則
(1)　「防御権」侵害該当性の「3段階審査」
　基本法の基本権規定の多くは、自由権に分類されるもので、それらは何よりまず、国家が不当に介入・干渉しないよう求める権利、すなわち「防御権」を保障するものとしての効果（機能）を持つものである。

　違憲の防御権侵害に当たるか否かの審査・判断は、ドイツの判例・通説によると、①保護領域、②介入、③憲法上の正当性、という3段階の構造をとる（いわゆる「3段階審査」。松本・文献⑬18頁以下参照）。まず、①主張されている自由・利益が基本権規定のどれかのカヴァーし得る範囲（保護領域）内にあるかを問い、それが肯定されると、②国家の介入によってその保護領域がダメージを被ったといえるかを問い、それも肯定されれば最終的に、③当該介入が憲法上正当化されるかどうかを問うのである。

(2)　憲法上の正当性の審査——形式・内容の両面
　連邦憲法裁判所のエルフェス判決（後述Ⅲ4(2)1)）によると、基本権介入は、形式・内容の両面で憲法に適合する法律によってのみ正当化される。

　このうち、形式面の正当化要件としては、その介入が法律（議会制定法）に根拠を有すること、その制定が憲法の定める立法手続・（連邦—ラント間の）管轄権配分に反しないこと、規範の特定性・明確性等が挙げられる。また、基本権を制約する法律に特有の要件として、「個別事例にのみ適用されるものであってはならない」こと、「条項を示したうえで〔制約する〕基本権を挙げなければならない」こと（基本法19条1項1文・2文）がある。

　他方、内容面の正当化要件としては、まず、その介入の目的の正当性が挙げられる（当該基本権の規定の文言などにもよるが、少なくとも、基本法と両立する目的でなければならない）。それが肯定されると、次に見る「比例原則」適合性の審査に進むことになる（なお、目的の正当性を「比例原則」の内容に含める見解もある）。

(3)　比例原則
　「比例原則」は、内容面の正当化要件の中心となるもので、当該制約（介入）が、その目的の達成手段としての①適合性・②必要性・③狭義の比例

性を備えることを、要求するものである。これらはそれぞれ、①目的の達成を少なくとも促進するか、②目的達成のためのより緩やかな規制手段が他に存在しないといえるか、③制約によって得られる利益と失われる利益（損なわれる基本権的法益）とを比較して両者の均衡がとれているか（後者が大きすぎないか）、を問うものである（松本・文献⑬58〜63頁参照）。基本法には、比例原則の明文規定はないが、判例では、法治国原理と基本権自体の本質にその根拠を求めるのが通例である（同前88〜89頁注(223)）。

　ところで、職業規制に関する判例法理である「段階理論」によると、(i)選択された職業の遂行に対する制限、(ii)主観的要件（当人の素養・修練など）に基づく職業許可制限、(iii)客観的要件（当人には左右できず当人の人格とも関係しない要件）に基づく職業許可制限、という順に次第に、合憲としうるための条件が厳格化される（1958年の薬局判決；文献①273頁［野中俊彦］）。これは今日では、職業規制の場合に関する比例原則適合性の審査の指針であるにとどまり、柔軟な運用が可能かつ必要だ、と捉えられている（von Münch/Mager・文献㉔, S. 313［Rn. 585］）。

　なお、現在の判例・学説では、防御権以外の基本権保護の場面でも、目的と手段との均衡を求めるものとしての「比例原則」が幅広く援用される傾向にある（たとえば平等原則につき、Ⅲ5(1)参照）。それらの場合と防御権に関する「比例原則」との関係については、議論がある。

(4) 統制密度

　では、連邦憲法裁判所は、立法の合憲性をどの程度まで立ち入って審査すべきか。それがここでいう「統制密度（Kontrolldichte）」（「審査密度」とも訳される）の問題である。立法の現実的効果に関して立法者が立法時に依拠した予測をどこまで審査すべきかが、その中心的論点とされる。

　この点、1979年の共同決定判決（文献①302頁［栗城壽夫］）によれば、立法者の予測に対する連邦憲法裁の統制密度は、「様々な種類のファクター」に応じて変動し、①「明白性の統制」から、②「主張可能性の統制」を経て、③「強度の内容的統制」にまで至る、とされる（①は立法者の判断が明白な誤りか否かのみの審査、②は立法者の判断過程の統制、③は立法者の予測の全面的かつ厳格な審査、である）。同判決は、統制密度を左右するファクターとして、(i)「問題となっている事柄の領域の特性」、(ii)「十分に確実な判断を形成しうる可能性」、(iii)「危険にさらされている法益の重

要性」、を例示している（その後の判例では介入の強度なども考慮されている。以上の詳細につき、畑尻＝工藤編・文献⑪559頁以下［土屋武］参照）。

3.「客観的原則規範」としての基本権
(1)「客観的原則規範」の意味

連邦憲法裁判所の1958年のリュート判決（文献①157頁［木村俊夫］）によると、基本権規定は、第一次的には各人に対し防御権を保障するものであるが、それだけでなく、「客観的原則規範」として、法の全領域で効果を発揮すべきもので、立法・行政・司法に「指針と刺激」を与えるべきものだ、とされる（基本権の「照射効」）。そこには、「基本権によって保護された法益自体が、価値あるもの(wertvoll)、共同生活の基礎たるべきもの」だ、という考え方がある（von Münch/Mager・文献㉔, S. 29 [Rn. 51]）。

以下では、こうした「客観的原則規範」としての基本権（「基本権の客観法的内容（機能）」ともいう）の具体的内容のいくつかを見ておく（詳細は、井上・文献⑮、松本・文献⑭193～195頁、小山・文献⑫89～105頁参照）。

(2) 私法の解釈・適用への「照射効」

基本権規定が直接に拘束するのは、あくまでも国家であり（基本法1条3項）、私人ではない（ただし、例外として、同9条3項2文〔団結の自由〕）。しかし、リュート判決に従えば、私人間の法的紛争を扱う裁判所は、基本権規定の「客観的価値としての内容」に照らしたうえで、民法の一般条項を解釈・適用する義務を負う。こうした形で、私人相互関係にも、基本権規定が間接的に効力を及ぼし得るのである（基本権の「間接的効力」）。

(3) 国家の基本権保護義務

ここでいう「国家の基本権保護義務」とは「他の私人による侵害から各人の基本権法益を保護すべき、国の作為義務」である（小山・文献⑫92頁）。

1) 判例の展開

基本権保護義務論のリーディング・ケースとされるのは、1975年の第1次堕胎判決である（文献①67頁［嶋崎健太郎］）。それまでの妊娠中絶一律処罰を改め、妊娠12週以内の中絶を不処罰とした1974年の改正刑法について、本判決は、①基本法1条1項（人間の尊厳）と結びついた同2条2項1文（生命権）から、国家は、胎児の生命を第三者（胎児の母を含む）による侵害から保護する義務を負う、②改正刑法の規定は、是認される理由

(妊娠継続を妊婦に期待し得ない事情）がない場合にまで中絶を不処罰としている点で、保護義務に反し違憲無効である、とした。

その後刑法は改正され、妊娠中絶処罰が原則となったが、旧東ドイツが妊娠中絶を容認していたため、ドイツ統一後の刑法改正で、妊婦が中絶手術3日前までに医師の助言を求めたことを条件に、妊娠12週以内の中絶手術は「違法でない」とされた。しかし、1993年の第2次堕胎判決（文献②61頁［小山剛］）は、これをも保護義務違反・違憲無効とした。

他にも、たとえば、原子力発電所の危険（1978年のカルカー決定；文献①369頁［高田敏］）や、空港の騒音（1981年の航空騒音判決；文献①78頁［松本和彦］）から、周辺住民の健康を保護すべき国家の義務が、一般論として肯定されている。また、現在では、生命・身体に限らず、基本権全般について保護義務が成立しうる、と解されている（松本・文献⑭194頁）。

2）審査公式と統制密度

違憲の保護義務違反か否かの審査も3段階から成り、①どの基本権の保護領域が損なわれているか、②その損傷を防止すべき作為義務が国家に生ずるか、③その作為義務の最低限を国家は果たしているか、が順に問われる（von Münch/Mager・文献㉔, S. 30 [Rn. 52]）。

この審査における統制密度（Ⅲ2(4)参照）について、第1次・第2次堕胎判決は、法律の合憲性を立ち入って審査したうえで保護義務違反と断じたが、これらは、生命という最高次の法益を直接の危険から守る緊切性があった事例であり、そうした特段の事情がない限り、「明白性の統制」が判例上の標準的な統制密度だ、と指摘されている（小山・文献⑫239頁）。

(4) 給付・配分（配分参加）、組織・手続に係る効果

1）配分請求権

基本法は、「職業教育場所（Ausbildungsstätte）を自由に選択する権利」を保障している（12条1項）。西ドイツの制度では、大学入学資格試験（Abitur）に合格すれば志望の大学・学部に入学できたが、1960年代後半の大学進学希望者の急増により、各大学（特に、志望者の多い医学部）が定員を設定し入学者選抜を行うようになったため、それと基本法12条1項との関係が問われた。

この問題に関する連邦憲法裁判所の1972年の定数制判決（文献①283頁［戸波江二］）は、基本権の「客観的規範」性を説いたうえで、平等条項・

社会国家原理と結びついた教育場所選択の自由から、①国家が設立した特定の教育施設への入学請求権、②大学入学の主観的（能力的）条件を充たす者の国立大学入学請求権、が生じうるとし、②の制限（入学者定数制の導入）は「比例原則の厳格な維持の下でのみ」認められるとした（なお、国立大学新増設の請求権の成否はペンディングとされた）。

この判決は、基本権が「防御権」であるにとどまらず、「配分請求権（Teilhaberechte）」（「分与権」・「分与請求権」とも訳される）でもありうることを示したものといえる。「配分請求権」とは、「国家に対して給付を求める権利」である（ただし、給付分与手続への参加権という要素もある。文献①286頁、288頁注(5)［戸波江二］）。この判決では、大学制度による教育サーヴィス給付という国家給付制度が問題になったのだといえよう。

2）組織・手続の整備

連邦憲法裁の1973年の大学判決は、学問の自由（基本法5条3項）という「価値決定」から、その保護領域にとって欠かせない「組織整備的性格の国家措置を求める権利」を導き出し、大学の組織・手続のあり方について、教授・研究面で教員に相応の重要な影響力が確保されていることが要請される、とした（文献①204頁［阿部照哉］）。最近の判例でも、国立（州立）医科大学についてトップダウン型の組織構造を定めた州法律が、教員代表機関の学長解任権を過度に制限している等の理由から、違憲とされている（2014年のハノーファー医科大学決定；栗島・文献㉒）。

4．人間の尊厳と人格の自由な発展に対する権利

(1) 人間の尊厳

1) 位置づけ・絶対不可侵性

基本法1条1項の「人間の尊厳」は、「憲法適合的秩序の内部における最高の法的価値」とされる（後出の終身自由刑判決）。それは他の法益との比較衡量には服さず、人間の尊厳への介入に該当すればただちに違憲となる、というのが連邦憲法裁判所の判例である（なお、これと異なる最近の一部の学説について、玉蟲・文献⑯68〜71頁参照）。

2) 客体定式

連邦憲法裁は、「人間を国家における単なる客体とすることは、人間の尊厳と矛盾する」という「客体定式」を採用している。

たとえば、①犯罪者を「犯罪鎮圧闘争の単なる客体」にすることは許されず、終身自由刑の受刑者についても、社会復帰の可能性を最初から完全に閉ざすのは人間の尊厳に反する、とされる（1977年の終身自由刑判決；文献①25頁［日笠完治］）。また、②ハイジャックされた航空機が地上にいる人々に向けたテロの道具として利用されている場合に、その撃墜を軍に認める法律の規定は、航空機の乗客・乗員を「他者の保護のために行われる救命行為の単なる客体」として扱っており違憲無効だ、とされた（2006年の航空安全法判決；玉蟲・文献⑯110〜112頁、嶋崎・文献⑰）。

3)「私的生活形成の不可侵の核心領域」の保護

プライヴァシーのうち、「私的生活形成の不可侵の核心領域」は、基本法1条1項に基づき保護される、とされる。これに含まれる情報として、連邦憲法裁は、親密な家族との会話、弁護士・医師・牧師等との信頼関係を前提として行われる会話の内容（ただし、犯罪に直接関連する情報を除く）を挙げている（2004年の「大盗聴」判決；文献③320頁［平松毅］）。

4) 最低限度の生活の保障

連邦憲法裁は、「基本法20条1項〔社会国家原理〕と結びついた基本法1条1項」から、「最低限度の生活（Existenzminimum）」の保障にかかわる原則・権利を導き出している（以下につき、玉蟲・文献⑯201頁以下参照）。

① **最低生活費非課税の原則**　まず、「人たるに値する生存にとっての最低限度の条件を作り出すのに必要な範囲で、納税義務者の所得を非課税としておかなければならないという原則」を導き出した判例がある（1990年の児童手当決定；文献②203頁［岩間昭道］）。

② **最低生活保障のための給付請求権**　さらに、「人たるに値する最低限度の生活の保障を求める基本権」に基づく給付請求権を導き出した判例がある（2010年のハルツⅣ判決；齋藤・文献⑱、玉蟲・文献⑯215頁以下）。この判決は、①統計上の平均的事例からは逸脱する「特別な需要」でも、それが「人たるに値する最低限度の生活を充たすために避け難く、継続的なもので、1回限りではないもの」である場合、その需要を充たすための給付請求権を法定しないことは上記基本権に反する、②本件法律ではこの請求権が法定されておらず、法改正が行われるまでは、上記基本権を直接の根拠としてこの請求権を主張しうる、とした。本判決は、「基本法制定者が基本法に規定することを意識的に断念したとされる社会的基本権」の

一つを認めたものと理解できる（玉蟲・文献⑯223頁）、と評されている。
(2) 人格の自由な発展に対する権利
1) 一般的行為自由
　基本法2条1項は、「何びとも、他人の権利を侵害せず、かつ、憲法適合的秩序または道徳律に反しない限りにおいて、自己の人格を自由に発展させる権利を有する。」と規定する。

　この規定について、連邦憲法裁判所の1957年のエルフェス判決は、次のように判示した（文献①42頁［田口精一］）。①この権利は「一般的行為自由（allgemeine Handlungsfreiheit）」（行為全般の自由）である。②ただし、この権利を援用しうるのは、ある自由の保護が他の基本権規定ではカヴァーされない場合に限る。③本項にいう「憲法適合的秩序」とは、形式・内容の両面で憲法に適合するあらゆる法律を意味する。

　この結果、何らかの自由を制限する法律の合憲性を、2条1項の権利に基づき幅広く憲法異議で争えることになる。また、基本法の文言上は「ドイツ人」の自由とされるもの（結社の自由〔9条1項〕等）についても、2条1項により外国人が一定の保護を受けることが可能となる。なお、この権利は防御権であり、その制約の合憲性の審査は「3段階審査」（Ⅲ2(3)参照）による（以上につき、文献②42頁以下［工藤達朗］、宮地・文献⑲参照）。

2) 一般的人格権
　基本法1条1項（人間の尊厳）と結びついた同2条1項から、「一般的人格権」が導き出される、と解されている。一般的人格権は、もともと一般の裁判所（連邦通常裁判所）の判例で私法上の権利として認められたものであるが、連邦憲法裁はこれを、「狭い個人的生活領域とその基本的諸条件の維持」を保障する憲法上の基本権として承認した（1980年のエップラー事件決定；文献①54頁［押久保倫夫］。同決定はこの権利の具体的内容として、私的領域・個人の名誉の保護、自己の肖像・発言に対する権利等を例示する）。連邦憲法裁によると、一般的人格権には以下の内容が含まれる。

　① **情報自己決定権**　これは、「各人が、自己の個人データの開示および利用について、原則として自分で決定する」権利であり、重要な公益のための制約には服するが、その場合も、制約の要件・範囲の明確性、組織・手続面での侵害予防措置の法定などが求められる、とされる（1983年の国勢調査法一部違憲判決；文献①60頁［平松毅］）。

② 情報技術システムの秘密性と不可侵性（Vertraulichkeit und Integrität）の保障を求める基本権　これは、「個々のコミュニケーション過程や蓄積されたデータだけでなく、情報技術システムの総体への介入が行われた場合にも、……基本権主体の個人的・私的生活領域を、情報技術の領域における国家の介入から保護する」権利である。ネットワークから個人のパソコンに密かに侵入し、そのハードディスク等に蓄積されたデータを捜索することを州（ラント）の情報機関に認める州（ラント）法律が、この基本権に照らし違憲とされた（2008年のオンライン捜索判決；石村・文献⑳）。

5．いくつかの基本権をめぐって

(1) 平等原則

　基本法3条1項は、法律の前の平等を定めており、等しいものは等しく、等しくないものはそれに応じて取り扱うことを求めるものとされ、基本法1条3項と結びついて立法者も拘束する。この一般的平等原則は「恣意の禁止」として理解され、連邦憲法裁判所は、法律の規定（別異処遇や平等処遇）が、合理的で、事物の本質から明らかな、または客観的で説得力のある根拠を欠き、明白に恣意的である場合に違憲になるとして、立法裁量（立法者の形成の自由）を広く認めてきた。

　しかし、連邦憲法裁（第1法廷）は、1980年10月7日決定以降、ある人が属する集団と他の集団との間に、別異取扱いを正当化できるだけの性質と重要性をもつ差異が存在するか否かを審査する「新定式」を導入している。そして、①直接または間接に人と結びついた事由による区別の場合、②区別事由が3条3項の列挙事項に近似する場合、③当事者が自らの行為では変えることができない事柄である場合、④区別が基本権の行使に強く不利に働く場合などには、立法者に対して「比例性の要件への厳格な拘束」を要請するようになっている（1993年の性同一性障害者決定；文献②67頁［嶋崎健太郎］）。

　平等条項違反の場合には、連邦憲法裁は、違憲確認判決の手法（Ⅱ1(3)①参照）をしばしば用いている。これは、平等原則違反の場合には立法者に違憲状態を是正する選択肢が複数あることに配慮したものとされる。

　基本法3条2項は、男性と女性は同権であるとし、3条3項は、性別、生まれ、人種、言語、故郷・家柄、信仰、宗教上または政治上の見解を理

由とする不利益や優遇を禁じている。連邦憲法裁は、2項は3項の性差別の禁止を超える内容を含み、男女同権の実現を目指すものであると解するようになり、女性に対する優遇措置による不利益な状態の是正も許されるとしている。その後、第42回改正（1994年）で男女同権の促進を国家に課す2項2文が付加された。さらに、障害を理由とする不利益を禁止する3項2文も同じ改正で付加された。

　ドイツでは、1960年代ころまでは、男性だけに対する消防奉仕活動・消防活動負担金の義務づけや、女性だけに対する深夜労働禁止・有給家事労働日の保障も合憲とされていた。連邦憲法裁も、男女の客観的な生物学的相違と機能的（役割分業的）相違による区別は例外的に許されるとしていた。しかし、その後、連邦憲法裁は、1979年の家事労働日決定（文献①105頁［光田督良］）で、独身で独立の世帯であっても女性には家事労働日が保障されるのは合理性がないとし、さらに、従来の生物学的・機能的基準に替えて、「性質上、男性または女性だけに生じうる問題の解決に必要不可欠である限りにおいて区別が許される」とする新たな基準を採用し、1992年の深夜労働禁止判決（文献②98頁［青柳幸一］）、1995年の消防活動負担金決定（文献②109頁［前田徹生］）において次々と違憲判断を下した。

　このほか、基本法6条5項は、嫡出でない子に対して、法律によって嫡出子と同様の条件を与えなければならないとしている。また、33条1項～3項は、ドイツ人（基本法116条）の公民としての権利と公職就任について3条2項・3項を補完する。38条1項は選挙の平等を規定する。

　他方、基本法は、6条4項で「すべての母親は、共同社会の保護と配慮とを請求することができる」としている。また、12a条1項で男性にのみ兵役義務を定め、12a条4項2文で女性は「いかなる場合にも、武器をもってする役務を義務づけられてはならない」としている（2000年の第48回改正前は、女性による武器をもってする役務を明文で禁止していた）。

　なお、私人間に関しては、EU指令を実現するための、一般平等取扱法が2006年に制定されている。

(2) 良心・信仰の自由と国家の宗教的中立性

　基本法4条1項は、良心の自由および信仰の自由を保障する。4条2項・3項は、ナチスの経験を背景に、信仰や良心に基づく行為を保護する。

4条3項は、1949年の基本法制定当初から、良心上の理由から武器をもってする軍務を拒否する権利を保障しており、良心的兵役拒否権を明示した憲法規定として知られている。他方、同項は、再軍備と兵役義務を正当化する手がかりとなったともいわれる。当初は、武器をもたない軍務の拒否は含まれないと解されていたが、第7回改正（1956年）によって、軍隊以外で軍務に代わる役務に就くことも可能にすることとされ（現在の基本法12a条2項）、実際に軍務に就く者は少なくなった。東西冷戦の終焉と軍の海外派遣の増加などを背景として、徴兵制は、2011年7月以降、停止されている。

　基本法4条は、宗教の自由の保障の前提として、国家の宗教的中立性の原則を含んでいるとされる。しかし、それは、国家と宗教との完全な分離や国家の非宗教性を意味するわけではない。たしかに、基本法3条3項や33条3項等が差別の禁止を規定し、国教会は否定されている（ヴァイマル憲法137条1項。同条は、基本法140条によって基本法の構成部分とされた（初宿・文献⑦119頁以下参照））。しかし、基本法は、国家と教会の協働を予定している。宗教の授業は、正課の授業科目とされ（7条3項）、多くの国立大学に神学部が置かれている（初宿・文献⑦160頁以下参照）。日曜日・祭日の法的保障（連邦憲法裁判所は、日曜営業規制には労働者保護という世俗的・社会的意味もあるとする。2009年のベルリーン・アドヴェント日曜日判決参照）、宗教団体を公法上の社団とし、徴税権を認めることについてのヴァイマル憲法の規定（137条～139条）は、基本法の構成部分となっている。それらに関する詳細は、国家と教会の関係を規律する政教協約（いわゆるコンコルダート（Konkordat）は、カトリック教会との関係におけるローマ教皇庁との国際的な政教協約である）によって定められている。国家の宗教的無関心がかえって無宗教という特定の世界観を支援することになってはならず、国家が、キリスト教以外の世界観や宗教を排除することなしに、教会の活動を支援することを許容するものである。

　キリスト教徒が国民の圧倒的多数を占めてきたことを背景とするキリスト教文化の伝統は、信仰の自由との衝突を生じ、それについての連邦憲法裁の判断も論争を巻き起こした。連邦憲法裁は、裁判所の法廷に設置された十字架の違憲性をユダヤ人の弁護士が争った事件で、十字架のない法廷での審理を認めなかったことを基本法4条1項違反と判断し（1973年の法

廷における十字架決定；文献①121頁［井上典之］）、また、バイエルン（カトリックの伝統が色濃い州(ラント)で、家庭や公共施設にも磔刑像があるといわれる）における、国民学校の教室への十字架（磔刑像であることが多い）設置の義務づけを違憲とした（1995年の公立学校における十字架決定；文献②115頁［石村修］）。イスラム教徒に対する、スカーフ着用を理由とする教員採用拒否について、連邦憲法裁は、当該事案では法律の根拠が不十分であると判断し、採用拒否を州(ラント)の立法者の解決に委ねる立場を示していたが（2003年のスカーフ判決；文献③123頁［渡辺康行］）、その後の判例では、教員に対し、学校の平和（秩序）に対する抽象的危険だけを理由として、宗教的スカーフの着用を禁ずることはできない、とした（2015年1月27日決定）。

(3) 表現の自由

基本法は、意見表明の自由、知る権利、出版（プレス）の自由、放送・フィルムによる報道の自由、検閲の禁止（5条1項）、芸術の自由、学問の自由（5条3項）、集会の自由（8条）、結社の自由（9条）と分けて規定している。

連邦憲法裁判所は、意見形成の前提であるかぎり、事実の主張も意見表明の自由として保護されるとする（1982年6月22日判決）。出版（プレス）とは、雑誌・新聞などの定期刊行物のほか、一般的に頒布される印刷物すべてを含む。公論形成に寄与するようなものに限られず、タブロイド紙やイエローペーパー、雑誌の広告欄も保護範囲に含まれる（2000年のショック広告判決；文献③131頁［川又伸彦］）。放送・フィルムによる報道の自由は、ラジオとニュース映画を想定したものであったが、現在では、テレビによる報道その他のすべての番組について保護が及ぶ。

基本法5条2項は、5条1項の権利の制限根拠として、①一般的法律（意見に対して中立的で、意見表明の利益を上回る利益を追求するもの。ピエロート／シュリンク・文献④210頁）、②青少年保護、③個人的名誉権の3つを挙げる。ドイツ法は名誉権を含む人格権の保護が強いことで知られている。いわゆるカロリーヌ王女の私生活の写真公表と出版（プレス）の自由が問題となった事件（1999年のモナコ王女判決；文献③159頁［鈴木秀美］）で、欧州人権裁判所が、プライヴァシーの保護と出版（プレス）の自由の対立の調整について、連邦憲法裁が合憲と判断した基準とは異なる判断を示したことは、大きな議論を呼んだ。

また、兵役またはそれに代わる役務の期間中の意見表明の自由の制限

(基本法17a条)、「たたかう民主制」の規定（9条2項、18条、21条2項）による制約がある。「第三帝国でユダヤ人迫害は全くなかった」というような表現は、刑法等の規定により犯罪とされる。連邦憲法裁は、「アウシュヴィッツの嘘」は虚偽と証明されている事実の主張であり、意見表明の自由として保護されないとしている（1994年の「アウシュヴィッツの嘘」決定；文献②162頁［小野寺邦広］）。また、ドイツ連邦共和国はナチスの思想に対抗する構想に基づいており、ナチス思想のプロパガンダ的表現を規制することは、表現規制における意見に対する中立性の要請の例外をなすとされる（2009年11月4日決定）。ただし、連邦憲法裁は、風刺的表現としてヒトラーとその侵攻をプリントしたTシャツを販売した者をナチスの標章の使用を禁ずる刑法86a条によって処罰することは、芸術の自由を侵害するとした（1990年のヒトラーTシャツ決定；文献②185頁［根森健］）。

　意見表明の自由は、個人の防御権にとどまらず、自由で民主的な国家秩序のまさに本質的部分を構成するものである（1958年のリュート判決；文献①157頁［木村俊夫］）。そこで、公共的な問題における意見の対決への貢献が重視される。

　州(ラント)のプレス法には、定期刊行物の報道の事実主張に対する反論の掲載を義務づける規定がある。意見表明も対象としているフランスとは異なり、反論権の対象が事実主張に限定されている。連邦憲法裁も学説も、一般的人格権を反論権の憲法上の主たる根拠とし、反論文掲載の義務づけは出版（プレス）の自由との調整として合憲と判断している。連邦憲法裁は、反論権が当事者の見解も読者に伝えることになり、基本法が保障する自由な意見形成にも役立つと指摘する（1998年1月14日決定；文献③165頁以下［鈴木秀美］）。

　出版（プレス）や放送などの報道の自由の保障は、公共的な問題についての自由な意見形成に貢献する機能を保護するものとされる。連邦憲法裁も、自由で定期的に発行される政治的出版物は民主政に不可欠であり、それらが国民と議会・政府との間の恒常的な連結とコントロールの機関となることの意義を確認している（1964年のシュピーゲル判決；文献①162頁［石村善治］）。

　連邦憲法裁は、放送の自由を、自由な意見形成に「奉仕する自由」であるとする。それは、国家からの自由であるとともに、自由で広汎な意見形

成を可能にするために、意見の多様性が放送に反映されることを確保するような規律が必要であり、そうした積極的規律は放送の自由の（制限ではなく）「法的内容形成」であるとされる（1981年の第3次放送判決；文献①172頁［鈴木秀美］）。

　周波数の希少性等を理由に、公共放送による独占が認められてきたドイツでは、1984年に民間放送が開始され、公共放送・民間放送の二元的放送制度となった。連邦憲法裁は、民間放送の視聴可能範囲や番組の多様性と幅に限界がある限り、国家には公共放送による基本的供給の保障義務があるとして、公共放送の存続と発展の保障は憲法上正当化されるとした（1991年の第6次放送判決；文献②139頁［鈴木秀美］）。連邦憲法裁は、放送の自由を公論形成への貢献に関係づけて理解し、放送は公論形成の「媒体」を超えて「原動力」であるとして（宍戸・文献㉑118頁）、州（ラント）の立法による放送の自由の内容形成を重視する。そのような連邦憲法裁の一連の判例によって、戦後のドイツの放送制度が形成されてきた。そこに、憲法論として「メディアの機能を正しく方向付けようという意欲」を看取して、「その意味で、表現空間は「設計」するものであって、「自生」的秩序としては捉えられていない」と評されている（宍戸・文献㉑130頁）。

むすびにかえて

　ドイツの「保護義務」概念は、その元来の意味（Ⅲ3(3)参照）から拡大され、契約当事者間の力関係の「構造的不均衡」を理由として契約を無効とする場面でも、援用されるに至っている（松本・文献⑬194頁）。この展開を含め、基本権の「客観的原則規範」機能の展開をもたらしてきたのは、各人が自由を実際に享受し得るための現実的前提として何が必要か、を問う観点である。また、信仰の自由とキリスト教文化との関係、表現の自由とナチス思想への対抗との関係をめぐるドイツ的展開は、現代立憲主義における国家の中立性とは何（でありうる）か、を問うものといえよう。

〈参考文献〉（＊は主要な参考文献）
　＊①ドイツ憲法判例研究会編『ドイツの憲法判例〔第2版〕』（信山社、2003年）
　＊②ドイツ憲法判例研究会編『ドイツの憲法判例Ⅱ〔第2版〕』（信山社、2006年）

＊③ドイツ憲法判例研究会編『ドイツの憲法判例Ⅲ』（信山社、2008年）
④ボード・ピエロート／ベルンハルト・シュリンク（永田秀樹ほか訳）『現代ドイツ基本権』（法律文化社、2001年）
⑤クラウス・シュテルン（井上典之ほか編訳）『ドイツ憲法Ⅱ 基本権編』（信山社、2009年）
⑥コンラート・ヘッセ（初宿正典＝赤坂幸一訳）『ドイツ憲法の基本的特質』（成文堂、2006年）
⑦初宿正典『日独比較憲法学研究の論点』（成文堂、2015年）
＊⑧高田敏＝初宿正典編訳『ドイツ憲法集〔第7版〕』（信山社、2016年）
＊⑨初宿正典「ドイツ」阿部照哉編『比較憲法入門』（有斐閣、1994年）281頁以下
⑩初宿正典＝辻村みよ子編『新解説世界憲法集〔第4版〕』（三省堂、2017年）
＊⑪畑尻剛＝工藤達朗編『ドイツの憲法裁判〔第2版〕』（中央大学出版部、2013年）
＊⑫小山剛『基本権の内容形成』（尚学社、2004年）
＊⑬松本和彦『基本権保障の憲法理論』（大阪大学出版会、2001年）
⑭松本和彦「ドイツ基本権論の現状と課題」ジュリスト1244号（2003年）188頁以下
⑮井上典之「基本権の客観法的機能と主観的権利性」『現代違憲審査論』〔覚道豊治先生古稀記念論集〕（法律文化社、1996年）267頁以下
＊⑯玉蟲由樹『人間の尊厳保障の法理』（尚学社、2013年）
⑰嶋崎健太郎「人間の尊厳なき生命権の限界」青山法学論集56巻4号（2015年）21頁以下
⑱齋藤純子「最低生活水準とは何か」レファレンス728号（2011年）117頁以下
⑲宮地基「人格の自由な発展の権利」明治学院論叢・法学研究74号（2002年）49頁以下
⑳石村修「ドイツ――オンライン判決」大沢秀介＝小山剛編『自由と安全』（尚学社、2009年）261頁以下
㉑宍戸常寿「表現空間の設計思想（ドイツ）」駒村圭吾＝鈴木秀美編著『表現の自由Ⅰ――状況へ』（尚学社、2011年）
㉒栗島智明「トップダウン型の大学構造改革と学問の自由」自治研91巻7号（2015年）145頁以下
㉓Hans D. Jarass/Bodo Pieroth, Grundgesetz für die Bundesrepublik Deutschland, Kommentar, 14. Aufl., München: C. H. Beck 2016.
㉔Ingo von Münch/Ute Mager, Staatsrecht Ⅱ ― Grundrechte, 6. Aufl., Stuttgart: Verlag W. Kohlhammer 2014.
㉕Christian Bumke/Andreas Voßkuhle, Casebook Verfassungsrecht, Tübingen: Mohr Siebeck 2013.
㉖1998年1月1日以降の連邦憲法裁判所の判例は、次のサイトを参照
http://www.bundesverfassungsgericht.de/

第6章 カナダ

佐々木　雅寿

◎比較のポイント

　カナダの人権保障には、以下のような特徴がある。第1は、1982年憲法が保障する権利や自由には、①近代人権思想に基づく伝統的な諸権利に加え、②近代人権思想と対立しうる要素や人権保障の現代的な特徴とともに、③カナダ特有の内容も含まれている。財産権保障の欠如、アファーマティヴ・アクションを認める平等権の規定、集団的権利を含んだ先住民族の権利保障等は②の例で、言語権の保障等は、多文化主義を憲法上採用するカナダ特有の例といえる。

　第2に、カナダでは、人権保障は、違憲審査権をもつ裁判所のみの責務ではなく、「議会主権（Parliamentary Sovereignty）」の伝統の下、議会にも重要な役割があり、人権保障は裁判所と議会との「対話」という相互作用によって実現すると考えられている。

　第3は、人権保障に関するカナダ最高裁判所（以下「カナダ最高裁」）の判例のなかには、アメリカ合衆国の連邦最高裁判所の判例とはかなり異なるアプローチをとるものがある。表現の自由、平等権等の問題は、特にその傾向が強い。また、人権制約の正当性を審査する方法も、アメリカとは異なり、カナダでは単一ではあるが柔軟な比例テストが採用されている。そのため、カナダの人権理論には、アメリカの人権理論の固有な特徴や独自性を浮き彫りにし、アメリカの立場を相対化する要素も含まれている。

　カナダでは、一般に、私人間の差別禁止法に「人権保護法（Human Rights Codes）」という名称を付け、1982年憲法で保障された権利や自由は、通常、「憲章上の権利（*Charter* Rights）」と呼ばれている。しかし、本章では、1982年憲法で保障された権利や自由の内容に着目して、「人権」と表記する。

I 人権保障の歴史

1. はじめに

　カナダの人権保障の歴史は、議会主権の下、議会による人権保障という伝統的なイギリス型から、裁判所の違憲審査による人権保障というアメリカ型への接近を示してきた。しかし、現在のカナダ憲法には、人権に関する裁判所の判断を「最後の言葉」とすることなく、人権保障に関し議会にも重要な役割を演じさせるための諸制度が用意されている。そのため、裁判所と議会との「対話」という相互作用によって人権保障が実現すると考えられている。したがって、現在のカナダの人権保障制度は、伝統的イギリス型とアメリカ型の中間型と評価することができる（佐々木・文献③196頁）。

　カナダ憲法は、単一の成文の「憲法典」によってではなく、1867年憲法、1982年憲法、ウェストミンスター法等の法令、そして、憲法上の慣例等の集合体によって構成されている。現在、カナダ憲法として最も重要なものは、1867年憲法と1982年憲法である。

2. 1867年憲法の下での権利保障

(1) 少数者保護規定

　1867年憲法に一般的な人権規定はないが、特定の少数者を保護するための規定がある。同憲法93条は、オンタリオ州におけるカトリック信者およびケベック州におけるプロテスタント信者等に対し、宗教的少数者の教育に関する権利や特権を保障する。また、同憲法133条は、連邦およびケベック州の議会と裁判所において、英語またはフランス語を使用できる権利を保障し、連邦法とケベック州法は、英語とフランス語の両言語で印刷発行されなければならない旨規定する。

(2) 議会を中心とした権利保障

　1867年憲法にいわゆる「権利章典」がないことは、同憲法が権利保障に無関心であったことを意味しない。「連合王国の憲法と同じ原理の憲法」（1867年憲法前文）をもつカナダには、表現の自由や信教の自由、公正な裁判を受ける権利等の基本的権利を尊重する伝統がある。しかし、議会主権の下では、そのような基本的権利の意味と範囲を明らかにし、個人の権

利と社会全体の利益との調整を図る主要かつ最終的な役割は議会が果たしてきた。それに加えて、憲法に「権利章典」がなかったため、裁判所は、原則として、人権に関する違憲審査権を行使することはできなかった。

カナダには、基本的な権利や自由を尊重する政治的伝統はあったが、議会が明示的に個人の権利を制限する場合、当該議会の権限を制約する憲法上の制度は十分ではなかった。

(3) 裁判所による権利保障の試み

議会主権の伝統が強いカナダにあっても、裁判所はいくつかの分野において基本的権利を保護してきた。

人身保護令状、陪審員による裁判、無罪の推定等の重要な権利は、裁判所が形成したコモン・ローによって保護されてきた。また、裁判所が行政行為の適法性を審査する際、裁判所は、「法の支配（rule of law）」を重視して制定法上の根拠を欠く行政行為を無効と判断したり、「自然的正義（natural justice）」に依拠して行政手続の公正さを要請した。さらに、権利保護に有利な法解釈上の推定を働かせて、裁判所が権利保護に一定の役割を果たすこともあった。例えば、国家は補償なしに財産を収用することはないという推定によって、財産が収容された場合は、補償をしない旨の明示的規定がなければ、補償が必要であると解釈された。このような法解釈上の推定は、重要な権利を保護すると同時に、議会が権利保護の原則から離れる場合に、民主的討議と説明を要請した（Sharpe・文献⑩ 6～8 頁）。

このように、裁判所がいくつかの分野において基本的権利を保護した事例もあったが、それはあくまでも例外に過ぎなかった（Sharpe・文献⑩ 5 頁）。

(4) 連邦制に関する違憲審査の下での権利保障

1867 年憲法の下で裁判所が行使できる違憲審査権は、主に、連邦議会と州議会との間の立法権限配分という連邦制に関するものであり、裁判所は、原則として人権に関する違憲審査権をもたなかった。連邦制に関する違憲審査の争点は、問題となる法律は、連邦の立法権限内かそれとも州の立法権限内かであった。ところが、連邦制に関する違憲審査において、カナダ最高裁が、表現の自由の重要性を強調し、表現の自由を規制する州の制定法等を州の立法権限を踰越するとして違憲と判断した判例等がある（*Reference Re Alberta Statutes* (1938); *Saumur v. City of Quebec* (1953);

Switzman v. Elbling (1957).)。

しかしながら、このような事例は、あくまでも、限定的かつ例外的であった。上記の判例等は、表現の自由を規制する州の立法権限を否定するが、それは同時に、連邦議会に当該規制権限を認めることを意味する。人権保障に関する原則は、あくまでも議会主権であり、議会が明示的に、社会全体の利益等を理由に個人の権利を制限した場合、人権保障のために裁判所ができることはほとんど残されていなかった（Sharpe・文献⑩11頁）。

3．1960年「カナダ権利章典」

　第二次世界大戦後、各国の国内法と国際法の両レベルで、人権保障に対する要請が強まった。カナダ国内でも権利章典の必要性についての社会的関心が高まり、1960年、「カナダ権利章典（*Canadian Bill of Rights*）」が通常の連邦法として成立した。

　カナダ権利章典は、憲法ではなく、通常の連邦法による、かなり包括的な人権保障法である。1条では、(a)生命、自由および身体の安全に対する権利、および、財産権、(b)平等権、(c)信教の自由、(d)表現の自由、(e)集会および結社の自由、(f)出版の自由を、そして2条では、(a)恣意的に勾留または拘禁されない権利、(b)残虐で異常な処遇または刑罰を受けることのない権利、(f)無罪の推定を受ける権利、(g)裁判手続等で通訳を依頼する権利等を規定する。また、2条は、すべての連邦法は、カナダ権利章典で保障された権利や自由を廃止、制限または侵害しないよう解釈され、適用されなければならないと規定する。

　カナダでは、この権利章典による人権保障に期待がよせられた。ところが、カナダ権利章典には2つの大きな限界があった。まず、この権利章典は、連邦法であるため、州には適用されなかった。次に、カナダ権利章典が憲法の規定ではなく、通常の連邦法であるため、裁判官は、適正に制定された連邦法を裁判所が無効とすることは議会主権に反すると考え、カナダ権利章典に違反する連邦法を無効と判断することに極めて消極的であった。カナダ最高裁も、1つの例外的な事例（*The Queen v. Drybones* (1969)）を除き、連邦法をカナダ権利章典に違反し適用不能（inoperative）であると判断していない。その結果、カナダ権利章典は、人権保障に関し大きな不満を残すこととなった（Sharpe・文献⑩16〜19頁）。

4. 1982年憲法が保障する諸権利
(1) 「権利および自由に関するカナダ憲章」

1982年憲法は、カナダ憲法史上はじめて、一般的人権規定である「権利および自由に関するカナダ憲章 (*Canadian Charter of Rights and Freedoms*)」(以下「人権憲章」) をその第1章に規定した。1982年憲法は、従来の憲法を否定するものではなく、これまで不完全であった部分を新たに追加し、従来の憲法を発展させるものである。

人権憲章に列挙されている人権は、表現の自由や信教の自由のように、カナダ憲法の重要な原則として以前から尊重されてきたものや、コモン・ロー上の具体的な権利とはなっていなくとも、議会での議論や裁判所の判断に影響を与えてきたカナダ法全体の基礎となる基本的原則等である (Sharpe・文献⑩7～8頁)。

1) 保障される人権の内容

人権憲章には7つの権利のカテゴリーがある。「基本的自由」(2条) には、(a)良心および信教の自由、(b)思想、信条、意見および表現の自由、(c)平穏に集会する自由、(d)結社の自由が含まれる。「民主的権利」は、選挙権および被選挙権 (3条)、連邦議会の下院および州議会の議会期が原則5年をこえてはならないこと (4条)、連邦議会および州議会は、少なくとも12か月に一度集会すること (5条) を規定する。「移転の権利」(6条) は、移転の権利とその制限を定める。「法的権利」(7条～14条) では、生命、自由および身体の安全に対する権利 (7条)、不当な捜索または押収の禁止 (8条)、恣意的な勾留または拘禁の禁止 (9条)、弁護人依頼権等 (10条)、合理的期間内に裁判を受ける権利や無罪の推定等 (11条)、残虐かつ異常な処遇または刑罰の禁止 (12条)、自己負罪の制限 (13条)、通訳依頼権 (14条) のように、刑事手続上の諸権利が詳細に規定されている。「平等権」を保障する15条は、1項で人種、出身国もしくは出身民族、皮膚の色、宗教、性別、年齢または精神的もしくは身体的障害による差別を禁止し、2項はアファーマティヴ・アクションを明示的に認める。「カナダの公用語」(16条～22条) は、英語と仏語が連邦およびニュー・ブランズウィック州の公用語であり、連邦および同州の議会、裁判所等において、英語または仏語を使用する権利等を規定する。「少数派言語教育権」は23条で保障されている。

人権憲章24条1項は、自己の人権が侵害された者に、「管轄権を有する裁判所に対し、裁判所が事情に応じて適正かつ正当であると認める救済を求める」権利を保障する。また、同条2項は、人権憲章に違反する方法で収集された証拠に関し、「すべての状況に鑑み、当該訴訟手続においてその証拠を採用すれば司法の信用が失墜することが確証されたとき」当該証拠が排除されると規定する。

　財産権保障を理由に裁判所が社会経済立法を違憲と判断することへの懸念等により、人権憲章には財産権保障の規定はない。もっとも、現在でも、連邦政府に適用されるカナダ権利章典1条(a)が財産権を保障している。

　人権憲章は主に自由権を保障し、社会権の明示的規定はない。しかし、23条が規定する少数派言語教育権は、請求権的な権利（positive right）である。現在カナダでは、自由権として規定された権利に、いつ、いかなる状況で請求権的側面が認められうるのかが重要な論点となっている（Sharpe・文献⑩49～51頁）。

2）一般的人権制約条項

　人権憲章1条は、「『権利および自由に関するカナダ憲章』は、法で定められ、自由で民主的な社会において明確に正当化することができる合理的制約にのみ服することを条件に、この憲章で規定する権利および自由を保障する。」と規定する。この規定は、人権憲章で規定された諸権利を「保障」すると同時に、「制約」が正当化されるための条件を規定する。このような一般的人権制約条項は、いかなる権利も絶対的ではなく、他者の権利や社会全体の利益のために制約を受ける場合があるという観念を示している。このような考えや1条の文言は、主に、欧州人権条約の影響を受けたものである。

3）解釈条項

　人権憲章には解釈の方法に関する規定もある。例えば、27条は、「この憲章は、カナダ国民の多文化的伝統の維持および発展と一致する方法によって解釈されなければならない。」と規定する。

4）人権憲章の適用範囲

　人権憲章は、連邦の議会と政府、および、州の立法府と政府に適用される（32条）。したがって、人権憲章は、原則として、公権力と私人との関係に適用され、私人間の行為には適用されない。これには、私人間の権利

侵害の問題を調整する権限は議会に与えられるべきであり、社会における全ての社会正義の問題を裁判所が単独で引き受けることは相当ではないという考えが反映している（Sharpe・文献⑩100頁）。

5) 人権憲章の適用除外条項

人権憲章33条により、連邦議会および州議会は、人権憲章2条または7条から15条が規定する権利や自由を、憲法上有効に制限または否定することができる。この条項は、人権憲章がカナダ憲法の伝統である議会主権を損なうとの理由等で人権憲章に反対していた州の同意を得るための政治的妥協の産物であり、この種の条項は、1960年のカナダ権利章典2条でも採用されていた。この規定は、さまざまな政治的理由のため、実際に使用されることはそれほど多くはないが、憲法上の人権保障を不完全なものにすると批判されている。しかし、この33条は、人権保障に関する裁判所と議会双方の責任と役割を規定する、人権憲章の基本的な制度上の特徴と理解することができる（後記Ⅱ5参照）。

(2) 先住民族の権利

1982年憲法の第2章は「カナダの先住民族の権利」を規定する。35条は、「インディアン」、「イヌイット」、「メティス」をカナダの先住民族と規定し、先住民族が1982年現在有している「先住民族としての権利」、および、1982年現在先住民族が有しまた将来有する「条約上の権利」を保障し、これら先住民族の権利を不当に侵害する制定法等が違憲無効になることを明らかにした。35.1条は、先住民族に関する憲法改正を扱う憲法会議に参加する先住民族の権利を規定する。

このように、1982年憲法は、主に個人の権利を保障する第1章の人権憲章と、集団的権利を中心とする先住民族の権利を保障する第2章とを分けて規定する。これらの規定を前提に、人権憲章25条は、人権憲章は、「カナダの先住民族に付与された先住民族としての権利、条約上の権利またはその他の権利もしくは自由を、廃止しまたは減少させるものと解釈されてはならない。」と規定し、先住民族の権利を憲法上特別に保障しても、平等権等の人権憲章上の諸規定に違反しないことを確認する。

「先住民族としての権利」は、先住民族によって享有される権利であり、それは国王、制定法、条約によって与えられたものではなく、先住民族がかつて独立し、自治政府を有し、現在のカナダを構成している土地のほと

んどを所有していた事実に基づくものである。この権利を構成する主な要素は、①土地に対する権原、②狩猟権や漁業権、③自治権等である。先住民族の土地に対する権原は、先住民族の共同体により保有され、共同体により行使されることにその特徴がある。また、先住民族の漁業権も、先住民族の共同体により享有され、その共同体の存在と文化に密接な関係を持つ集団的な権利である。憲法上保障された先住民族としての権利であっても絶対無制約ではなく、憲法上正当化されうる一定の制約に服する。

「条約上の権利」には、歴史的条約によって認められた権利や、土地請求合意で認められた権利等が含まれるが、その内容は各条約の文言等の違いによって異なる。条約上の権利も一定の制約に服する。

これらの憲法規定により、先住民個人は、他の個人と同様の人権を有すると同時に、先住民族の特別な権利を享有することとなる。しかしこれにより、先住民族の集団的権利と非先住民の個人的権利の関係や、先住民族グループの集団的権利と先住民個人の人権憲章上の権利の関係等、非常に困難な問題を解決する必要が生じている（佐々木・文献⑥参照）。

II 人権保障の諸制度

1. 違憲審査制

1982年憲法制定以降、裁判所は、人権に関する違憲審査権を行使することで、人権保障において極めて重要な役割を果たすようになった。

カナダにおける違憲審査の主要な性格は付随的違憲審査であり、原則として、すべての裁判所が違憲審査権を行使することができる。しかし、カナダには、付随的違憲審査とは異なる要素もある。

付随的違憲審査の最も重要な例外は照会制度である。照会制度は、主に、政府が裁判所から勧告的意見を求める制度であり、連邦およびすべての州で採用されている。これは、抽象的違憲審査の制度といえる。しかし、現行のカナダ最高裁の照会制度においては、①利害関係のある連邦や州の法務総裁、利害関係者や団体、さらに、利害関係を有していてもその利害が代表されていない者がそれぞれの意見を述べる機会が確保され、②争点は対立する立場を代表する弁護士等によって十分に展開され、③事実問題を含む必要な情報を収集するための手続が開発され、④裁判所の意見には

詳細な理由と少数意見が付されている。そのため、照会された事案は通常の訴訟事件と同様の方法で審理され、そこで出される意見は通常の判決と同様の質を備えており、現在の照会制度は、完全に「司法化」されたと評価されている。その結果、法的には先例的価値をもたない勧告的意見も、今日では先例として扱われている。照会制度では、主に、制定法や法案の合憲性が照会され、カナダ憲法の基本原理の多くが照会により形成された。最近では、その数は少ないが、人権に関する重要な判断が照会制度で示されることもある（*Reference re Same-Sex Marriage* (2004); *Reference re Prov. Electoral Boundaries (Sask.)* (1991)）。

　付随的違憲審査のもう1つの例外として、制定法の合憲性等に関する宣言的判決を求めるスタンディングの拡大がある。私人が制定法の合憲性等に関して宣言的判決を求める権利としてのスタンディングを認められるためには、当該争点に対する十分な私的利害関係を示さなければならない。しかし、カナダ最高裁は、一連の判決で、原告が十分な私的利害関係を示すことができない場合であっても、(a)制定法の合憲性等に関する重要な争点が存在し、(b)原告が当該争点に対し市民としての真の関心を持ち、(c)当該争点を裁判所に提起する他の合理的かつ有効な方法が存在しない場合等、裁判所の裁量によって当該原告に公益スタンディングが認められる場合があることを明らかにした。公益スタンディングの承認の基礎にあるのは、いかなる制定法も裁判所の違憲審査を免れることがあってはならないという原理である。公益スタンディングの承認により、裁判所に抽象的な憲法問題が提起され、それに対して裁判所が判断を下すことがある。

　このように、カナダの違憲審査制度は、付随的違憲審査を原則としつつも、抽象的違憲審査も制度上可能となっており、大陸型違憲審査制度とアメリカ型違憲審査制度の中間的な要素を備えている。ただし、付随的違憲審査が主要なもので、抽象的違憲審査はあくまで補助的・副次的なもと位置づけられている（佐々木・文献②参照）。

2.「権利および自由に関するカナダ憲章」に関する違憲審査

　人権憲章に関する違憲審査は、人権制約の有無の判断と、人権制約の正当性判断の2段階に分けて行われる。

　第1段階で裁判所は、人権憲章で規定された権利・自由の意味と、その

制約の有無を判断する。この段階では、自己の人権が侵害されたことを主張する者が立証責任を負う。カナダ最高裁は、通常、人権を定義する段階では、人権と他の利益等との調整を行なわず、個々の人権を広く定義する傾向にある。その結果、人権制約は比較的容易に認められる。

人権制約が認定されると第2段階へ移行し、裁判所は人権制約が、「法で定められ、自由で民主的な社会において明確に正当化することができる合理的制約」（人権憲章1条）であるか否かを判断する。ここでの立証責任は人権制約の正当性を主張する政府に課される。

人権憲章1条の下、人権制約は、法で規定され（形式的要件）、かつ、自由で民主的な社会において明確に正当化し得る合理性（実質的要件）を備えていなければ、正当化されない。実質的要件の審査基準は、1986年にカナダ最高裁によって「オークス・テスト」として定式化された（*R. v. Oakes* (1986)）。それによると、審査内容は、目的の重要性審査と「比例テスト（proportionality test）」による目的と手段の関係審査に分かれる。比例テストは、目的と手段の合理的関連性、人権制約の最小性、目的の重要性と手段の効果との比例性の3つの要素で構成される。カナダ最高裁の判例では、人権制約の最小性審査が結論を左右してきた。この比例テストも、主に、欧州人権裁判所の判例理論の影響である。

オークス・テストは、当初、「1つの厳格な正当性基準」として設定されたが、カナダ最高裁は、特に、人権制約の最小性審査の厳格度が事案に応じて変化しうることを認める。例えば、制定法が、①傷つきやすい集団を保護する場合（例：子供）、②必ずしも決定的とはいえない複雑な社会科学上の証拠に基づいている場合（例：たばこの広告規制）、③複数ある対処方法のうちどれが最も有効であるのかについて確証がもてないような複雑な社会問題を扱う場合（例：喫煙問題）、④対立する集団の利益を調整する場合（例：定年制）、⑤希少な資源の配分を行う場合、⑥人権憲章と、独自性、多様性、実験といった連邦制の諸価値とを調整する場合等は、カナダ最高裁は、議会の判断に一定の敬譲を示す傾向がある。しかし、刑事手続における人権侵害のように、国家が唯一の人権侵害の主体として理解できる場合には、人権制約の最小性審査は厳格に行われる可能性がある。

またカナダ最高裁の判例には、1つのカテゴリーの事案においては厳格度の低い正当化基準が適用され、もう1つのカテゴリーにおいては厳格度

の高い基準が適用されることを示唆するものはない。

カナダのオークス・テストは、比較憲法の観点から見ると、強い影響力を持ち、少なくとも英語圏で比例原則を採用する諸国にとっては、人権に関する違憲審査の主要なモデルの1つとなっている（佐々木・文献⑦参照）。

3. 人権侵害の救済方法

人権憲章で保障された権利や自由を侵害された者は裁判所に救済を求めることができる。裁判所の救済権限の根拠は、1982年憲法52条1項と人権憲章24条である。

1982年憲法52条1項は、「カナダ憲法は、カナダの最高法規であって、憲法の規定に反するいかなる法も、その抵触する範囲において効力を有しない。」と規定する。この最高法規条項は、憲法上の救済に関する一般規定と理解されており、制定法が憲法に違反する場合に適用される。この規定の下で認められる救済方法は、①無効判決（全部無効）、②分離の手法（一部無効）、③合憲限定解釈、④合憲補充解釈、⑤合憲的適用除外（適用違憲）、⑥無効性の一時停止（将来効）である。

人権憲章24条1項は、自己の人権が侵害された者は、「管轄権を有する裁判所」に提訴し、「裁判所が事情に応じて適正かつ正当であると認める救済」を求める権利を保障する。これは、人権憲章に固有の救済条項であるが、人権侵害に対する唯一・排他的な救済条項ではなく、52条1項の救済と24条1項の救済が併用される例外的な場合もある。24条1項の下、裁判所は救済の内容に関し広い裁量権を有し、公訴の棄却や有罪判決の破棄等の防衛的救済や、職務執行令状や禁止令状、損害賠償等の積極的救済を認めることができる。

24条2項は、人権憲章に違反する方法で収集された証拠について、「すべての状況に鑑み、」「その証拠を採用すれば司法の信用が失墜することが確証されたときは、その証拠は排除されなければならない」と規定する。ここでも裁判所に裁量権が与えられている（Sharpe・文献⑩400～433頁）。

4. カナダ最高裁の積極姿勢

カナダ最高裁は、人権保障にかなり積極的な姿勢を見せている。例えば、1991年から2005年までの15年間で人権憲章に関する訴訟350件の

うち123件で違憲判断が示された。そのため、カナダ最高裁は世界で最も違憲判断に積極的な最高裁の1つと評されている（松井・文献①165頁）。

しかしながら、カナダ最高裁は、民主社会における裁判所の役割や機能の限界を認識し、違憲判断を積極的に示す場面と、議会の判断を尊重し違憲判断に消極的になる場面とを自覚的に使い分けている。約30年間の人権憲章の歴史を見ると、カナダ最高裁は、①表現の自由の保護、②被告人等の権利保護、③少数者を偏見から守ること等に関してはかなり積極的であった。しかし、定年制やマリファナを非合法化するかどうかといった問題のように、社会的・政治的に困難な問題に関しては、議会に一定の裁量を認めてきた。また、カナダ最高裁は、純粋な経済的権利の主張に対しては冷淡な態度を示し、財産権保障を憲法に読み込むことを拒否してきた。これは、経済的問題や社会的・政治的問題は議会の議論に委ねるべきであるという考えを反映している。同様に、カナダ最高裁は、社会的弱者を保護するための立法がより恵まれた者の基本的自由を侵害するとの理由で違憲であると主張された場合、議会の判断を尊重し弱者保護立法を合憲とした。

このように、カナダ最高裁は、人権保障に関し立法府も重要な役割を担うことを理解し、いつ、いかなる形で人権を保障すべきかを判断する権限を独占することを慎重に避けている（Sharpe・文献⑩42～44頁）。

5. 人権保障における議会の役割：対話理論

カナダでは、人権保障に関し、裁判所のみならず議会も重要な役割を担い、裁判所と議会との「対話」という相互作用によって人権保障が実現すると考えられている。

有力学説やカナダ最高裁は、人権憲章に関する違憲判決は、議会が決定した政策に対する拒否権の発動ではなく、人権の尊重と社会全体の利益の実現を目指す社会的・経済的政策の達成との調整方法に関する裁判所と議会との対話の始まりにすぎず、人権問題に関する最終的判断は、多くの場合、議会が示すことができると理解する。

対話理論は、カナダ最高裁による違憲判決⇒議会による法改正⇒改正された法律の違憲審査という時間の流れのなかに違憲審査を位置づけ、人権保障はカナダ最高裁による違憲判決という1つの点によって実現するので

はなく、カナダ最高裁と議会との対話という一連の相互作用のプロセスのなかで実現するものととらえる。対話理論は、カナダにおいては、憲法上の人権に関する裁判所と議会との関係を理解するための支配的なパラダイムとなっている。また、カナダの対話理論は多くの国の憲法学説に影響を与えており、近年、多様な内容の対話理論が多くの国で主張されはじめた（佐々木・文献⑤参照）。

6. 人権保護法による私人間の差別禁止

人権憲章は、原則的に私人間の行為には適用されない。私人間の差別等には、連邦および各州が制定する、雇用関係や住宅の賃貸借契約等における差別を禁止する「人権保護法」が対応している。現在では、人種、宗教、年齢、性別、障害、出自、婚姻の有無、公的扶助受給の有無、前科、性的指向性等に基づく差別が禁止されている。人権保護法は、私人間の差別問題を解決するため、非公式で迅速かつ安価な手続を用意する。典型的には、行政機関である人権委員会（Human Rights Commission）が、私人の申立てを調査し、和解や調停等を行い、調停等が成立しない場合、準司法機関である人権審判所（Human Rights Tribunal）が、法や事実の問題を裁定し、救済を命じる。人権委員会には、差別撤廃に向けた教育機能等も付与されている（Hogg・文献⑨34-7頁、Sharpe・文献⑩16頁）。

III 保障される人権の特徴

1. 良心および信教の自由（2条(a)）

人権憲章2条(a)は「良心および信教の自由」を「基本的自由」として「何人」にも保障する。「良心および信教の自由」が制約され、かつ、その制約が人権憲章1条の下で正当化できない場合、当該人権制約は違憲となる。

「良心の自由」は、宗教上の信仰以外の信念（belief）を保障する（Hogg・文献⑨42-3頁）。「信教の自由」には、信仰の自由と宗教的行為の自由（信仰告白の自由、礼拝、実践、布教や宗教的教育によって信仰を表明する自由）が含まれる（*R. v. Big M Drug Mart Ltd.*(1985)）。信教の自由は、暴力や暴力による威嚇以外の宗教的行為に広く及び、①個人が真摯に宗教と関連す

る信念を持ち、②法令が宗教的信念に従った行為を妨害する場合、信教の自由の制約が認められる。①は個人の主観的判断に基づくが、②の制約は客観的に証明されなければならない（*S.L. v. Commission scolaire des Chênes* (2012)）。立法目的が信教の自由を制約する場合のみならず、立法の効果が信教の自由を制約する場合も、人権制約となる。例えば、同性愛者に対する憎悪的表現（hate speech）の禁止は、当該表現が信仰に基づく場合は信教の自由の制約となるが、当該禁止は人権憲章1条の下で正当化され、合憲とされた（*Saskatchewan (Human Rights Commission) v. Whatcott* (2013)）。

　人権憲章2条(a)には政教分離の規定はない。しかし、カナダの多文化主義的な社会構造と少数者の保護に対する感度が増すにつれ、カナダの裁判所は国家の宗教的中立性の概念を発展させてきた。オンタリオ州の最上級裁判所は、オンタリオ州の公立学校におけるキリスト教の聖書の朗読や主の祈り、または、キリスト教に基づく宗教教育は、児童、生徒または親の希望による不参加も認められていたが、他宗教の信者や宗教的少数者等の信教の自由を侵害し違憲であると判断した（*Zylberberg v. Sudbury Board of Education* (1988); *Canadian Civil Liberties Association v. Ontario (Minister of Education)* (1990).）。これらの裁判例等は、信教の自由を広く認めることによって、政教分離を一定程度実現していると評されている（松井・文献①178頁）。

　ところが、カナダ憲法は厳格な政教分離を要請していない。そもそも、1867年憲法93条は、オンタリオ州におけるカトリック信者およびケベック州におけるプロテスタント信者等に対し、宗教的少数者の教育に関する権利や特権を付与している。オンタリオ州では、93条に基づいて、カトリック系の宗教学校に公費支援が行われているが、それは、信教の自由の侵害にも平等権違反にも当たらない（*Adler v. Ontario* (1996)）。

　カナダ最高裁はこれまで、傷つきやすい少数者の信教の自由を守ることに積極的態度を示してきた。しかし、同裁判所は、憲法上の特別な規定がなければ、信教の自由が宗教学校への公的支援を要請するとの主張には冷淡な態度を示し、信教の自由をあくまでも自由権として保護してきた（Sharpe・文献⑩153頁）。

2. 表現の自由（2条(b)）

　人権憲章2条(b)は、「出版その他のコミュニケーション媒体の自由を含む、思想、信条、意見および表現の自由」を「基本的自由」として「何人」にも保障する。カナダ最高裁はこれまで、表現の自由の基礎をなす諸価値として、①自己実現、②思想の自由な交流による真実の発見、③民主主義に必須の政治的討論をあげ、有力学説もそれに同意する（Hogg・文献⑨43-7～43-10頁、Sharpe・文献⑩155～156頁）。

　表現の自由には、自己が選択する言語で表現する自由（*Ford v. Quebec (A.G.)* (1988)）や、表現を強制されない自由（*RJR-MacDonald Inc. v. Canada (A.G.)* (1995)）も含まれ、情報の受領者の自由も保護される（*Rocket v. Royal College of Dental Surgeons of Ontario* (1990)）。

　カナダ最高裁はこれまで、意味を伝達しまたは伝達しようとする行為は表現として憲法の保護を受けるとし、表現の自由の保障範囲を極めて広く捉えてきた。そのため、商業的表現（*Irwin Toy Ltd. v. Quebec (A.G.)* (1989)）、憎悪的表現（*Saskatchewan (Human Rights Commission) v. Whatcott* (2013)）、虚偽の表現（*R. v. Zundel* (1992)）、児童ポルノ（*R. v. Sharpe* (2001)）も、一応表現の自由の保障範囲に入る。しかし、暴力や暴力による威嚇は表現として保護されない（*R. v. Khawaja* (2012)）。

　表現の自由の制約は、立法目的が表現を規制する場合にも、立法の効果が表現を規制する場合にも認められる。立法の効果による制約を主張する者は、制約を受けた行為が表現の自由の諸価値のいずれかを促進することの証明が求められる。これまでカナダ最高裁は、ほとんどの人権制約の主張を認めてきた（Sharpe・文献⑩159～160頁）。

　表現の自由の制約が正当化されうるか否かの審査で最も重要となる人権制約の最小性審査の厳格度は、問題となっている規制がおかれた事実関係の文脈で変化する。例えば、問題となっている表現の性質は、憲法上の保護の程度と審査の厳格度に影響する。政治的表現は表現の自由の核心部分にあり、高度の保護が要請され、審査の厳格度は高まるが、商業的表現や憎悪的表現は、表現の自由の核から距離があり、審査の厳格度は低くなる。また、傷つきやすい集団を保護するための規制に関しては比較的緩やかな審査が行われ、子どもを保護するための広告規制、人種的または宗教的少数者を憎悪的表現から保護するための規制、女性をポルノグラフィーから

保護するための規制、児童を児童ポルノから保護するための規制等は、合憲と判断される傾向にある（松井・文献①196〜197頁）。

3. 生命、自由および身体の安全に対する権利

人権憲章7条から14条までは、主に刑事手続を念頭に置いた諸権利を「法的権利」として保障する。7条は、「何人も、生命、自由および身体の安全に対する権利を有し、基本的正義の原理に基づかなければこれらの権利を奪われない権利を有する。」と規定する。この規定は、財産権や社会・経済的権利を明示的に保障していない。しかし、7条は、刑事手続以外の分野でも問題となりうる。

人権憲章7条に関する違憲審査は、①生命、自由および身体の安全に対する権利が制約されているか、②当該制約は基本的正義の原理に反するか、③（①と②が肯定された場合）当該7条違反は人権憲章1条の下で正当化できるかの3段階で行われる。①に関し、(a)法や国の行為が、直接的または間接的に、人に死を強制したり、死の危険性を増大させる場合、「生命に対する権利」が問題となる（カナダに死刑制度はない（松井・文献①270〜271頁））、(b)「自由および身体の安全に対する権利」は個人の自律と尊厳を保護し、「自由」は国から干渉されることなく重要な個人的選択を行う権利を保障し、「身体の安全」は国から干渉されることなく自身の身体的完全性（bodily integrity）に関する個人の自律を保護する、(c)身体的苦痛または重大な精神的苦痛によって個人の身体的・精神的完全性が国から害される場合、「身体の安全」が問題となる。②に関し、恣意的（arbitrary）、過度に広汎（overbroad）、または、規制目的と甚だしく不均衡（grossly disproportionate）な結果を伴う制約等は基本的正義の原理に反する。また、基本的正義の原理には手続的公正のみならず実体的公正も含まれる（*Re B.C. Motor Vehicle Act* (1985)）。③に関し、7条違反を1条で正当化するのは極めて困難ではあるが、不可能ではない。

これまでカナダ最高裁は、7条の下、道徳や倫理に関連する判断の難しい事案に直面してきた。例えば、母体の生命や健康が危険な場合、極めて限られた病院でしか治療的人工妊娠中絶を認めていなかった刑法の規定を、カナダ最高裁は、女性の自由や身体の安全の権利等を侵害し、違憲であると判示した（*R. v. Morgentaler* (1988)）。その後、連邦政府は人工妊娠

中絶を認める範囲を拡大する改正案を連邦議会に提出し、下院で可決されたが上院で可否同数により否決されたため、現在、カナダには人工妊娠中絶を禁止する法律はない（Hogg・文献⑨47-12.1頁）。

また、治療法がない筋萎縮性側索硬化症（ALS）を患い、余命2年以内と診断された原告が、刑法の全面的な自殺幇助処罰規定は、原告のような末期患者が医師の手を借りて死ぬことを禁止する限りで人権憲章7条や15条等に違反すると主張した事案において、カナダ最高裁の多数意見は、5対4の僅差で、当該規定は、原告の身体に対する自律権を侵害し、その結果、身体の安全を害する程度の肉体的苦痛と精神的圧迫を与えているが、生命と弱者の保護という政府目的を果たすものであり、基本的正義の原理に反しないと判示した（*Rodriguez v. British Columbia (A.G.)* (1993)）。その後もカナダ国内では「医師の手を借りた死（physician-assisted dying）」について議論が行われ、2011年にカナダ王立協会（The Royal Society of Canada）が、また、2012年にケベック州議会の尊厳死委員会が、一定の場合医師の手を借りた死を認めるべきとの報告書を作成した。また、2010年までにオランダ、ベルギー、スイス等8つの国やアメリカの州で医師の手を借りた死等が認められていた。このような状況の下、2015年2月6日、カナダ最高裁は、全員一致で、①自己の死に明確な同意を示し、②耐え難い永続的な苦痛を伴う悲惨で治療不能な状況にある、判断能力がある成人に対し、医師の手を借りた死を禁止する限りで、刑法の全面的な自殺幇助処罰規定は、人権憲章7条に違反し、1条で正当化できないため、無効であるが、無効判決の効力発生を12か月間停止すると判示した（*Carter v. Canada (A.G.)* (2015)）。その後、連邦議会は、2016年6月、尊厳死・安楽死を認める刑法典の改正を行った。

カナダ最高裁は、人権憲章7条に財産権や経済的権利の保障が含まれないとの立場を示している（Hogg・文献⑨47-10〜47-11頁）。また、カナダ最高裁は、基礎的な必要性を満たす生活保護を受ける権利が7条で保障されているとの主張を退けており、現段階で、生存権のような請求権を7条に読み込むことに消極的であるが、将来、そのような請求権が7条で保障される可能性は残している（*Gosselin v. Quebec (A.G.)* (2002)）。このようなカナダ最高裁の態度は、複雑な経済的・社会的な政策選択が争点となる場合、立法府へ敬譲を示すこれまでの立場と一致し、それは、社会福祉政策論争

に巻き込まれたくないというカナダ最高裁の考えを反映していると解される（Sharpe・文献⑩270〜271頁）。

4. 平等権

　人権憲章15条1項は、「すべての個人は、法の前および法の下において平等であり、差別されることなく、特に、人種、出身国もしくは出身民族、皮膚の色、宗教、性別、年齢または精神的もしくは身体的障害を理由に差別されることなく、法の平等な保護および平等な利益を受ける権利を有する。」と規定する。これにより、利益を付与する法律も含めて、法内容の平等と法適用の平等が憲法上要請される。また、この条項は、立法目的のみならず立法の効果が差別的な場合にも適用される。平等権を制約する制定法は、人権憲章1条で正当化されなければ違憲となる。

　平等権に関する判例法理はこれまで大きく変遷したが、最近のカナダ最高裁は、15条1項の列挙事由または類似の事由に基づく法的区別が、偏見やステレオタイプを永続化させることにより不利益を惹起するか否かを審査する（Quebec (A. G.) v. A (2013)）。すなわち、列挙事由または類似の事由に基づく差別的効果を持つ法的区別のみが平等権の制約と評価される（Hogg・文献⑨55-47頁、Sharpe・文献⑩349頁）。

　類似の事由としてこれまで、市民権（Andrews v. Law Society of British Columbia (1989)）、婚姻の有無（Miron v. Trudel (1995)）、性的指向性（Egan v. Canada (1995)）等が認められた。性的指向性による差別が憲法上禁止されるため、2005年、同性同士の婚姻を認める連邦法が制定され、カナダは、オランダ、ベルギー、スペインに続いて、同性婚を認める世界で4番目の国となった。

　人権憲章15条2項は、「第1項の規定は、人種、出身国もしくは出身民族、皮膚の色、宗教、性別、年齢または精神的もしくは身体的障害を理由に不利な状況にある者を含む、不利な状況にある個人または集団の状況を改善することを目的とする法、計画もしくは事業を妨げるものではない。」と規定し、アファーマティヴ・アクションを明示的に認める。カナダ最高裁は、15条2項は1項の例外であるという見解を採用せず、①1項と2項は差別と闘うという主要な目的を共有し、1項は政府が差別することを禁止し、2項は政府が積極的方策によって率先して既存の差別と闘うことを

可能にし、②2項は平等を損なうのではなく、平等の内容を完全に表すものであり、③2項はアファーマティヴ・アクションが差別的であり15条に違反すると1項を解釈してはならないことを明確にし、④アファーマティヴ・アクションが2項に適合的であれば1項の審査は不要となると判示した（*R. v. Kapp* (2008)）。これは、機会の平等を基本と考え、アファーマティヴ・アクションをその例外と理解する日本やアメリカ合衆国の平等権の内容とは異なっている。

5. 多文化主義

人権憲章27条は、「この憲章は、カナダ国民の多文化的伝統の維持および発展と一致する方法によって解釈されなければならない。」と規定し、「多文化主義（multiculturalism）」を憲法上の原理とした。

カナダ最高裁は、27条が、「カナダはさまざまな文化集団が多様かつ豊富に存在することが保護され、促進されるべき価値となる多文化主義的社会であることを承認している」と説示し、憲法上の多文化主義に1つの定義を与えた（*R. v. Keegstra* (1990)）。しかし、憲法上の多文化主義原理の具体的内容は必ずしも明確になっておらず、多文化主義に関する法理論は、いまだ発展途上にあるといえる。これまで、カナダ最高裁の判例と学説で示された多文化主義の内容は、個人に関しては、①尊厳の尊重、②差異性の承認と尊重、③平等、④反差別、⑤寛容、⑥文化活動の保障等が、そして、個人が属する集団に対しては、⑦集団の尊厳や差異性の承認・尊重・寛容、⑧集団の平等と反差別に加え、⑨集団的文化権、⑩一定の集団的権利および自治権等である。特に、⑩に関して、集団的権利は、その集団の存続に不可欠の場合には特に強く保障される可能性が高いことが示唆されている（佐々木・文献④参照）。

むすびにかえて

20世紀末にはじめて憲法上の一般的人権規定を持つに至ったカナダの人権には、①近代人権思想に基づく伝統的な諸権利、②近代人権思想と対立しうる要素や人権の現代的特徴、③カナダ特有の権利等が含まれている。これは、通常対立関係で捉えられているモダンな人権とポスト・モダ

ンな人権とを融合するための実験といえるのかもしれない。この実験は、困難な問題を抱えつつも、一定の成果をあげている。また、これまで人権問題では対立的に捉えられる傾向の強かった裁判所と政治部門との関係を「対話」という相互作用で理解する視点も近年世界的に注目されつつある。このようなカナダの人権理論には、21世紀の人権理論の1つのモデルとなりうる要素が備わっていると評価することができよう。

〈参考文献〉（＊は主要な参考文献）
＊①松井茂記『カナダの憲法』（岩波書店、2012年）
②佐々木雅寿『現代における違憲審査権の性格』（有斐閣、1995年）
③佐々木雅寿「カナダ憲法における人権保障の特徴」『ジュリスト』1244号196頁（2003年）。
④佐々木雅寿「カナダ憲法における多文化主義条項」『法学雑誌』53巻4号191頁（2007年）
⑤佐々木雅寿「カナダにおける裁判所と立法府の対話」『法学雑誌』54巻1号15頁（2007年）
⑥佐々木雅寿「先住民族の権利に対するアプローチの仕方　―カナダ憲法を参考にして―」北海道大学アイヌ・先住民研究センター編『アイヌ研究の現在と未来』142頁（北海道大学出版会、2010年）
⑦佐々木雅寿「カナダ憲法における比例原則の展開―『オークス・テスト（Oakes Test）』の内容と含意―」『北大法学論集』63巻2号［1］頁（2012年）
⑧白水隆「カナダ」初宿正典編『レクチャー比較憲法』（法律文化社、2014年）176頁
⑨P. W. Hogg, *Constitutional Law of Canada*, 5th ed. Supplemented (Carswell, 2007)
⑩R. J. Sharpe & K. Roach, *The Charter of Rights and Freedoms*, 5th ed. (Irwin Law, 2013)
⑪カナダ最高裁の判例は、http://scc-csc.lexum.com/scc-csc/en/nav.do　参照
⑫連邦や州の判例・法令等は、http://www.canlii.org/　参照

第7章 中国

鈴木　賢

◎比較のポイント

　中国は帝政最後の王朝となった清朝の末期、19世紀末以降、おもに日本を経由して人権思想を受容した。1908年の欽定憲法大綱の発布に始まった立憲主義移入の旅は、1946年の中華民国憲法の採択で一応の到達点にたどり着く。しかし、この憲法にもとづく近代立憲主義の定着・成熟は、共産党政権の成立によって頓挫。清末以来の法継受をすべてご破算にして、1949年には中華人民共和国が発足、ソビエト連邦にならい民主主義的集中制を採用する社会主義国へと移行した。独自の文化を高度に発展させてきた悠久の歴史をもつ中国については、異文化たる人権の受容のされ方、根付きの程度が問われることになる。

　歴代の社会主義型憲法（1954年、1975年、1978年、1982年憲法）のもとで、人権はマルクス主義的に理論加工された「市民の基本的権利」に置き換えられ、人権はブルジョアジーの専売特許としてタブーとなった。権力と人民の利益の一致というドグマのもと、権力による人権侵害の危険性に対する警戒感を欠き、社会主義体制による基本権の実質的保障という型どおりの説明に終始した。ところが、1989年天安門事件以後、中国の権力者は国際社会からの人権侵害批判に晒されるなか、人権概念の復活を許し、2004年に憲法を改正して"人権"を憲法に書き加えた。こうして独自の人権観にもとづく上からの人権保障の試みが始まるが、憲法の条項を裁判での根拠とすることが許されないなど、司法による人権侵害救済は不十分なままである。

　急速な経済発展を遂げたとは言え、人口14億人近い超大国の一人当たりGDPは、なお中進国のレベルに達したばかりであり、巨大な貧富の格差も抱えている。習近平政権（2012年～）のもとで政治的自由に対する抑

圧が強まり、人権は危機に瀕している。手厚い人権保障への道のりは険しく、なお長期にわたる努力を要するであろう。

I 人権保障の歴史

1. 近代における人権の受容と苦悩

(1) 清末、民国初期における人権思想の受容（19世紀末〜20世紀初）

人権思想は中国では19世紀の末に日本経由で西洋から紹介され、human rightを日本語と同様、〔人権〕（なお、〔 〕は原語であることを示す。以下、同様）と表記する。人権というタームを最初に中国にもたらしたのは、康有為が編集した『日本書目志』(1897年頃）であり、康氏の『大同書』(1902年）には"人権"が頻出する。1899年頃には梁啓超も〔天賦人権〕を使い始め、20世紀の初め、辛亥革命（1911年）前までには、外来漢語である人権は中国に定着する。厳復、何啓、胡礼垣、孫文などの著作にも登場する（文献①550-552頁〔劉勁松〕）。

これ以後、中国での人権理解の特徴は、中国の伝統的文化資源、とくに〔天〕の観念を介したものであり、個人を主体とする西洋人権思想には変容をともなっていた。厳復や康有為、梁啓超の人権論は、個人本位の人権論ではなく、あくまで団体主義的、国家主義的に理解され、人権は国家の救亡富強のためのテコでしかなかった。最重要の課題は〔救国〕であり、人権の確立はそのための手段（〔富強為体、民権為用〕）と位置づけられた。

中国における立憲主義的憲法への希求は、明治憲法にならい立憲君主制を目指した清末の欽定憲法大綱（1908年）にはじまる。辛亥革命を経て孫文の南京臨時政府が中華民国臨時約法（1912年）を制定、対立する北洋政府も天壇憲草（1913年）、中華民国約法（1914年）で対抗した。その後も曹錕の中華民国憲法草案（〔賄選憲法〕、1923年）など、近代立憲主義の系譜を引くテキストがいくつも現れたが、いずれも実効性をもつには至らなかった。

1919年の五四運動を頂点とする新文化運動では、陳独秀、胡適、李大釗らが活躍した。この思想的啓蒙運動において人権は、核心的思想のひとつとなったが、民族復興、国家富強の用具としての位置づけを失うことはなかった。

(2) 民国期における人権論の展開と中華民国憲法

　1927年には国民党、南京政府による中国統一が完遂し、一党独裁体制が成立するなか、胡適、羅隆基、梁実秋らによる人権運動が展開された。胡氏らは西洋流のリベラリズムの影響を受け、自由、民主主義、人権、法治、立憲主義を唱え、とくに思想や言論の自由の保障を要求、国民党体制を批判した。羅隆基は中国に必要な人権として、参政権、私的財産権、労働権、生命権、救済を受ける権利、人格権、尊厳権、教育を受ける権利、思想・言論・出版・集会などの自由など、34種類を列挙した。

　1932年12月、宋慶齢、蔡元培らの知識人が民権保障同盟を発足させ、政治的権利の保障を要求した。30年代半ばには弁護士会を中心に冤罪に対する国家賠償要求運動が起こり、1936年のいわゆる〔五五憲草〕（中華民国憲法草案）には要求が一部取り入れられた。その後の抗日戦争時期にも主に香港に逃れた知識人を中心に人権運動が継続し、また中国民主同盟（黄炎培、梁漱溟、章伯鈞ら）などによって国民党による人権侵害、一党独裁体制への批判がなされた。しかし、日本軍による侵略が進むなか、〔訓政〕という権威主義体制のもと、人権の実質的保障は期待できなかった。

　「五五憲草」が正式に中華民国憲法として採択されるには、戦後の1946年12月を待たなければならなかった（翌年12月施行）。この憲法には人民の権利および義務が規定され、平等権、人身、居住・移転の自由、各種の政治的自由、生存権、勤労権、財産権、参政権、教育を受ける権利などが列記された。近代立憲主義および孫文の三民主義を体現する憲法（五権憲法）であったが、国共内戦のために動員勘乱時期臨時条款（1948年）が発布された。これにより総統に憲法を超える緊急処分権を付与、憲法の人権条項は事実上、封印された。しかし、国民党政権＝中華民国の台湾敗走にともない、台湾で今日まで効力を維持し、台湾民主化の礎となった（文献②231頁。詳細は本書第8章にゆずる）。

(3) 建国前には共産党が掲げた人権の旗印

　民国期には共産党は以下のように1927年以降、一部の地域を実効統治し、権利保障のための法令群を公布、国民党に対抗した。すなわち、①ソビエト区建設から中華ソビエト共和国時期（1927-1937年）、②第二次国共合作のもとでの辺区政府時期（1937-1945年）、③国共内戦からの解放区時期（1945-1949年）である。たとえば、中華ソビエト共和国憲法大綱（1931

年)、陝甘寧辺区抗戦時期執政綱領（1939年）、陝甘寧辺区執政綱領（1941年)、陝甘寧辺区人権財権保障条例（同年）、山東省人権保障条例（同年）、陝甘寧辺区憲法原則（1946年）などである。これらの法令にはすでにソビエト法の影響が及んでおり、建国後の憲法に連なる源流となった。

30～40年代の共産党統治下で発行された「解放日報」「新華日報」では、「天賦人権侵すべからず、確実に人権を保障しよう」（解放日報1941年5月26日）など、人権を称揚する文章が多く掲載された。「民主的であるか民主的でないかの尺度は、おもに人民の人権、政権、財権および言論、集会、結社、信仰、居住、移転の自由およびその他の権利が確実に保障されているかどうかを見るべきである」（解放日報1942年1月27日）。このように共産党は建国以前、人権の旗を高く掲げ、一党独裁を否定、権力を批判する言論の自由がなければ、それは独裁であり、ファシズムであると断じていたのである（文献①598-609頁）。

2．中華人民共和国における人権
(1) 建国から54年憲法、文革まで（1949-1976年）

国共内戦が共産党有利に展開するなか、共産党を中心とする建国の枠組が新中国人民政治協商会議として立ち上がり、中華人民共和国の成立を目指して同共同綱領が採択された（1949年9月）。共同綱領は選挙を経た正規の国家権力機関によって正式な憲法が制定されるまでの臨時憲法的性格をもち、民主党派との統一戦線の証となる文書であり、人民の権利についての規定もおかれた。

具体的には、選挙権、被選挙権（4条）、思想・言論・出版・集会・結社・通信・人身・居住・移転・信教・示威デモ行進の自由権（以上、5条）、女性にも平等な権利保障（6条）、権利・義務の平等（9条）が謳われた。権利の享有主体は人一般ではなく、国民とも区別された人民であり、これには労働者、農民、プチブルジョアジー、民族ブルジョアジーおよび元反動階級に属しながら反省を経た愛国的民主分子を含む（周恩来）。自由権の冒頭に思想の自由を明記した点は注目される。現行憲法に至るまで歴代の憲法から、これが消えている。

スターリンからの再三の要請もあり、1954年全国人民代表大会が組織され、最初の社会主義型の憲法が制定される。毛沢東が自ら終始起草を主

導し、社会主義への移行を展望した過渡期の憲法に性格付けられる。人権に相当する規定は第3章に「市民の基本的権利および義務」（85〜103条）としておかれた。ソ連の憲法理論の影響を受けて、人権概念はブルジョアジーによって封建的専制との闘争のなかで提起されたスローガンであり、虚構にすぎないとの認識に立っていた。基本的権利は天賦のものではなく、人民の革命闘争の果実であり、国家が賦与したものとされ、ソ連同様、国による物的支援による実質的保障が強調された（87条。文献③249頁）。法の下の一律平等、選挙権、被選挙権（精神病患者、法律により権利を剥奪された者を除く）、言論・出版・結社・デモ行進・示威の自由、人身の自由、住居不可侵、通信の秘密、居住・移転の自由、勤労権、休息権、物質的援助を受ける権利、教育を受ける権利、科学研究・文学芸術創作・その他文化活動に従事する権利、公務員を告発する権利などが列記された。移転の自由が規定されたが、1957年から〔戸口〕制度が始まり、80年代まで農村戸口の者の都市への転入は厳しく制限され、移転の自由は事実上、否定された。移転の自由はその後の憲法では、文言上も姿を消す。

　1956年の第8回党大会では社会主義への移行完了が宣言され、54年憲法が想定した過渡期は終了する。その後、1957年には反右派闘争、1958年の大躍進、人民公社化運動、三面紅旗、1963年には「四清運動」、社会主義教育運動、1966年からの10年間は文化大革命と、生命権を含む人権を広範に侵害し尽くす政治運動が相次ぐ。この間、司法機関は機能麻痺、人権は恣に蹂躙され、文字通り〔無法無天〕となった（文献④151頁）。

(2) 文革から改革開放へ

　文革末期の1975年、毛沢東の権威を笠に着た四人組（王洪文、張春橋、江青、姚文元）が憲法を改正する。プロレタリアート独裁下の継続革命、全面的独裁など、政治的言辞にあふれた30ヵ条しかない簡単な憲法となった。市民の基本的権利・義務はわずか4ヵ条に縮減し、共産党の指導、社会主義制度を擁護することを市民の権利・義務と明記した（26条）。文革時の大衆動員の手法、〔大鳴、大放、大弁論、大字報〕が、人民大衆が創造した社会主義革命の新形式とされた（13条）。

　1976年毛沢東の死後、毛に後継者として指名された華国鋒によって三度目の憲法改正が行われた（1978年）。この憲法は毛沢東に対する個人崇拝を維持し（毛沢東＝中華人民共和国の締造者）、文革、継続革命論を肯定

的に評価する。他方で4つの現代化（農業、工業、国防、科学技術）を謳い、改革開放への転換を示唆した（転換期の憲法）。市民の権利・義務については16ヵ条に拡充、言論、出版、集会、結社などの自由を規定した45条では、ストライキの自由、〔大鳴、大放、大弁論、大字報〕を運用する権利（1980年削除）が維持されるなど、文革の余韻を引きずっていた。

　1978年12月、党の11期3中全会が開かれ、実権が鄧小平に移り、改革と開放をスローガンとする時代に入る。民主と法制を健全化することで、文革で混乱した計画経済を立て直し、再びソ連型社会主義に回帰することが目論まれた。猖獗をきわめた人権蹂躙への反省を踏まえ、社会主義法制強化の方針が提起された。刑法、刑事訴訟法、中外合弁経営企業法をはじめとする7本の法律を一気に制定、法院や検察院の正常化が図られ、法学研究・教育も復活した。

(3) 現行憲法の制定と部分改正

　既定方針となっていた鄧小平路線を憲法に反映させるため、4度目の全面改正が行われ、1982年に現行憲法が採択された。54年憲法への回帰を指向し、ソ連憲法の統治原理、権利観を踏襲した社会主義型憲法である。他方で改革・開放、4つの現代化など中国的な脚色も見られる。この憲法では「市民の基本的権利・義務」を、はじめて国家機構の前の第2章におき、権利保障を際立たせている。権利のカタログも歴代の憲法中、もっとも豊富であり、33条から56条の23ヵ条を権利・義務の規定に割く。ただし、共同綱領にはあった思想の自由、54年憲法の移転の自由、78年憲法のストライキの自由は復活していない。具体的な権利の詳細については、Ⅲにゆずる。

　現行憲法には4度の部分改正（1988年、1993年、1999年、2004年）により31ヵ条の修正条項が加えられているが、第2章に対する改正は後述の2004年の33条3項の追加〔人権入憲〕に止まる（文献⑤365-366頁）。

(4) 人権の否定から人権入憲へ

　国民党統治期には人権を旗印に掲げていた共産党は、建国後は一転、人権をブルジョアジーの口実、資本主義国に特有の概念と言い換え、学術の世界でも人権はタブー〔禁区〕となった。11期3中全会後、人権を復活させようとする学界での試みが萌芽的にあったものの、公式見解は転換しなかった。人権タブーの〔解凍〕は、1989年の六・四天安門事件、民主化運

動への正規軍による血の弾圧という赤裸々な人権侵害が誘発した（文献④156-158頁）。

　中国政府による人権侵害には国際社会から厳しい批判が浴びせられ、経済制裁も発動された。加えて、1989年11月には東西両陣営を隔てていたベルリンの壁が崩壊、その後、ソ連、中東欧の社会主義圏があっけなく瓦解し、海外からの人権攻勢によって社会主義・中国は四面楚歌の苦境に立たされた。こうした中で共産党は、逆に人権概念を承認することで対外的な宣伝戦に打って出る戦術を選択した。公式に人権解凍を決断し、中国独自の人権論を展開したのが、1991年11月1日国務院新聞辦公室が公表した「中国の人権状況」、いわゆる「人権白書」であった。

　この白書で展開された人権論は、今日まで共産党・政府の公定の立場となっている。①人々の生存権、発展権こそが、長期間、追求してきたもっとも緊要な人権であること、②党と政府は中国人の生存権を確保するために革命、建設、改革を率いてきたこと、③中国が拘ってきた権利の階級性という本質には触れず、人権概念の政治的肯定による対外的宣伝効果を優先させている。その後、年度毎の「中国人権事業の進展」「中国人権発展50年」「中国の司法領域における人権保障の新展開」など、人権白書が相次いで公表され、公式の立場を白書という形で対外発信する手法が、慣例化している。人権や権利保障でいかに成果があったかを自画自賛することを基調とする。

　人権解凍後、人権研究や教育が解禁され、御用学者を糾合した中国人権研究会が組織された（1993年）。1997年の15回党大会では公式文書に人権の尊重・保障が明記され、2004年の憲法改正で第2章の33条第3項として「国は人権を尊重し、保障する」を追加した。人権を専らブルジョアジーのスローガンとして否定する歴史に、終止符が打たれることとなった。

(5) 人権条約への加盟と国家人権行動計画

　人権問題を主に国際社会への外交的なアピールの場と位置づける中国は、国際条約への加盟に積極的である。国際人権規約の「経済的、社会的及び文化的権利に関する国際規約」（A規約。1997年加盟、2001年批准）、「市民的及び政治的権利に関する国際規約」（B規約。1998年加盟、未批准）をはじめ、28件の人権に関連する国際条約に調印し、国連の人権活動にも

積極的に参加している。工会法では党・政府にコントロールされた中華全国総工会をナショナル・センターとする労働組合しか認めていないので、A規約の批准に際しては、労組設立の権利について留保を付している。B規約の批准には国内法に障害が多く、ハードルは高い。

中国政府は国際社会との約束を果たし、憲法に書き込んだ人権尊重、保障の実効性を高めるために、国務院新聞辦公室、外交部が先導して2009年から2期にわたって国家人権行動計画を策定している。第1期が2009～2010年版、第2期が2012～2015年版である。行動計画は、①経済・社会・文化的権利、②市民の権利・政治的権利、③少数民族・女性・児童・高齢者・障害者の権利、④人権教育、⑤国際人権条約の義務履行・国際人権交流および協力からなり、第2期以降、これに⑥実施および監督が加わっている。終了後に評価報告が公表され、2012-15年の計画については48％の拘束的数値目標、50％以上の民生にかかわる指標について繰り上げ、ないし超過達成したと自己評価している。第3期として2016～2020年版の人権行動計画が策定された（2016年9月29日）。典型的な上からの人権保障の取り組みであり、国務院の対外情報発信部門、外交当局が主導していることからも分かる通り、対外広報の一環をなす。

II　人権保障の諸制度

1. 社会主義型憲法の特殊性

中国憲法は統治機構を民主主義的集中制の原理にしたがって組織しており、三権分立を否定し、司法権の独立もない。思想の自由市場を通じた議論の積み重ねを重視する多元的民主主義を原理的に排除、共産党による執政を与件とし、これを変更する可能性を否定する。いわゆる4つの基本原則（人民民主主義独裁、マルクス・レーニン主義・毛沢東思想、党の指導、社会主義の道）が、前文に規定され、第2章に列挙された基本的権利はすべてこれに反しない範囲で保障されるに過ぎない。党の指導や社会主義に疑義を呈しようとする言動（インターネット上の発言を含めて）は、依然として刑罰による禁止の対象とされ（国家政権転覆罪、同転覆煽動罪など）、現実に処罰される者が続出している（文献⑥）。しかも、なにが4つの基本原則に反するのかは、結局は共産党自身による政治的解釈に委ねられる。か

つての社会主義国同様、基本的権利、とくに政治的自由権は厳しい体制的制約の下におかれたままである。

2．空洞化する憲法保障制度

　憲法と法律以下の下位法令との抵触の有無を判断し、憲法に反する法令の効力を失わせる仕組みが適時に作動しなければ、憲法に規定された権利は絵に描いた餅になってしまう。中国憲法では違憲現象是正のための制度を、憲法保障とよぶ。現行憲法では憲法と下位法令との抵触の有無を判断するのは、最高国家権力機関である全国人民代表大会（全国人大）およびその常設機関である同常務委員会とされる。具体的な法令に関して全国人大による憲法監督権を起動する手続きを欠いていたが、2000年に立法法が制定されて大まかな手続きが整備された（2015年一部改正）。

　2003年には孫志剛事件が発生、行政法規「都市部流浪物乞い人員収容遣送辦法」が憲法に反していないかが注目を集めた。法学者らから全国人大常務委員会に対して収容審査処分の根拠となっていた行政法規が、憲法37条（人身の自由）、立法法9条（法律による人身の自由の制限原則）に反しているかどうかの審査を求める建議が提起され、それがネット上に公開された。当時は農村から流入した〔三無人員〕（身分証明証、固定した居所、安定収入がない者）を警察が拘束し、出身地に送り返すという行政措置が存在していた。大学を卒業したばかりの青年、孫志剛が、広州の街頭で身分証明章不携帯のため、ホームレスと間違われて、警察に身柄を拘束された。その晩、孫志剛は収容人員救助站内でリンチにあい、不幸にも命を落としてしまう。この件はネット上で大炎上を引き起こし、警察に対する批判の声が高まり、制度自体に対する疑義が提起された。法学者の違憲審査の建議はそうしたなかでの動きであった。こうしたなか国務院は収容遣送制度の根拠となっていた行政法規を廃止、新たに「都市部生活のあてのない流浪物乞い人員救助管理辦法」を制定して、制度の趣旨を警察による強制的身柄拘束の制度から民政部門による福祉的行政措置へ変更した。結局、全国人大が違憲審査に入ることなく、本件は決着してしまい、今日まで憲法保障のための法令審査は一件も行われていない。

　法律は全国人大ないしその常務委員会自身が制定したものであり、そもそも合憲であることを前提としていると言えるのかも知れない。法律以下

の下位法令には違憲の疑いのある法令がないとは言えないはずであるが、これを是正するメカニズムが有効に機能していない。学界では全国人大常務委員会内部に憲法委員会を設置する、別途、憲法法院を設置するなど、さまざまな改革構想が論じられてきたが、いずれも実現していない。憲法上の基本的権利が、下位法令によって不当に制約されても、違憲とされることもなく放置されるとすれば、憲法は空文化する。

3. 裁判による限定的な人権保障

　中国憲法は裁判所〔法院〕には違憲審査権を与えていない。通常の民事、刑事、行政訴訟において憲法の条項を引用し、裁判の法的根拠とすることも認められていない。つまり憲法の条項には具体的な訴訟における明示的な裁判規範性を否定されている。ところが、2001年に中国における「憲法の司法化」のリーディング・ケースとされる「斉玉苓事件」が起きて、大きな興奮をもって学界に迎えられた。中国でもいよいよ憲法訴訟がはじまるのではないかと期待が高まったのである。

　中学卒業後、斉玉苓は商業学校を受験し、合格していたにもかかわらず、被告によって合格証を入手され、斉玉苓の名前を語った被告は、同校に入学、就学、卒業し、銀行に就職していた。これを知った原告が替え玉入学した学生（被告）および商業学校、出身中学校、両校を管轄する地元の教育委員会に対して損害賠償を求めて提起したのが、本件である。最高法院から山東省高級法院へ下された〔批復〕と称される司法解釈では、憲法46条の教育を受ける権利の侵害などを根拠として民事損害賠償請求の容認を基礎づけることを指示した。山東省高級法院はこれにしたがい、憲法46条などを根拠として、損害賠償請求のうち、被告らに対して連帯して9万8,045元の賠償を命じる判決を下した（文献⑦145-154頁）。

　本件は不法行為による民事損害賠償事件であり、憲法上の教育を受ける権利を持ち出さなくても決着させることができたであろう。原告と被告はともに私人であり、憲法の条項を持ち出すとしたら、私人間効力を認めることになる。こうしたケースが「憲法の司法化」のリーディング・ケースとして選ばれること自体が、この国の憲法文化や社会主義体制のもとでの憲法の特殊性を反映している。憲法を必ずしも公権力を制御するための規範とは捉えていないのである。

ようやくはじまった「憲法の司法化」であったが、2009年に最高法院が「裁判文書において法律、法規などの規範性文書を引用することに関する規定」を制定、判決文で引用することができる法的根拠から憲法を排除することを明らかにした。ここに憲法は改めて裁判規範性を否定され、「憲法の司法化」はあっけなく挫折した。

　このように裁判を通じた人権救済には、大きな限界がある。しかしながら、1990年から行政訴訟法が施行され、行政機関の行為に対する司法審査がはじまっている。2014年の改正を経て、出訴事項が拡充され、行政訴訟は増加傾向にある。2106年には全国の法院に22万5000件の第1審の行政訴訟が新規に提起された。1994年には国家賠償法も制定され、国家の行為による権利侵害に対して金銭賠償を命じるようになっている（2010年、2012年一部改正。中国では国家賠償訴訟は行政訴訟）。行政訴訟には党や人大、行政機関など政治部門からの影響がおよびやすく、裁判の独立性が乏しい訴訟で私人が救済されることには大きな困難がともなう。多数人にかかわる事件など、政治性のある事件はそもそも法院に受理されないことも多い。とはいえ、行政訴訟〔民告官〕が活発化したことで、行政機関の行為の違法性を認定し、原告を救済する事例も珍しくはない。行政訴訟が人権救済に一定の役割を果たすようになっている。

　憲法序言に規定された共産党による指導の名目で、国家機関には党が後ろから二人羽織のように覆い被さり、両者は融合し、一体化している。人大、行政、司法、検察をはじめ、あらゆる国家機関、大学、大企業、人民団体（労働組合、婦女連合、障害者連合会、法学会など）には党組ないし党委員会が設けられ、幹部の人事権や重要な意思決定は、党によって牛耳られている。国家機関はいわば党の手足となって、実務を執行しているに過ぎないにもかかわらず、法制度上、党機関を直接、行政訴訟の被告として訴えることは想定されていない。つまり、党は法の外にあって、法によって制御されない存在なのである。これが人権に対する最大の脅威になっている。

III 保障される人権の特徴

1. 特殊な人権論

　人権を復権させ、「人権」を憲法に書き込んだとはいえ、なおそれは「中国的特色のある社会主義的人権」であることが強調される（普遍的価値の尊重と国情の結合）。公式見解は、人権保障を確実にするためにこそ、共産党の指導、すなわち一党独裁体制を維持する必要があるという逆立ちした論理をとる（羅豪才・中国人権研究会長、元全国政治協商会議副主席）。つまり人権の普遍性を手放しには肯定していない。

　この点は、憲法に規定される具体的な基本的権利と人権の間の関係をどう理解するかにもかかわる。一般に基本的権利とは憲法によって実定化された人権、すなわち憲法によって保障された権利を指すとされる。人権という文言が憲法に規定されたことにより、基本的権利として列挙されていない権利についても保障が及びうるとか、権利に開放性、包容性を与えたものといわれる（文献⑧9、23、35頁、文献⑪151頁）。

　基本的権利の享有主体は、文言上、人一般ではなく、〔公民〕である。〔公民〕とは中国籍を有する自然人を指すので（33条1項）、憲法に規定された基本的権利の保障は、外国人には当然には及ばない。ただし、人権入憲によって権利の主体を抽象的な人に拡大しており、保障の範囲を拡張する手がかりになりうるとの議論もある（文献⑨116頁）。

2. 権利・義務一致の原則

　「義務なき権利はないし、権利なき義務はない」。中国ではいまでもマルクスのこの言葉を根拠に、社会主義社会においては権利と義務が統一されていて、これは憲法上の権利の大原則であると認識されている（文献⑩13〔李歩雲〕、90頁〔陳佑武〕）。そのため憲法では、権利を規定するだけではなく、第2章の「基本的権利および義務」をはじめ、前文や第1章でも、多くの義務を規定している。

　第2章では以下のように9つの義務を課す。①労働の義務（42条1項）、②教育を受ける義務（46条1項）、③夫婦の計画出産実施義務（49条2項）、④父母の子に対する扶養・教育義務、成人した子の父母に対する扶養義務（同3項）、⑤憲法、法律の遵守、国家機密の保守、公共財産の愛護、公共

の秩序・社会公徳尊重の義務（53条）、⑥国家の統一と諸民族の団結を保持する義務（52条）、⑦祖国を防衛し、侵略に抵抗する義務（55条1項）、⑧法にもとづき兵役に服し、民兵組織に参加する義務（同2項）、⑨納税の義務（53条）。国民にも憲法遵守義務を課している点はとくに留意すべきである。

　さらに第1章総綱などにも「〜を禁止する」「〜してはならない」などの表現で、義務を課していると解釈できる条項がある。①社会主義体制破壊の禁止（1条2項）、②民族団結の破壊、民族分裂を引き起こす行為の禁止（4条1項）、③天然資源の不法占拠、破壊の禁止（9条2項）、④宗教の信仰、不信仰の強制の禁止、信教ないし不信教の者への差別の禁止（36条2項）、⑤宗教を利用した社会秩序の破壊、市民の身体健康を損なうこと、国の教育制度の破壊の禁止（同3項）、⑥通信の自由・秘密を侵すことの禁止（40条）、⑦婚姻自由への侵害、高齢者・女性・児童への虐待の禁止（49条4項）、⑧自由・権利の行使にあって国・社会・集団・個人の合法的自由・権利の侵害禁止（51条）。

　このように中国憲法は多くの義務を課し、禁止事項を定めており、単なる権利保障書ではない。道徳的、政治的な色彩の濃い義務も多く、憲法は特定の政治的イデオロギーや家族観を国民に押しつける役割を担っている。

3．平等権

　「市民は法のもとで一律平等である」（33条2項）。これは平等権を保障する趣旨であり、各権利に共通して要請される。権利の平等を実質的に確保するための規定は、他にも散見される。たとえば、民族平等（4条1項）、憲法、法律を超越する特権の否定（5条5項）、男女平等（48条）などである。

　なお、憲法上の権利侵害の有無を直接的に争うものではないが、就業や公的機関、企業によるサービス提供などにおける差別的取り扱いの妥当性をめぐって少なからぬ訴訟が提起されている。具体的にはB型肝炎、HIVなどの感染、身長、性別、容貌、障害、農村出身、遺伝子などによる差別である。しかし、大規模な原告団を形成することは認められず、個人による提訴でも法院によって故なく受理を拒否されることが多いし、運よく本案審理に入っても、法院が差別を認めることはごくまれである。また、被

差別者支援をするNGO関係者や弁護士が、警察に拘束されるなど、当局の取り締まりにあっている。とはいえ、ある意味で憲法上の平等権が間接的に訴訟で問題となっているのであり、憲法上の権利を司法で争う可能性のある希有な領域となっている（文献⑫）。

4. 参政権

　18才以上の市民には選挙権、被選挙権が与えられる（34条）。国家機構は三権分立をとらず、民主主義的集中制原理にもとづき人民代表大会に権力を集中させる。人民代表大会は郷・鎮、県、市・自治州、省、国の5レベルに設置されるが、市民が選挙権を行使できるのは、郷・鎮と県クラスだけである。その上の3クラスについては一級下の人大による間接選挙による。また、政党、人民団体、ないし市民10名以上から推薦を受けた者について、選民小組なるものの協議を経て、候補者は絞り込まれる（選挙法31条）。市民の推薦する候補が最終的に選ばれるケースはきわめて稀である。被選挙権を有するといっても、自ら立候補することはできない。もっとも、共産党以外に政権を争う政治勢力の存在は許されておらず、路線の違う複数の選択肢があるわけでもないので、選挙は儀式に過ぎない。

5. 政治的自由および権利
（1）　大きく制約される自由と権利

　憲法は政治的な自由権を、言論、出版、集会、結社、デモ行進、示威行動の自由として35条にまとめて列記している。これら自由の行使にあたっては、あくまで先述の4つの基本原則による体制的制約が前提となる。憲法51条で国家、社会、集団、その他の市民の合法的自由・権利の侵害が禁止されるが、「国家の利益」は共産党一党体制の維持と同視されている。

　具体的には、権力を根底から否定したり、指導者の交代を迫るなどの言動は、反政府を煽動し、国の安全や社会の安定に危害を加えるものとして、法律（刑法、国家機密保護法、国家安全法、集会デモ行進示威法など）、行政法規（出版管理条例、社会団体登記条例など）によっても禁止される。これらの法令は拡大解釈される傾向があるし、法令によらない規制も事実上、横行している。加えて、権力による規制の合法性、正当性を、司法の場で

争うことがほとんどできないのが現状である。

このように実際に憲法上の権利を行使しうる空間はきわめて限定されている。権力を批判する自由こそが、言論の自由の核心だとすれば、言論の自由に対する保障はないことになる。

(2) 報道の自由、インターネット空間への規制

言論・出版の自由に対しては、行政法規やそれより下位の法令である行政規則によって、さまざまな規制が加えられている。たとえば、放送メディアについてはラジオ・テレビ管理条例、テレビドラマ内容管理規定、ラジオ・テレビ広告放送管理辦法などを根拠として、放送内容に対する事前、事後の規制を行っている。メディア規制には以下のような特徴がある。①メディアを党の代言者〔喉舌〕と位置づけた統制・管理体制、②位階レベルの低い法令による言論規制、③網の目が粗く、文言の曖昧な規則による規制、④事後的な司法審査の可能性がほとんどない（文献⑬246頁）。

インターネット上の言論空間も当局による規制、監視のもとにあり、共産党に批判的な海外の中国語サイト、中国当局が規制できないFacebookやTwitter、lineなどのSNSには国内からのアクセスを遮断したうえで、国内向けには微博、微信（WeChat）などを設けて、監視下においている。当局が不適切と判断する書き込み、アカウントは、無断で削除される。また、民主化を要求する連署〔零八憲章〕を公表した劉暁波（2010年、懲役11年、ノーベル平和賞受賞）、人権派弁護士の浦志強（2015年、懲役3年、執行猶予3年）など、政権の意に沿わない人物に対して、ネット上での言論だけで国家政権転覆煽動罪や騒動挑発罪などの名目で刑事罰を科すケースが相次いでいる。

(3) 結社の自由へ制限

結社の自由については、社会団体登記条例、民営非企業登記条例、基金会条例、慈善法などによって規制されている。なんらの公的認証も経ていない任意団体や登録を取り消された団体は、〔非法組織〕として取り締まりの対象とされる（社会団体登記条例35条）。その意味では、原則として自由に結社する権利はなく、公的認証を経た場合に限り禁止が解除されるという構造をとる（文献⑭）。

市民社会を構成する非政府組織は〔社会団体〕とよばれ、業務主管部門の設立許可と登録を担当する民政部門の二重の統制下にある。業務主管部

門にとって団体の設立を認めることは、面倒や政治的リスクを抱え込むだけで、実はメリットはない。むしろ行政のイニシアティブにより半官半民的組織として設置されたり、主催者との間に特別な人的関係のあるケースに限って、政治的ハードルをクリアできる。

　2015年末現在、全国で32・9万組織が正式に登記を認められているが、社会団体としての登記が得られないので、営利性法人という形式〔公司〕で工商登記を経ているNGOや、まったく法的地位のないまま活動する組織がはるかに多い。リーガル・ステータスの不安定さは共通した悩みであり、しばしば当局による恣意的な取り締まりに遭っている（〔選択性執法〕）。労働、B型肝炎・HIV・塵肺などの疾病、人権擁護、LGBT（性的マイノリティ）などマイノリティなどの活動に従事する団体は、とりわけ厳しい警察の監視、規制にさらされている。他方で、権力に従順な組織については、業務主管部門による設立許可を要せず、民政部門に直接、登録を認める例外措置が、一部の地域の限られた団体について一時期開放された。

　草の根のNGOは外国からの資金援助に依存していることが多かったが、国外非政府組織国内活動管理法が制定され（2017年1月1日施行）、海外からの資金提供により厳しい規制がかけられた。純民間の草の根NGOの生存空間はますます狭まると予想される。

(4)　集会デモ行進示威行動の自由

　1998年の天安門事件後、デモなどの自由を規制するために、集会デモ行進示威法が制定され、警察への事前許可制が採られている。集会などを開催する際には、5日前までに書面により、その目的、方式、標語、スローガン、人数、車両数、音響設備の種類・数量、時間、地点などを記して許可を受けることを義務づける。以下、4つ場合には不許可となる（法12条）。①憲法が確定した基本原則に反する場合、②国の統一、主権、領土の完全性に危害を与える場合、③民族の分裂を煽動する場合、④公共の安全に危害を与える、ないし社会秩序を深刻に破壊する十分な証拠がある場合。不許可処分に対しては当該警察機関と同クラスの人民政府に行政不服審査を申し立てることができる（法13条）。直接ないし行政不服審査ののち法院に行政訴訟を提起しても、通常、受理されることはない。

　政治的な意味合いの希薄なデモ行進であっても、現実にはほとんど許可されることはない。しかし、環境、労資紛争、対日外交問題などをめぐっ

ては、頻繁に各地で集会やデモ行進が行われている。これらは未許可の違法活動であるが、当局によって黙認されることがある。合法的な自由の行使と認識されているわけではなく、集会、デモ行進、示威行動はほぼ禁止されているというべきであろう。

6. 信教の自由

　36条は信教の自由を規定するが、これは「正常な」宗教に限られ、いわゆるカルト〔迷信〕や〔邪教〕には及ばない。「正常な宗教」とは、具体的には道教、仏教、キリスト教（カトリック、プロテスタント）、イスラム教を指し、それ以外の宗教には信仰の自由の保障は及ばない。他方、〔邪教組織〕とは「宗教、気功あるいはその他の名目をかたって、主要分子を押し立て、神格化して、迷信・邪説を作出、散布するなどの手段で、人を幻惑、蒙騙し、メンバーを拡大、制御し、社会に危害を加える非法組織」（最高法院司法解釈）とされ、刑法によって活動を禁止する。1999年以後、気功集団、法輪功は当局によって邪教と認定され、現在も厳しい弾圧が続いている。新興宗教をはじめたり、これに入信する自由はない。

　共産党は、カリスマ性のある宗教指導者に率いられた大規模宗教組織が、影響力をもつことに対して強い政治的警戒感を抱き、そのような宗教組織の出現を防ぐための措置を整えている。そのため「正常な宗教」にも宗教事務条例、宗教活動場所管理条例、国内外国人宗教活動管理規定などの行政法規、上海市宗教事務条例などの地方性法規などにより、さまざま規制が課されている。宗教団体の設立、聖職者の養成、宗教的出版物、財産、対外活動などには、宗教行政部門による規制、監督が及ぶ。具体的には宗教活動を行う場所（寺廟、教会、モスクなど）は、あらかじめ行政への登記を義務づけ、国の統一、民族の団結、社会の安定、市民の身体健康の阻害、国の教育制度の破壊を禁止する（宗教活動場所管理条例2条、4条）。特に外国人が中国内で宗教組織、機構、場所、学校を設立すること、布教活動を行うことを禁止している（同条例8条）。宗教系の私立学校や宣教師などは存在しない。

　チベット族にとってのチベット仏教、ウイグル族や回族にとってのイスラム教のように、少数民族にとって宗教信仰と民族のアイデンティティの核心が密接に結びついていることが多い。宗教的熱狂の高まりは、エス

ニックな意識の覚醒を促し、逆に共産党への政治的凝集力の弱体化につながりかねない。そこでチベット寺院、僧侶やイスラム教のモスク〔清真寺〕、アホンにも数量的規制がかけられている。近時、沿海の都市部ではキリスト教系の宗派が信者を拡大し、教会などの施設も増加しているが、しばしば当局による弾圧（教会取り壊し、信仰離脱の強制など）が発生している。

7．人身の自由

憲法は人身の自由の保障（37条）、人格の尊厳の不可侵（38条）、住居の不可侵（39条）を謳っている。検察院ないし法院の承認・決定がなければ逮捕されないとし（37条2項）、不法な人身の自由の剥奪、制限、身体への捜索を禁止する（同条3項）。

50年代以来、〔労働教養〕と称する警察、司法行政機関による身柄拘束制度があり、従前から人身の自由を犯すものとして、批判の声が上がっていた。正業に就いていない者、毒物常習者、セックスワーカー、陳情を繰り返す者など、面倒を引き起こしそうな人を手当たりしだい最長4年も拘束して、教育を施すことができた。2013年にようやく共産党がこの廃止を決定した。

労働教養制度が廃止されても、体制に批判的な弁護士、知識人、NGO関係者、ジャーナリストなどに対する、警察や国家安全機関などによる事実上の拘禁や拉致、監視は続いている（文献⑮）。また、監視対象の人物の出国や行動の自由が、しばしば制限されている。これに関連して、40条は通信の自由と秘密を規定するが、警察による刑事手続きを経ない電話や電子メールの盗聴、傍受は日常茶飯事となっている。

8．経済、社会、文化的権利
(1) 財産権

財産権が果たして市民の権利なのかどうかについては、見解が分かれている。というのは、私有財産権の保護については第2章ではなく、第1章の総綱で国の経済制度の一環として規定されているからである（11、13条）。両条は市場経済化を進めるなかで、1988年、1993年、2004年と3度にわたって修正が加えられ、私的セクター、私有財産の保護を強化して

きた。その結果、従来は私的所有の対象からはずされていた生産手段に対する所有も保護されるようになり、土地や軍事施設、武器などを除いて、私的所有権の及ばない物や権利はなくなっている。

(2) 労働権

42条は労働の権利と義務を抽象的に規定するが、低賃金・長時間労働、給与（残業代含む）の欠配・遅配、不安定雇用、危険な労働環境、労災の頻発、年金・医療などの社会保険への未加入など、労働者の権利侵害が後を絶たない。それは労働者の権利を現実に保障するための制度的メカニズムを欠くからである。とくに先述した総工会以外に労働組合を設立する権利（団結権）が明確に否定され（工会法2条2項）、団体交渉権や争議権も保障されていないことが最大の原因である。ご用組合の総工会は政治権力と結びつき、むしろ資本の側に立ち、労働者の権利擁護には冷淡である。その欠を細々と埋めるべく、広東を中心として活動する労働NGOやごく一部の弁護士の支援を受けて、現場の未組織労働者が奮闘を続けているのが現状である。

(3) 社会保障を享受する権利

定年退職者の生活は国や社会が保障すること（44条）、老齢、疾病、労働能力を喪失した場合の国、社会からの物質的援助を受ける権利（45条1項）などを規定する。また、2004年改正では、「国は経済発展水準に見合った社会保障制度を打ち立て、健全化する」（14条4項）との文言を追加した。こうした憲法の規定は、具体的な請求権を個々の国民に与えたものではなく、国が目指す政策の方向性をプログラム的に宣言したにとどまる。

80年代半ば以降、雇用関係の契約化を進めたので、政府は各種社会保険制度（医療、年金、労災、失業、出産）の整備に着手した。2010年には社会保険法を制定し、都市と農村で二元化された制度を形成する。また、1999年以降、最低生活保障制度（一種の生活保護制度）をまずは都市部で、ついで農村部でも整備しはじめた。しかし、これらの制度が行き届いていない人が、農村部を中心に多く残され、支給水準も低いことが多い。たとえば、湖南省攸県桃水鎮という農村では、最低生活保障金が1人月額わずか90元（日本円で1300円程度）であり（2016年9月現在）、生活保障とは名ばかりの水準である（文献⑯254頁以下〔鈴木賢〕）。

(4) 教育を受ける権利、文化活動の自由

「市民は、教育を受ける権利および義務を有する」(46条1項)。これも具体的な権利性があるわけではないし、教育の無償を保障するものでもない。科学研究、文学芸術的創作およびその他の文化活動の自由を規定するが (47条)、これらも当然に4つの基本原則による制約のもとにあり、大幅に規制された自由に過ぎない。権力に批判的な学者は、研究論文を公表する場を探すのが容易ではない。大学や研究所内にも共産党組織があり、党委員会書記が学長の上に君臨していて(いわゆる〔一把手〕)、大学の自治という原則はない。

むすびにかえて

70年代末以降、中国は目覚ましいスピードで経済発展を遂げ、いまや世界第2位の経済大国となった。政治、外交、軍事、経済など、どの分野でもアメリカに次ぐ国際影響力を有する超大国になった。この発展の影にはいわゆる「低人権の優位性」と言われる代価をともなっていた。つまり権威主義的政治レジームのもと、政治的自由や人権を大きく制約し、労働者への苛酷な収奪を許すという犠牲を伴うものであった。社会の安定をすべてに優先するいわゆる〔維穏〕体制のもと、暴力の発動をも辞さない強権的な統治が続いてきた。習近平体制に入ってからは一党体制維持のためには手段を選ばない強硬姿勢をいっそう露骨にしている。言論、集会、結社、信教、学問の自由や権利に対する抑圧はむしろ強まっており、個別の事例を裁判などにより法的に問題化し、法技術的に論ずることも困難になっている。「国は人権を尊重し、保障する」との憲法の規定は、空手形にとどまっている(文献④163頁)。

〈参考文献〉
① 韓大元主編『中国憲法学説史研究(下)』(中国人民大学出版社、2012年)
② 鄭志廷＝張秋山『中国憲政百年史綱』(人民出版社、2011年)
③ 張永和主編『人権之門』(広西師範大学出版社、2015年)
④ 郭道暉『人権要論』(法律出版社、2015年)
⑤ 鈴木賢「中国」初宿正典・辻村みよ子編『新解説世界憲法集(第4版)』(三省堂、2017年)

⑥城山英巳『中国消し去られた記録』(白水社、2016年)
⑦王禹編著『中国憲法司法化：案例分析』(北京大学出版社、2005年)。
⑧張震『1982年憲法與人権保障』(法律出版社、2012年)
⑨王広輝主編『人権法学』(清華大学出版社、2015年)
⑩陳佑武『中国特色社会主義人権理論研究』(中国検察出版社、2012年)
⑪劉茂林など『中国憲法権利体系的完善』(北京大学出版社、2013年)
⑫周偉「従身高至基因：反岐視法律的発展」清華法学6巻2号（2012年）
⑬鈴木賢「中国の放送メディア法制」比較法研究73号（2011年）
⑭鈴木賢「権力に従順な中国的『市民社会』の法的構造」石井知章ほか編『現代中国と市民社会』(勉誠出版、2017年)
⑮徐友漁編著『遭遇警察』(香港開放出版社、2012年)
⑯高見澤磨・鈴木賢・宇田川幸則『現代中国法入門（第7版）』(有斐閣、2016年)
⑰高見澤磨・鈴木賢『中国にとって法とは何か』(岩波書店、2010年)

第8章 台湾

李　仁淼

◎比較のポイント

　台湾は、1895年の日清講和条約によって、清国から日本に割譲され、日本法を通じて近代法が導入された（君塚・文献⑯966頁）。現行の「中華民国憲法」は、1946年12月南京において開かれた制憲国民大会で採択され、1947年12月施行されたものである。一方、臨時条款・戒厳の体制下（後述）、憲法は長らく事実上凍結されていた。その後、1980年代後半、民主化の進行に伴い、戒厳令が解除され（1987年7月）、憲法増補条文が採択されて（1991年5月）、臨時条款・戒厳体制はようやく終焉が告げられた。1991年に始まり、2005年まで計7回にわたり、憲法改正が行われた結果、現行憲法体制は、近代立憲主義で一般に採用された三権分立体制へと近づいてきた。

　台湾における人権保障の特徴として、以下の数点が挙げられる。第一に、19世紀の植民地時代を通じて、近代的法制に接したものの、第二次大戦後は長期にわたり専制独裁体制の下にあった。80年代半ばから民主化の進行とともに、大法官による憲法解釈という台湾独自の違憲審査制（後述）が、その本領を徐々に発揮した結果、憲法上の人権保障も次第に確実化し、定着しつつある。第二に、憲法上、近代立憲主義の人権規定のほかに、ヴァイマール憲法の影響を受けて設けられたものとされる「基本的国策」（後述）に関する諸規定がある（李・文献⑫274頁）。第三に、国際社会においては未承認国であり、国連未加盟国にもかかわらず、国際人権規約の実質的な内容を規定した「人権公約施行法」が2009年12月から施行された。それにより、自由権規約と社会権規約の実質的内容が導入されるに至った。

I 憲法の歴史と人権保障の経緯

1. 現行憲法の制定過程

　現行「中華民国憲法」は、孫文による五権憲法論を指導原理とし、1936年5月5日、中国国民党政権の下で公布された「中華民国憲法草案」、いわゆる「五五憲草」に遡ることができる。「五五憲草」の主な内容としては、以下のものが挙げられる（李・文献⑤325-329頁、⑨138-140頁）。①中華民国は三民主義共和国とする（1条）。②人民の権利義務には、法律留保主義を取り入れる（8-26条）。③国民大会は、［政権］（政治事項を管理する人民の権限。［　］は原語または引用者註を表す。以下、同様）として、(1)総統、副総統、立法院長・副院長、監察院長の選挙、(2)総統、副総統、立法・司法・考試（公務員人事）・監察の各院長・副院長、立法委員および監察委員の罷免、(3)法案の［創制］（法案の発議）、(4)法案の［複決］（法案の再議）、(5)憲法改正等を行う（32条）。ただし、国民大会は3年ごとに1回、総統により召集され、会期は1か月とし、必要な場合に限り1か月の延長が可能である。④中央政府は、行政・立法・司法・考試・監察の五院制を採用するが、行政院長、その他の閣僚はすべて総統によって任命されるとともに、総統に対し責任を負う（55、56、59条）等である。

　「五五憲草」は、概して孫文自身による独自のイデオロギーを指導原理として起草されたものであるが、憲法草案の成立後、まもなくして宮沢俊義、田中二郎の両教授から、次のような批判が示された。すなわち、この憲法草案においては「罷免・創制・複決の諸權を行ふものが一般國民——といつても文字どほりの一般國民ではなく、諸國でいへば立法議會の議員の選擧權を與へられてゐる者、中華民國の憲法確定草案についていへば、國民代表の選擧権を與えられてゐる二〇歳以上の中華民國國民——ではなくて、さういふ一般國民から選擧せられる國民代表によつて組織せられる國民大會であるとせられてゐることは、……きはめて重要である」として、近代立憲主義によって確立された国民主権原理にそぐわない旨が仄めかされたのである（宮沢＝田中・文献①153-154頁）。その他、この憲法草案については、中国国民党の絶対的主導権を前提としたこと、人権保障が法律の範囲内のみにとどまること、権力が総統に過度に集中すること等の問題点が指摘された。

とはいえ、現行「中華民国憲法」の中核をなす内容は、「五五憲草」によるものではなく、1946年1月10日から31日までの間に、中国国民党（以下、「国民党」という）、中国共産党、民主同盟、中国青年党、および無所属の代表が、重慶において開催した政治協商会議で採択された「五五憲草」に対する「12修正原則」に基づくものである。この「五五憲草」修正原則は、①自由権の法律の留保なしの保障、②国民大会の形骸化、すなわち、選挙・罷免・創制・複決の4つの権限は、国民大会から国民による直接行使へ移行、③総統独裁制の廃止、④立法院を第1院、監察院を第2院とする一般的議会制の採用、⑤行政院の責任内閣化、⑥省自治制の確立といった内容を含むが（高橋・文献②229頁）、この中で現行違憲審査制と関連するものは、「五五憲草」修正原則の第4原則である。そこでは「司法院は国家の最高法院であり、司法行政を兼管せず、数名の大法官により、これを組織する。大法官は総統の指名と監察院の同意を経て任命されるものである。各級の裁判官［法官］は党派を超越しなければならない」と規定されている。ここに「大法官」という名称が初めて登場することになる。

2.「中華民国憲法」の台湾での施行

1936年「五五憲草」の起草時、台湾はまだ日本の領域に属していた。さらに、同憲法が施行された1947年12月時点では、日本はまだサンフランシスコ条約（昭和27年条約第5号）と日華平和条約（昭和27年条約第10号）の調印に至っていなかったため、法的に「中華民国憲法」は、台湾とは全く無縁なはずである。しかし、以下の歴史的経緯により「中華民国憲法」が台湾の現行憲法となっている。

第二次大戦後、1945年9月2日にGHQが発した指令第1号により、国民党政権下にあった国民政府による台湾接収が開始された。その後、「中華民国憲法」は1947年12月施行されたが、1947年夏、中国本土で国民党と共産党との内戦が勃発してから、国民党政権は、1948年5月に反乱鎮定動員時期臨時条款（［動員勘乱時期臨時条款］以下、臨時条款という）を発布した。さらに、翌1949年5月から戒厳令が台湾で敷かれ、憲法の人権条項等は凍結された。

臨時条款の発布後、1960年3月、1966年2月、1966年3月、および1972年3月の4度にわたり改正され、最終的に11か条からなるものと

なった。臨時条款によれば、反乱鎮定動員時期には、国家または人民が緊急危難に遭うことを避けるため、また、財政・経済上の重大な変化に応えるために、総統は、行政院の議決を経て緊急処分を発布することができる。また、総統の緊急処分は、立法院の事後承認を要するとされた憲法39条および43条の制限を受けない。一方、1991年改正前の憲法条文によると、総統・副総統の任期は6年とされ、再選された場合、一期のみに限って再任が可能であると明記されていたが、臨時条款では、総統・副総統は任期の制限がなく何期務めてもよいとされ、反乱鎮定動員時期の終結時は総統の宣告によるものとされた。

　このように、臨時条款は、憲法に拘束されることのない強い権限を総統に付与するものであり、戒厳体制下の台湾において、実際には憲法は長らく施行されていなかった。その後、80年代後半に入ると民主化が進行し、1987年7月の戒厳令の廃止とともに、戒厳体制が解かれた。さらに、1991年5月に国民大会が主導する改憲によって憲法増補条文（Constitutional Amendments）が成立し、臨時条款体制はようやく姿を消すこととなった（李・文献⑩123-124頁）。

3. 憲法改正の動向

　以上のように、臨時条款・戒厳の体制下、憲法は事実上凍結され、国民党による一党専制体制が長期的に続いていた。しかし、90年代に入ると、急速に民主化が進むのに伴い、1996年に台湾国民による史上初の総統直接選挙が実施された。また、戒厳令・臨時条款の廃止後、この憲法が台湾で適用された後に発生した矛盾や「五権憲法論」の欠陥が徐々に浮き彫りになっていた。とくに、いわゆる「万年議員」の任期については、1991年12月31日までに満了すべきだという解釈261号（1990年6月21日）が大法官により示されたため、憲法改正が必至となった。「万年議員」とは、国民党政権が中国での内戦に敗退し、1949年台湾に逃れてくる以前、中国本土で選出された後、長期に及んで改選されなかった国民大会代表（2005年の第7回改憲で国民大会は廃止された）、立法委員、監察委員をいう。

　この1991年の改正に始まり、92、94、97、99、2000年および2005年の7回にわたり、増補条文という方式の憲法改正が施された（李・文献⑩124-125頁）。ただし、上記7回の憲法改正は、主として統治機構について

の改正である。そのため、増補条文に定めた「基本的国策」（後述）が社会権的権利と多少の関連性を持つとはいえ、人権規定との直接的な繋がりは希薄なものとなった。また、7回の改憲を経たにもかかわらず、憲法上依然として「中華民国」の統治権は台湾を含む中国全土に及んでいるのが現状である。これが国際社会で国家として承認されていない要因であって、台湾の人権保障に最も波紋を呼ぶ憲法上の難問となっている。

4．人権保障の経緯

　台湾における憲法上の人権保障は、最高司法機関である司法院の中に置かれる大法官による憲法解釈という独自の違憲審査制と密接に関連する。司法院大法官は1948年7月26日に就任し、同年9月15日に初回の会議を開き、翌1949年9月15日に解釈1号および2号を下して以来、2017年7月現在まで、すでに750本の解釈が下された。これまでの大法官による憲法解釈は人権保障への影響に着目すると、①暗黒期、②黎明期、③成長期、④成熟期の4つに区分することが可能であろう。

(1)　暗黒期（1948年7月―1976年6月）

　この時期には、人権擁護に資する憲法解釈はほとんどみられない一方、人権を侵害するような憲法解釈がいくつかみられた。その代表的な解釈例として、解釈31号（1954年1月29日）が挙げられる。この解釈は、中国での内戦で敗退したのち、台湾に逃れてきた蒋介石率いる国民党政権が中国で制定した「中華民国憲法」、または［法統］（統治権または法の正統性）を堅持するという目的に沿って示されたものである。大法官は「第二期の委員が法による選出で召集されるようになるまでは、1947年から1948年までに中国大陸で選出された第一期立法委員および監察委員が引き続き職権を行使する」という解釈を下した。これにより長期にわたり改選されることのない「万年議会」が成立し、台湾一般市民の参政権は長期にわたって、侵害されることとなった。

(2)　黎明期（1976年9月―1987年6月）

　1958年7月、司法院大法官会議法（以下、大法官会議法）が公布・施行された。同法によれば、一定の要件を満たしている者であれば、政府機関だけでなく一般市民も大法官に憲法解釈を求めることが可能となった。しかし、大法官会議法に定められた憲法解釈の手続は、いくつかの問題点を

抱えていた。とくに、①大法官総数の4分の3が出席し、出席者の4分の3の同意を得ることによって、初めて憲法解釈が成立するという異例に厳しい可決要件、②法定手続によって訴訟が提起され、確定終局裁判を経てから初めて大法官に憲法解釈を求めることが可能とされるように、一般市民による憲法解釈の申請に対する厳格な制限、③憲法解釈の効力が及ぶ範囲等が挙げられる。この時期において、これらの問題の一部は、大法官により徐々に克服されていった（翁・文献⑬137-138頁）。大法官による憲法解釈の夜が明けようとしていた時期にあたるため、これを黎明期と称する。この時期の代表的な解釈例として、訴願・行政訴訟といった行政争訟の適用範囲を拡大させた解釈156号（1979年3月16日）、大法官による憲法解釈の効力に関する解釈177号（1982年11月5日）、解釈185号（1984月1月27日）や解釈193号（1985年2月8日）等が挙げられる。

(3) 成長期（1987年7月―2003年12月）

80年代後半に入ると、急速に民主化の波が訪れた。それと同時に、憲法上の人権条項を、事実上凍結させていた臨時条款・戒厳体制は、1987年の戒厳令の解除と1991年の臨時条款の廃除によって、終焉を迎えた。1993年に制定された司法院大法官審理案件法が、大法官会議法に代わって、大法官による憲法解釈の現行手続法となった。このような台湾における民主化と立憲主義の成熟・進化は、同時進行のプロセスを辿ったと指摘されている（鈴木・文献⑭30頁）。この時期には、前記解釈261号のほか、とくに注目された憲法解釈として以下のようなものがある。

警察犯の常習者を特定の場所に送致して矯正を施す権限を警察に付与した、警察犯処罰法［違警罰法］の関連条項が、憲法8条の人身の自由に適合しないと判断された解釈251号（1990年1月19日）。刑事手続上の勾留という権限が検察官に集中されるなどの旧刑事訴訟法の関連条項が憲法8条1項に違反するとされた解釈392号（1995年12月22日）。表現の自由の保障と公序良俗に対する配慮に基づいて、刑法235条にいう猥褻物の概念に絞りをかけ、限定解釈が加えられた解釈407号（1996年7月5日）。旧集会・デモ法に明記されたデモ不許可の要件のうち、「共産主義、または国土分裂を主張する言論」、「国家の安全、社会秩序また公共利益に危害をもたらす虞のあるもの」や「生命・身体・自由、または財産に重大な危害をもたらす虞のあるもの」等の規定が、憲法上の表現の自由（11条）または

集会の自由（14条）に内在する、行政による事前抑制の禁止という趣旨に反するだけでなく、当該条文も明確性に欠けたとされ、結論として、上記関連条項は憲法に適合しないと判断された解釈445号（1998年1月23日）。未成年子女に対する権利の行使に関して、父母の意思が一致しない場合、父に行使させるとする民法1089条の規定は、憲法7条にいう男女平等と、憲法増補条文9条5項にいう性別による差別の撤廃の趣旨に適さないとされた解釈365号（1994年9月23日）。学校の用務員等に組合の結成を禁じた労働組合法［工会法］4条の規定は、憲法上の結社の自由（14条）の侵害にあたるとされた解釈373号（1995年2月24日）。内務省［内政部］が内閣［行政院］の委任を受けて制定した行政院徴兵規則において兵役義務者に対し海外渡航を規制していたが、法律による授権を欠いていたため、本規則が憲法10条の定める居住・移転の自由に適合しないと判断された解釈443号（1997年12月26日）等である。

(4) 成熟期（2004年―）

2004年に入ると、下記Ⅱで検討する仮の救済に関する解釈599号のほか、①プライヴァシーの権利、②デュー・プロセスの保障範囲の行政活動への拡大、③外国籍と中国（中華人民共和国）籍を有する者に対する人身の自由等に関する憲法判断が、大法官により漸次積極的に打ち出されてきた。これらの活発な憲法解釈がみられた時期を、ここでは成熟期と呼んでおく。

①解釈603号（2005年9月28日）では、プライヴァシーの権利は、憲法に明文で列挙されていないものの、不可欠な基本権であって、憲法22条で保障される旨の解釈が示された。本解釈によれば、プライヴァシーの権利は人間の尊厳と個人の主体性を維持するうえで不可欠であり、人格の健全な形成、個人の私生活が他人の介入から免れること、ならびに個人情報の自主的コントロールを保障する必要があるとされた。

②解釈709号（2013年4月26日）では、都市再開発法［都市更新条例］に関する下記係争条項が違憲と判断された。すなわち、㈎事業の認可にあたり、適切な組織による審査制度の欠如に加えて、利害関係者に適時に意見陳述をさせていないこと（10条1項）、㈏事業概要の認可要件として、関係者による同意の割合（同意率）が10分の1と極端に低く規定されていること（10条2項）、㈐都市再開発計画の敷地外の利害関係者は、主管庁

に関連する情報の送達を求めることができず、主管庁は利害関係者のための聴聞会を開くことが義務づけられていないこと（19条3項前段）の3点が、それぞれ憲法の命ずる行政上の適正手続に適合せずという理由で、違憲と判断された。

　③解釈710号（2013年7月5日）では、台湾地域および中国大陸地域人民関係法［台湾地区與大陸地区人民関係条例］が、緊急に処分を要する場合等を除いて、中国からの入国者に対し、弁明の機会を与えずに退去強制する権限を治安機関に付与していること（18条1項）は、憲法の定める適正手続に反するとともに、憲法上の居住・移転の自由にも適合しないとする憲法判断を示している。また同法の「中国大陸地域の人民は、退去強制されるまで、［収容所に送致して］収容することができる」（18条2項）との規定については、収容の要件を送還が明白に困難な場合に限っておらず、また収容のための具体的な要件も明記されていないため、明確性の原則にも反するとされた。さらに、収容する際に被収容者に即時の司法救済を与えていないうえ、裁判所［法院］による審査を待たずに、収容期間の延長を可能としている点について、憲法の人身の自由の趣旨にそぐわないと判断された。当該条項が収容期限を限定していない点も、過度に被収容者の人身の自由を侵害する恐れがあり、憲法23条の比例原則に反し、憲法8条が保障する人身の自由の趣旨にも適さないとの違憲判断が示された。

II　人権保障の諸制度

1. 違憲審査制の概要

　現行憲法増補条文5条によると、大法官に関する現行規定は、次の通りである。①司法院に大法官15人を置き、その中の1名を院長、1名を副院長とし、総統による指名と立法院の同意を経て任命される。②司法院大法官の任期は8年とし再任できない。ただし、院長・副院長として任命された大法官は、任期の保障がない。③2003年に総統によって指名された大法官のうち、院長、副院長を含む8人の大法官の任期は4年とし、その他の大法官の任期は8年とする。また、これまで大法官の憲法解釈に関する手続法は、(i)司法院大法官会議規則（1948年9月16日公布）、(ii)司法院大

法官会議法（1958年7月21日公布）、および現行の(iii)司法院大法官審理案件法（1993年2月3日公布、以下「案件法」という）の3つが適用されてきた。一方、法律上は明記されていない仮の救済が、2005年の解釈599号により確立されたことは、特に注目される。

　大法官の職権について、憲法上、司法院は、国家の最高司法機関であり、民事・刑事・行政訴訟の裁判および公務員の懲戒を掌理する（77条）。司法院は、憲法を解釈しかつ法律および命令の統一解釈をする権限を有する（78条）と規定されているが、実際には司法院は具体的裁判を行っていない。また、2005年第7回改憲後、大法官による総統・副総統の弾劾裁判制度が導入された（増補条文2条、5条）が、関連する手続法は現時点においても整備されていない（李・文献⑱501-503頁）。

　上記憲法上の規定のほか、案件法によれば、まず、大法官は会議体として憲法解釈および法律・命令の統一解釈に関する案件を審理し、憲法法廷を組織して、政党違憲による解散事件を審理する（2条）。大法官会議の扱う憲法解釈事項としては、①憲法の適用に関して疑義が発生した事項、②法律・命令が憲法と抵触するか否かに関する事項、③省・県の法規が憲法と抵触するか否かに関する事項（4条1項）が挙げられる。なお、大法官による憲法解釈は、現有大法官総数の3分の2の出席と、出席者3分の2の同意により可決される。ただし、命令について憲法違反とする場合には、出席者の過半数でよい（14条1項）とされている。

　大法官に対する憲法解釈の申請権者は、政府機関と人民・法人・政党に2分される。案件法によると、この申請手続はさらに以下の5種類に分類できる。

(1) 憲法疑義の解釈

　案件法によれば、「中央または地方機関がその職権を行使する際、憲法の適用について疑義が発生したとき」、憲法解釈を申請することができる（5条1項1号）。これは、憲法施行当初、各政府機関の憲法に関する知識が不十分だったため、憲法解釈上の疑義が頻繁に発生したことを背景とする。各政府機関において憲法の条項につき誤解・誤用を生じさせないためのものと説明される。この手続によれば、いずれの国家機関であれ、憲法の規定に単なる疑問や不明な点さえあれば、直ちに大法官に憲法解釈を申請することが可能である。そのため学説ないし大法官の中には、このよう

な憲法解釈の手続は、あたかも司法府が他の国家機関に勧告的意見 (reference) を提供するようなものであって、権力分立に反するので、これを廃止すべきだとする主張もみられる。

(2) 機関争議

これは、中央または地方機関が、職権の行使に際して、その他の機関との間で憲法の適用に関して争いが発生したときに申請する憲法解釈である（5条1項1号）。中央または地方機関のいずれも申請可能である。ドイツの機関争訟では、原則として連邦最高機関に限られている。これに対して台湾では、中央機関だけでなく、大法官による憲法解釈を通じて地方自治体にも憲法解釈申請権を与えており、台湾の機関争議の当事者はドイツの機関争訟より広範囲にわたる。

(3) 国会議員［立法委員］の申請による解釈

現有国会議員総数の3分の1以上の申請により、職権行使に伴い憲法適用について争いが発生した場合、憲法解釈を申請することができる（案件法5条1項1号）。これは、ドイツの抽象的規範統制（Abstrakte Normenkontrolle）に類似する手続と解される。

(4) 裁判官［法官］の申請による解釈

案件法には、「最高法院もしくは行政法院はその受理した事件につき、適用する法律、命令が、憲法に抵触するとの疑義を確信するとき、決定［裁定］を以って訴訟手続を停止し、大法官に解釈の申請をなしうる」との規定がある（5条2項）。民事・刑事および行政訴訟の終審裁判所の裁判官に限って大法官に憲法解釈を申請することができるとされていたため、下級審の裁判官は、憲法解釈の申請はできなかった。しかし、大法官による解釈371号（1995年1月20日）によって下級審の裁判官にも憲法解釈申請権が付与されることになり、ドイツの具体的規範統制（Konkrete Normenkontrolle）同様の手続が成立した（李・文献⑤357-358頁）。

上記の解釈にもかかわらず、国会［立法院］は、違憲とされた条項に相応の改正を加えていないが、実務上は、下級裁判所の裁判官もこの手続を用いて大法官に対する憲法解釈の申請が可能となっている。その運用実態について現時点ではつぶさに把握できないが、裁判官の申請によって解釈されたものは、これまで大法官により下された憲法解釈総件数749件のうち、僅か35件にとどまり、全体の4.6％強に過ぎない。

(5) 人民・法人・政党の申請による解釈

案件法5条1項2号によれば、人民・法人・政党について、①その憲法上保障されている権利が不法に侵害され、②法定手続によって訴訟を提起した者が、③確定終局裁判において適用された法律または命令が憲法に抵触するとの疑義を抱いたとき、憲法解釈の申請が可能とされる。以上3つの要件が満された場合、人民・法人・政党も大法官に憲法解釈の申請が可能となった。これは、ドイツ基本法に定められた憲法異議（Verfassungsbeschwerde）に類似する手続ともいわれている。

2. 憲法法廷［憲法法庭］

憲法法廷は、1992年の憲法改正により導入され、1993年に新設されたものである。案件法第3章「政党違憲解散案件の審理」という表題から分かるように、憲法法廷は、専ら違憲を理由とする政党解散事件の審理を目的として設置されたものである。これまでに憲法法廷の審理を経て下された憲法解釈は、僅か10本にすぎず、実際に違憲を理由に政党解散が命じられた例はない。むしろ、大法官による憲法解釈案件を審理するための口頭弁論の場として利用されていた（李・文献⑱503-504頁）。

3. 仮の救済

先に述べたように、現行違憲審査の手続法には、仮の救済についての明文規定がないが、解釈599号（2005年6月10日）により、下記の要件が満たされた場合に限って、仮処分・仮命令［暫時処分］を下す余地が認められた。すなわち、係争中の憲法疑義または争議が持続的な状態にあり、当該法令が適用され、または、裁判の結果として執行されると、国民の基本的人権、憲法の基本的原理、その他の重大な公共の利益に、①回復しえない、または回復しがたい重大な損害を与え、②当該損害を予防するための急迫な必要性があり、かつ、③回避に資するその他の手段が欠如している場合である。仮処分・仮命令を発する利益が不利益をはるかに上回った場合に、本案解釈が示される前に仮の救済を認めることが可能とされた。

法律上明記されていないにもかかわらず仮の救済を認めた解釈599号は、人権保障に資するとして、学説からは歓迎された。他方で、手続法が不備の状況のもとで、大法官がその手続を自ら創出できるのかについて

は、権力分立の限界を超越するのではないかとの批判的な見解もみられた（李・文献⑱511-516頁）。

Ⅲ 保障される人権の特徴

1．憲法上の人権規定

　人権規定は、主に憲法第二章「人民の権利義務」に置かれている。また、「基本的国策」（後述）の条項にも、人権保障と関連するものがある。

　憲法第二章に明記された人権規定としては、平等に関する総則的規定（7条）、人身の自由（8条）、軍事裁判を受けない権利（9条）、居住・移転の自由（10条）、言論・学問［講学］の自由（11条）、通信の秘密の保障（12条）、信教の自由（13条）、集会・結社の自由（14条）といった近代立憲主義で確立された平等権・自由権の条項がある。一方、生存権・勤労権・財産権を規定する15条は、社会権的権利と自由権的権利を同一条文に定めたものである。そのほか、教育を受ける権利（21条）の規定もある。他方、請願・訴願・訴訟を提起する権利（16条）、国家賠償請求権（24条）といった国務請求権、選挙・リコール［罷免］・法案の発議［創制］・レファレンダム［複決］の権利（17条）といった参政権、［公務員採用・専門職の資格を取得するための］試験を受験する権利および公職に就く権利（18条）、ならびに包括的権利（22条）等もある。上記人権規定には、思想・良心の自由が明記されていないこと、生存権・勤労権が財産権と同一の条文に規定されたこと等に特徴がある。

2．精神的自由
（1）思想・良心の自由

　憲法には思想・良心の自由が明記されていない。これに対して、学説上、思想・良心の自由は、憲法上明記された言論の自由や信教の自由と密接不可分のものであり、個人の思想・良心の自由ぬきに、憲法上の言論の自由や信教の自由の保障はありえないとされる。そのため、たとえ明記されていなくても、思想・良心の自由にも憲法の保障が及ぶものと解されている（李・文献⑧8-9頁）。これに関して、実務上、大法官は、解釈490号（1999年10月1日）において、信教の自由が保障する範囲には、内心における信

仰の自由、宗教活動の自由と宗教結社の自由が含まれる旨の憲法解釈を打ち出した。このうち、内心における信仰の自由は、思想・言論・信念といった精神面にも及ぶため、絶対的保障を受けるとし、学説上の有力的な見解と一致しているところである。一方、肝心な人権を憲法に明記せずに法解釈を通じてそれを引き出すことには、なおも限界があるとの批判的意見もみられる（許・文献⑥331頁）。

(2) 信教の自由と政教分離の原則

憲法上、単に「人民は信教の自由を有する」と簡潔に定めており（13条）、政教分離の原則は明記されていない。また、宗教団体や宗教法人一般に関する立法は現時点においても成立しておらず、政教分離の原則に関する解釈490号と460号（1998年7月10日）が特に注目される。

エホバの証人の信者が兵役を拒否した事件にかかわる解釈490号において、大法官は下記のような憲法解釈を示した。まず憲法上の信教の自由については、「いかなる宗教に入信するか否か、または宗教活動に参加するか否かに関する自由である。国家は、特定の宗教の奨励や禁止をしてはならず、また、人民の特定の信仰に優遇や不利益をもたらしてはならない」と、憲法上明記されていない政教分離の原則を打ち出した。また、兵役法にかかわる本件係争条項は、「国家の目的と憲法上の人民の義務を実現させるために規定されたものである。［特定の］宗教を助長、促進または制限するために設けられたものではなく、かつ、［特定の］宗教を助長、促進また制限する効果を持っていないもの」として、日本の最高裁が判例に採用した司法審査基準である目的効果基準によって憲法判断を行った。もっとも、結論としては、本件係争条項は憲法上の信教の自由に抵触していない旨の判断を下している。

一方、個人の敷地内にある仏堂の設置を目的とする用地が、土地税法に定められた住宅用地に該当するかについて、かつて財務省［財政部］は、通達で「仏堂の設置を目的とする用地は、土地税法に規定する住宅用地に該当しないものである」と解釈した（1983年3月14日台財税字第31627号函）。土地税法によれば、住宅用地に認定されると租税上の負担が軽減されるが、上記行政解釈が信教の自由の侵害に当たるかが争われた。これに対し、大法官は、解釈460号において、「前記行政解釈は異なる宗教を区別せず、等しく適用されるものである。また、人民の宗教に対する信仰に

租税上の差別を設けるのものではない」とし、係争の行政解釈は憲法上の信教の自由にそぐわないものではないとの憲法判断を下した。

3．平等保障とアファーマティヴ・アクション
(1) 保障の概要

平等保障に関しては、憲法上、「人民は、男女、宗教、人種、階級、党派を区分せず、法律上、一律に平等である」（7条）との総則的規定がある。このほか公職選挙について「普通、平等、直接及び無記名」という方法で行われる（129条）とされている。一方、実質的平等の保障を促進する代表的な立法としては、労働における性別の平等保護法（[性別工作平等法]、2002年1月16日公布）が挙げられる。その第四章「労働における平等の促進措置」（14条から25条までの条文）では、生理、出産、育児に関する休暇と勤務時間内の授乳時間を女性労働者に付与することとなっている。同章は、さらに一定規模の事業者に、育児する女性労働者のための労働時間の調整（従業員30人以上の事業者）や、授乳・託児に関する施設の設置または適切な措置（従業員250人以上の事業者）を講ずる義務等を課することを明記している。

上記の憲法上の平等保障は、形式的平等にとどまるのか、あるいは、実質的平等も配慮すべきかについて、大法官は、これまで一貫していわゆる「実質的平等」の立場に立ち、憲法判断をしてきた。そのうち、軍人家庭を対象とする住宅［眷村］に定住している世帯（[原眷戸]、国防省や関係政府機関から発給された軍人宿舎の入居証明の保有者）に、公金の投入により建て直された住宅を優先的に低価格で購入させる等の措置について、これが軍人家庭に対する優遇として、憲法上の平等に反するかが争われた。

これについて、大法官は、解釈485号（1999年5月28日）において、下記のような憲法解釈を下した。すなわち、「憲法7条の平等原則は、絶対的・機械的な平等としての形式的平等をいうものではなく、人民に法律上の地位の実質的平等を保障するものである。立法府は、憲法上の価値と立法目的を基にして規律される物事の性質の差異を斟酌したうえ、合理的な区別をすることができるのは、いうまでもないことである」としたのである。つまり、憲法上の平等保障は、原則として「実質的平等」にかかわるものと解されているのである。

ただし、一般的にいえば、実質的平等とは、個人の事実上の差異を考慮したうえ、事実上不利な立場にある者に国家やその他の政府機関による積極的作為によって「結果の平等」を追求するというものである（中村・文献④79頁）。これまで大法官が説いた「実質的平等」は、学説上一般に理解されたものとは異なる意味で捉えられていることに留意すべきであろう（李・文献⑲41-42頁）。

(2) アファーマティヴ・アクション

アファーマティヴ・アクションの法規範は、主として先住民と女性の参政権に関するものである。まず、憲法増補条文に、立法院に先住民のための特別議席（6議席）を設けるとの規定がある（4条1項）。また、比例区と海外に居住する国民のための立法委員の選挙における各政党の当選者名簿において、女性の割合はその半数を下回ってはならない（4条2項）とされる。女性候補者を優先的に当選させるための特別枠が設けられているのである。

そのほか、先住民労働権保護法（[原住民族工作権保障法] 2001年10月31日公布）と政府調達法（[政府採購法] 2008年5月27日公布）には、公的部門に一定の条件下において先住民の雇用義務を課する規定がみられる。この2つの立法について述べると、前者は、離島の場合を除き、雇用者数100人を上回る公的部門は、その雇用される者のうちに100人ごとに先住民1人を、用務員・警備員等の職として雇用すべきとする。また、後者は、公共工事等の落札事業者のうち、その国内における雇用者数100人を上回る事業主に、契約の履行期間中、総雇用者数の1％を下回らない先住民を雇用すべき義務を課するものである。なお、雇用率未達成の落札事業者は、先住民総合発展基金に雇用納付金の納付が義務づけられることとなった。

前記の先住民の雇用に対する優遇措置の条項が憲法上の平等保障に適合するかについて、近年、大法官解釈719号（2014年4月18日）で下記のような憲法判断が示された。①係争条項は、国内における雇用者総数が100人を超える落札事業者に、契約履行期間中、100人ごとに先住民1人を雇用すべきと規定しているが、先住民の雇用率は僅か1％に過ぎず、落札事業者の過大な負担にならない。②雇用率未達成の場合、雇用納付金の納付という代替手段もあるため、落札事業者の営業の自由に過大な制限を加え

ていない。③落札事業者の納めた雇用納付金は、先住民の雇用基金を充実させ、先住民の雇用を促進させることによって、その経済的・社会的状況を改善させるものである。係争条項は、落札事業者の財産権に対する制限とその維持する公共の利益の間で、顕著に均衡を失するものではない。その結果、係争条項は憲法の比例原則に抵触せず、憲法が保障する財産権および労働権に内在する営業の自由にそぐわないものではないと判断された。

　一方、雇用者数100人を基準とする係争条項についても、目的を達成するために、なおも合理的関連性を要するとしつつも、目的と手段との間で合理的関連性さえあれば、係争の規定は合憲であるとの緩やかな基準を提示した。そのうえで先住民の教育・職業技能の習得状況等から総合的に勘案すると、通常の労働市場における先住民の競争力は、なおも相対的に弱い立場に置かれている。その生活面にも影響を及ぼすことに鑑み、係争条項に取り入れられた分類と取り扱いの区別との目的の間に、合理的関連性を有するものとの判断を下した（李・文献⑲46-48頁）。

　以上のように、大法官は、合理的関連性という緩やかな審査基準で審査し、憲法上の平等原則に反していないと結論づけたが、本件におけるいくつかの少数意見は、なお本件係争条項の合憲性に疑問を呈している。例えば、大法官の個別意見のうち、立法上特定のエスニックグループや血統を有する者に優遇措置を付与すると、かえってそれらの者が差別されやすくなる危険性があることを指摘した陳新民大法官の一部反対意見［部分不同意見］、また、先住民にこのような優遇措置を付与することは、かえって、逆差別（reverse discrimination）の効果がもたらされるのではないかとの懸念を表明する羅昌発大法官の反対意見［不同意見］がある。一方、学説上も、エスニックグループを優遇措置付与の基準として採用することは、比較法上疑わしい分類（suspect classification）であるとして、このような立法上の分類には厳格な審査基準で審査すべきとの見解もみられる（黄・文献⑦83-85頁）。

4．社会権的権利と基本的国策
(1)　生存権・勤労権・財産権の同列の意義
　憲法15条に規定される生存権が、どのような法的性格を有するかにつ

いては、生存権・勤労権が財産権と同一の条項で並列に規定されているため、消極的権利説と積極的権利説の学説上の対立がみられた（李・文献⑰270頁）。これまで大法官が下した憲法解釈のうち、死刑の合憲性をめぐる解釈194号（1985年3月22日）、263号（1990年7月19日）、476号（1999年1月29日）等は、いずれも憲法15条の生存権の保障には反しないとの憲法判断を下している。

　一方、生存権に関する解釈422号（1997年3月7日）が注目される。小作人を保護するための「三七五減租法」［耕地三七五減租条例］が1951年に公布、施行された。この法律には、家庭生活の本拠を失うことになる小作人に関し、小作契約の期間が満期になった場合でも、地主は直ちにその小作地を取り戻すものではないとの規定がある。これに即して、台湾全域での最低限の生活費支出基準を小作人の生活のための出費と推計する政令と通達が、それぞれ公布されるに至った。

　上記の政令と通達は違憲との主張に対し、大法官は、係争の支出基準は、小作人家庭の具体的な生活状況とその実際に発生した困窮状態に配慮していないことを理由に、憲法15条にいう生存権と憲法153条にいう農民保護の趣旨にそぐわないとの憲法判断を下した。これまで大法官が下した生存権に関する憲法解釈には、生存権の社会権的側面の解釈はほとんどみられない。もっとも、解釈422号は、小作人の最低限の生活保障に着目しつつ、生活水準の算定に際して、実際の社会状況にも目を配り配慮すべきだとしたもので、台湾における憲法上の生存権解釈にとって興味深いものといってよかろう。

(2)　基本的国策

　憲法規範上、第13章「基本的国策」のうち、152条から157条までの「社会の安全」の6か条のほか、憲法増補条文第10条「基本的国策」にも生存権保障にかかわる規定がみられる。具体的には、就業の促進（152条）、農民・労働者ならびに女性・児童労働者の保護（153条）、労働紛争の調停・仲裁の法定（154条）、社会保険・公的扶助（155条）、女性・児童の福祉政策（156条）、国家の衛生保健事業・公的医療制度の推進（157条）等の規定がある。一方、憲法増補条文10条には、女性・児童・老弱者・心身障害者等のほか、社会的・経済的に弱い立場にある者に特別の保護・扶助をすべきとの規定もみられる。

これらの憲法規範のうち、特に「国家は、社会福祉を図るために社会保険制度を実施しなければならない。高齢者、弱者、障害者、生活困窮者および非常災害の被災者に対して、国家は、適切な扶助と救済を与えなければならない」(155条)との規定は、生存権や社会保障と最も密接な関係を有するものである。この「基本的国策」は、一般に、ヴァイマール憲法の影響を受けて設けられたものであるとされてきた。

　そもそも、学説上、「基本的国策」という憲法規範についての理解は分かれているところである。初期には、「基本的国策」の章で規定された憲法155条にある社会保険・公的扶助の諸規定は、生存権ではなく、国家からの恩恵にすぎないとされた。その後、立法府や執行府がこれらの規範をあえて踏みにじることは許されないが、状況によって一時的に満たされなくても直ちにこれを違憲と判断すべきものではないと解されてきた。これに対し、近時、152条や155条などの規定を、特定の国家目標、つまり「プログラム規定」であると理解し、これらの規定は原則として立法者に対する法的拘束力を欠くとする、初期の学説と同じような理解も見受けられる（学説の整理は、李・文献⑫274-275頁参照）。

　一方、上記の説とは一線を画して、近時、ドイツの学説の影響を受けて、「基本的国策」を国家目標条項と理解しつつも、その規範の内容によってそれぞれ効力が異なるとする説が主張されている。すなわち、憲法153条と154条に定められた、農民・労働者ならびに女性・児童労働者の保護、労働紛争の調停・仲裁の法定等の規定は、いわゆる「憲法委託」(Verfassungsauftrag)という性質があり、また、憲法155条の社会保険制度に関する規定は、「制度的保障」(institutionelle Garantie, Institutsgarantie) と解する学説が有力となっている（陳・文献③、李［恵］・文献⑮705頁）。

　上記の「憲法委託」とは、憲法が立法府に委託し、憲法の基本的価値を立法で具体化・制度化させることにより、国家・国民間の権利義務を明確化させようとするものである。また、「制度的保障」とは、立法府の立法裁量に一定の限界を設けるものの、制度の具体的内容のいかんは、なお立法府の裁量に委ねられると解するものである。憲法委託説または制度的保障説は近年多くの支持を呼んでいる。その中でも憲法の「基本的国策」は、社会国家・福祉国家という国家像を形成し、市場経済の弊害を防ぐために、立法等の方法で経済秩序や資源配分に対して、国家権力の介入を正当化す

るものである。これをもって、わが国は純粋な自由国家ではないと説く者もみられた（孫・文献⑪250頁）。

　以上のように、「基本的国策」は、すべてが「プログラム規定」ではなく、その内容のいかんによって、裁判規範としての効力を有するものもありうることが主張されてきた。このような学説の状況下、80年代後半から90年代に入ると、実務でも社会保障に関連する憲法解釈が、次々と大法官から下された。このうち、解釈279号（1991年5月17）は、労働保険に対する初の憲法解釈で、解釈398号（1996年3月22日）は、これまでの農民保険に関する唯一の憲法解釈である。また、解釈472号（1999年1月29日）、解釈549号（2002年8月2日）および解釈609号（2006年1月27日）では、大法官は「基本的国策」の裁判規範としての適用の可能性を示唆している（李・文献⑫275-278頁、文献⑰89頁）。

むすびにかえて

　これまでの大法官による憲法解釈を顧みると、まず、初期の解釈にはみるべきものがなかったが、80年代後半に入ると、大法官は徐々に人権保障のために本領を発揮するようになった。とくに、2003年の新制度に基づいて任命された大法官の就任後、2004年から2016年までの法令違憲判断は、大法官による解釈件数の40％以上の多きに至っている。これについては「違憲審査権が実に活発に行使されている」との評価もあるが、これまでの法令に多くの不手際な点があったこともその原因であろうと考えられる。

　一方、大法官による憲法解釈は、単に民刑事・行政裁判の再審または非常上訴の目的にとどまり、具体的事件に対して直接の救済をすることはできない。そのため、人権・権利の救済には、なお限界があるといってよかろう。これに対して、2005年と2013年の2回にわたり、憲法裁判の訴訟法に関する草案が立法院において審議されたが、いずれも成立には至らなかった。将来的にはより一層整備された憲法訴訟法の登場が望まれる（李・文献⑱509頁）。

　大法官による憲法解釈は、「アジア諸国における違憲審査制のなかで、台湾の大法官制度には十分に優等生の評価を与えることができるであろ

う」との評価もある（鈴木・文献⑭35頁）が、大法官が憲法の番人として、引き続き有効に台湾の人権保障を担っていくことができるかについては、なおもその動向を注視し続ける必要があろう。

　最後に、「中華民国憲法」は、本来台湾で施行されるために制定されたものではない。台湾における人権保障には、台湾の国家主権を確立する新憲法の制定が、最終的に必要不可欠なものである。

〔追記〕

　本章の脱稿後、再校段階で同性婚を認めていない台湾民法の規定を違憲と判断した大法官解釈748号が示された。台湾国内のみならず、世界からも注目された憲法判断であるため、以下紹介する。

　本件は、同性カップルによる婚姻届［結婚登記］を受理されなかった者と、戸籍登記の主管庁台北市庁［台北市政府］がそれぞれ、大法官に憲法解釈を申請した事案である。大法官は2つの申請を併合し、2017年3月24日、憲法法廷において口頭弁論を行った。同年5月24日、大法官は、以下の理由で、係争規定が婚姻の自由を保障する憲法22条、および平等権を保障する憲法7条に適合しないと判断した。

　まず、憲法22条に関し次のように判断した。現行の民法では同性婚は認められていない。しかし、婚姻の自由は、健全な人格形成と人間の尊厳にかかわる自己決定権であり、憲法22条の保障を受ける至要な基本権である。同性婚は現行制度が認める異性婚に負の影響を与えなければ、異性婚により構築された社会秩序を乱すことにはならない。係争規定は、同性カップルが生活を共にすることを目的とする排他的・持続的な［法律上の］関係を構築することを可能とせず、立法上の重大な瑕疵がある。この限度において、係争規定は憲法22条が婚姻の自由を保障する趣旨に反することになる。

　次に、憲法7条に関し以下のように判断した。従来わが国は、伝統や風習から同性同士の関係を社会的に許容してこなかったため、事実上または法律上、同性愛者を長く排斥し差別してきた。また、同性愛者は、人口上のマイノリティであるだけではなく、固定概念の影響の下、政治的弱者でもある。民主主義の一般的なプロセスを通じて、同性愛者がその法的劣位性を挽回することにも期待することができない。そこで、疑わしい分類と

位置づけられる性的指向に基づく区別の合憲性を判断する場合、その目的が重要な公益を追求するものであることと、目的とそれを達成するための手段との間に実質的関連性を要請する比較的厳格な基準で審査しなければならない。

　民法は、子供を生み育てる能力を異性間の婚姻の要件とはしていない。また、婚姻後の不妊または未出産も、婚姻の無効・取消または裁判による離婚の事由とはならない。そのため、後世を生み育てられないことを理由として同性婚を認めないのは、明らかに合理的な区別ではない［差別である］。また、仮に同性同士の法律婚を許容したとしても、異性婚という現行制度により構築された倫理や秩序に悪影響を与えるとは考えにくい。したがって、倫理や秩序を維持するために同性婚を認めないことも合理的な区別ではなく、平等権を保障する憲法7条の趣旨に適合しない。

　大法官は上記の違憲判断に加え、関係機関に対し、本解釈の公布日から2年以内に本解釈の趣旨に沿う法改正を行うことを命じた。さらに、本解釈の効力について、上記期間内に必要な法改正が成立しなかった場合、同性カップルが、民法の規定する［「男女」という要件を除く、婚姻に求められる］所定の要件を満たしたうえで、戸籍機関に婚姻届を提出した場合は、法律婚の効力が発生するという対世効も明示的に認めた。

　以上のように、大法官は「実質的関連性」という中間的基準を用いて審査した結果、同性婚を認めていない係争規定は平等権を保障する憲法7条に適合せず、同時に憲法22条の包括的権利から導き出された婚姻の自由を保障する憲法の趣旨にも反するとの結論に至った。この大法官の憲法判断に先立って、2016年の年末、国会［立法院］の司法・法制委員会において、議員［立法委員］が提出した同性婚を合法化する民法改正案が審議されたが、その法案をめぐり、賛成・反対の市民グループが街頭デモを行うなど、意見の対立が深刻化し、結局、当該法案は不成立となっていた。

　CNNやNHK等世界中の主要メディアから「台湾でアジア初の同性婚合法化へ」と報道され、革新的で明快な憲法判断とする評価も見られたが、今後立法府は慎重に対処することが求められるであろう。また、本解釈が、アジアをはじめとする世界にいかなる影響を与えうるのか、なおも見守り続ける必要があろう。

〈参考文献〉（＊は主要な参考文献）
①宮沢俊義＝田中二郎『立憲主義と三民主義・五権憲法の原理』（中央大学、1947年）
②高橋勇治『中華民国憲法』（有斐閣、1948年）
③陳新民『憲法基本権利之基本理論（上）』（三民、1991年）
④中村睦男『論点憲法教室』（有斐閣、1992年）
⑤李仁淼「台湾における違憲審査制」北大法学論集第47巻第5号（1997年2月）
⑥許慶雄『憲法入門Ⅰ人権保障編』（元照、1998）
⑦黄昭元「憲法權力限制的司法審査標準：美國類型化多元標準模式的比較分析」台大法學論叢33巻3期（2004年5月）
⑧李仁淼「強制道歉廣告與思想良心自由」月旦法學教室23期（2004年9月）
⑨李仁淼「台湾における違憲審査制の近時動向―日本憲法裁判の経験を通じて、台湾司法院の位置づけを考える」札幌学院法学21巻1号（2004年9月）
＊⑩李仁淼「台湾における違憲審査制の新展開」大沢秀介＝小山剛編著『東アジアにおけるアメリカ憲法』（慶應義塾大学出版会、2006年）
⑪孫迺翊「憲法解釋與社會保險制度之建構―以社會保險『相互性』關係為中心」台大法學論叢35巻6期（2006年11月）
⑫李仁淼「台湾における生存権と国民年金法―憲法学の視点から台湾国民年金法の問題点を考える」北大法学論集59巻4号（2008年11月）
⑬翁岳生「司法院大法官の解釈と台湾の民主政治・法治主義の発展」日本台湾学会報13号（2011年5月）
⑭鈴木賢「台湾における憲法の番人」今泉慎也編『アジアの司法化と裁判官の役割』（アジア経済研究所、2012年）
⑮李惠宗『憲法要義』6版（元照、2012年）
⑯君塚正臣『比較憲法』（ミネルヴァ書房、2012年）
⑰李仁淼「第5章台湾」加藤智章＝西田和弘編『世界の医療保障』（法律文化社、2013）
＊⑱李仁淼「違憲審査における仮の救済―日本の憲法訴訟と台湾の大法官による憲法解釈の動向」阪大法学64巻5号（2015年1月）
⑲李仁淼「平等保障與積極性優惠措施」月旦法學教室150期（2015年4月）

＊台湾の大法官による憲法解釈は、http://jirs.judicial.gov.tw/Index.htm参照、台湾の法令は、http://law.moj.gov.tw/参照

〔付記〕
　本章の執筆にあたり、鈴木賢教授をはじめとする齊藤正彰教授や佐々木雅寿教授等の先生方から、有益なご提言とご教示をいただいたことに、心より感謝を申し上げる。

第9章 韓国

岡　克彦

◎比較のポイント──韓国の人権保障をみる視点

　韓国の人権を捉えるには、主に次の3つの視点から接近することが可能である。ひとつは**「開発と人権」**との関係からである。この国の憲法は、多くの発展途上国がそうであったように「理念」として人権は存在しつつも、人権がほぼ保障されずにそれが「機能」しなかった期間が長かった。その要因は、人権保障を担保する政治・社会基盤（インフラ）および経済力が極めて脆弱であった、という点に求められる。したがって、国民の人権を制約してでも、インフラ整備をまず先行させるべきであるとの**「開発先行論」**（**開発独裁**）が導かれやすい。しかし、この論理には、同時に統治者側の人権侵害を正当化させる危険性が伏在している。開発体制と人権保障とは、そもそも両立しえないものなのだろうか（**アジア的人権論**）。

　もうひとつは、韓国特有の問題として朝鮮半島の準戦時体制下における人権保障のあり方である。第2次大戦後、直ちに北朝鮮との理念的・軍事的な対立関係から韓国が建国され、両国は今も緊張状態が続いている（**分断国家体制**）。国家の安全保障が不安定ななかでいかに国民個人の人権が保障されるのか、という課題に韓国は直面している（「**徴兵制と人権**」など）。

　最後に、韓国の違憲審査制に着目することである。この国で高度の経済発展と共に民主化が実現し、国家の成熟度（先進国化）が増すにつれて、今の87年憲法の下で人々の人権保障は飛躍的に向上した。これに最も貢献した制度が憲法裁判所の存在である。ドイツ型の違憲審査制（**集中型**）を採っており、法律に対する違憲判断が積極的であり、国民への人権保護に一定の成果を収めている。米国式の付随的違憲審査制を採る日本にも示唆点が多い。

I　基本権保障の歴史

1．建国期における「基本権」の観念

　「大韓民国憲法」は、1948年7月12日に制定され、同年7月17日に公布・施行された。いわゆる、初の近代憲法を制定したことを意味する「**制憲憲法**」（48年憲法）の成立である。この憲法は、今まで9回にわたって改正されてきた（**年表参照**）。韓国の憲法で規定する権利観念の特徴は、「人権」ということばよりも、ドイツ流の「**基本権**」（Grundrechte）ということばで捉えられることが多い点である（本章では、この用語を使用する）。憲法の起草当時から主にドイツの憲法を参考にしており、憲法学でもドイツの法理論の影響を強く受けているからである。この48年憲法でも「国民の権利及び義務」と「自由と権利」という用語だけが使用された。この憲法では、日本国憲法のような「人権」や「基本的人権」ということばがなかった。韓国では、憲法で定められた「自由と権利」を基本権と観念したのである。

　問題は、これらの権利の法的性質である。つまり、人権のように人が生まれながらにして享有できる自然権と捉えることができたのか、という点である。憲法起草者は、むしろ法律や国家にもとづいてはじめて成立する**実定的権利**（後国家的権利）として把握したようである。当時、時代のひとつの潮流であったマルクス流の社会主義の影響もあり、自由よりも社会、経済の領域で国民が等しく生活をすることができる**社会国家原理**を重視する立場から憲法草案が考案されたからである（兪鎭午草案）。憲法で規定する「自由と権利」とは、自然的な人権を保障したものではなく、福祉国家の構築を目標として公共の福祉の観点から国家の側でその権利内容を定めることができるようにした（신우철・文献⑪74頁参照）。したがって、48年憲法では、自由よりも平等原則や社会権が強調され、各自由や権利に対して議会で制定される法律によって、その基本権の内容を規制することができる**法律の留保条項**が個別に付された（13条など）。

　韓国の憲法は、社会主義国の北朝鮮との対比から自由民主主義を基調としていると一般的に捉えられている。ところが、現実は、国家の権限やその権力を強化することで、結果的に国民の自由や権利を実質的に保障しようとする**社会福祉国家観**（積極国家）に依拠して憲法がつくられた。その

現代韓国憲政史の年表

年　月	韓国憲法の動き	朝鮮半島の主な出来事
1945年8月		日本の植民地からの解放（光復）
1945年9月		米軍政の開始
1948年5月	憲法制定国会の召集	
1948年7月	大韓民国憲法の制定（48年憲法）	
1948年8月		大韓民国の成立（李承晩政権の発足）
1948年9月		朝鮮民主主義人民共和国の成立
1950年6月		朝鮮戦争の勃発
1952年7月	第一次憲法改正（抜粋改憲）	
1954年11月	第二次憲法改正（四捨五入改憲）	
1960年4月		4・19市民革命（李承晩政権の退陣）
1960年6月	第三次憲法改正（60年憲法）	
1960年11月	第四次憲法改正	
1961年5月		朴正熙による軍事クーデター
1962年12月	第五次憲法改正（62年憲法）	軍事政権時代のはじまり
1969年10月	第六次憲法改正（三選改憲）	
1972年12月	第七次憲法改正（72年憲法・維新憲法）	
1979年10月		朴正熙暗殺事件
1980年5月		5・18光州事件
1980年10月	第八次憲法改正（80年憲法）	新軍事政権の成立
1987年6月		6月民主化抗争の後、6・29民主化宣言（民主化の幕開け）
1987年10月	第九次憲法改正（87年憲法）	
1988年9月	憲法裁判所の開設	
1993年2月		文民政権の成立（民主体制の定着）
1997年		アジア通貨危機（IMF経済危機）
1998年2月		金大中政権の発足（国民の政府）
2001年11月	国家人権委員会の設置	
2003年2月		盧武鉉政権の発足（参与政府）

一方で、当時の政府は、日本の植民地支配からの解放後、国家主権を再建するところに建国の第一の目的があることから、国民への基本権保障よりも国家の権限や統治機構の確立に重きが置かれた（신우철・文献⑪74頁参照）。しかも、国家の主要な機関や権限を大統領一人によって統制することができる「**大統領中心制**」が構築された。それ以降、大統領制は、大統領による独善的な政治を可能にさせる権威主義体制の制度的な温床となった。48年憲法で実際に形作られた国家は、このように「社会・福祉国家」ではなく、「積極国家」の変態である**権威主義体制**として成立した。憲法の理念と政治的現実との乖離が建国当初から露呈していたのである。

　その結果、建国期に長期政権となった李承晩（イスンマン）（1875-1965）の強権政治は、大統領の権限を縮小させたり、その濫用を防止するための政治装置（議院内閣制など）を必要としたりと、大統領による国家権力の横暴から国民の基本権を取り戻そうとする強い自覚を人々に芽生えさせた。それが1960年の「4・19市民革命」に表れた民主化や憲法改正の動きであった。韓国憲法で基本権の法的性質が転換し始めたのは、60年憲法に改正されたときからである。この憲法では、基本権を自然権に近づけるために、各権利条項に付されていた法律の留保を削除し、民主主義の根幹をなす表現の自由については、検閲や許可など、国家による事前抑制を禁じる規定が設けられた（28条2項など）。62年憲法では、国民すべてに「人間としての尊厳と価値」を有することを前提に、国家は「国民の基本的人権を最大限に保障する」義務を負うと明記した（8条）。ここではじめて基本権に関して生来的な自然権という性質が基礎づけられたのである。この立場は、現在の87年憲法でも堅持されている。韓国における今日的な人権観念の基本的な枠組みは、62年憲法から始まったといっても過言ではない。

2. 「開発独裁」における基本権保障の倒錯現象

　ところが、1961年に起こった軍事クーデターによる軍事政権の出現は、大統領中心制の復活と共に、基本権が自然権から実定的権利へとその法的性質を後退させた。「維新憲法」たる72年憲法は、各基本権に法律の留保条項が再び定められ、一般的な基本権の制限条項に「国家安全保障」が新たに追加された（32条2項）。これは、北朝鮮との対峙状況で有事の際にいつでも国民の基本権を規制できる憲法上の根拠を明示したのである（現

行憲法も同じ規定あり)。今なお続く朝鮮半島の準戦時体制下における基本権保障のディレンマがそこにある。

　一方で、軍事政権は、武力で権力を掌握したことから自らの政権に対する民主的な正統性が脆弱である。この脆弱さを補完するために、国家の経済発展を推進させることによって国民に経済的な豊かさをもたらすことで、政権の正統性を高める戦略を採った。いわゆる、「開発独裁体制」である。その結果、当時の基本権保障とは、そのほとんどが経済的自由を意味しており、この自由がほかの基本権よりも相対的に「優越的な地位」に置かれた。特に、労働運動や民主化運動を締め出す必要から、政治的自由などの精神的自由権が極度に規制された。とはいっても、経済的自由を実質的に享受しえたのは、財閥家族などの一部の富裕層に過ぎない。むしろ、この自由は、国民の間に著しい経済格差を生みだす制度的な温床であった。この当時、基本権保障にある種の倒錯現象が起っていたのである（岡・文献②28-29頁）。

　こうした開発体制については評価が二分する。ひとつには、単に憲法で形だけの「基本権」を保障するよりも、その保障を実質的に支えるための経済基盤を確立させたこと——特に、経済的な貧困からの脱却——を評価する見解がある。その一方で、この論理は、体制側による人権侵害を正当化させる危険性を孕んでいる。経済発展の成功で開発体制を正統化するには、あまりにも暴力的な圧制で国民への人権侵害が顕著であったとの批判が根強い。これは、韓国だけでなく、アジア諸国の開発体制にも共通した問題性を内包している**（開発と人権、アジア的人権論）**（安田・文献⑥79頁参照）。

3.「民主化」と基本権の保障

　その後、70年代から80年代にかけて韓国の基本権保障にもうひとつの特徴が表れた。それは、絶対多数の民衆を権威主義的な権力の抑圧から解放し、そこから救済しようとする思想の登場である（民衆論、民衆思想）。この思想は、国家権力そのものを、軍人など、一部の為政者から「民衆」や「国民」に取り戻すところにその力点が置かれている（5・18光州事件、87年の民主抗争など）。「民主化」および「民主主義」の強調がそれである。しかし一方で、この運動は、集団としての「民衆」に比重が置かれ過ぎた

結果、そこから疎外された個々の女性、子どもおよび障がい者といったマイノリティの基本権をないがしろにされてきたことも否定できない。というのは、韓国の自由主義は、社会主義（北朝鮮）との対比で論じられることが多く、少数者の人権を含めた個人の人格的な自律性を尊重しようとする意味で捉えられることがなかったからである。ただし、87年の民主化宣言を契機に民主体制が確立した今日では、社会的弱者や外国人などのマイノリティに対する基本権保障をも重視している。

　現行の87年憲法の成立は、建国期の強権政治そして軍事政権による開発独裁の政治過程を経てようやく民主化という目標を実現したひとつの到達点であった。この憲法の主眼は、本来の主権者たる国民に直接選挙で大統領を選出することができる権利を保障し、かつ、憲法裁判所を設置して、政治権力である大統領と国会を司法統制することで国民の基本権を実質的に保障しようとするところにある。以下で述べるように、憲法裁判所の成立とその機能で国民への基本権保障は飛躍的に向上するようになった。

II 基本権保障の諸制度

1. 憲法裁判所と一般法院の両者にまたがる二元的な違憲審査制度

　韓国の司法制度には、通常の裁判権にもとづいて民事・刑事および行政事件を扱う一般法院と、その法院から独立して憲法訴訟のみを独自に担当する特別裁判所たる憲法裁判所のふたつの組織がある（101条、111条）**(図参照)**。日本のように、違憲審査を通常の司法裁判所で行う司法裁判型とは異なり、ドイツ流の憲法裁判所制度を導入した。いわゆる、憲法裁判所型である。ただし、ドイツ流のそれを採用したとはいえ、一般法院との関係では次のような制約がある。違憲審査権は、具体的な事件の存在を前提として憲法判断が行われ、その審査の開始を一般法院からの付託（原文「提請」）にもとづかせている（107条1項）。ドイツのような抽象的規範統制の機能はなく、具体的規範統制に限られている。そして、具体的な事件で違憲審査を行うに当って、「法律」に対する違憲審査は憲法裁判所で実施され、それ以外の「命令・規則・処分」に対する違憲審査は一般法院で行われる（107条1項、2項）。韓国での違憲審査権は、ふたつの司法機関にまたがって二元化しているのが特徴である。

図　韓国の統治機構

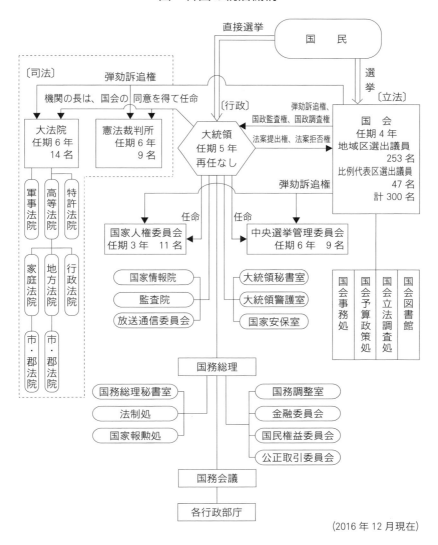

(2016年12月現在)

〔資料〕「中央政府組織図」(大韓民国青瓦台) http://www.president.go.kr (2016年12月20日確認)、岡克彦「東アジア編　韓国」稲正樹ほか編著『アジアの憲法入門』(日本評論社、2010年) 36頁参照。

憲法が改正される度に法律（立法権）に対する違憲審査の形態は、以下で見られるように様々に変遷してきた。憲法委員会（48年憲法）、憲法裁判所（60年憲法、但し制度化に至らなかった）、米国式の付随的違憲審査制（62年憲法）、憲法委員会（72年憲法と80年憲法）、そして、現在の憲法裁判所（87年憲法）への変化がそれである。ところが、法律（立法権）以外の「命令・規則・処分」（行政権を含めた公権力）に対する違憲審査は、建国当時から一貫して一般法院が担当していた（國分・文献⑤8頁）。この国の違憲審査制度は、62年憲法の場合を除き、立法権とそれ以外の公権力などに対する違憲審査権がそれぞれ別途の司法機関で担われていたのである（**違憲審査制の二元性**）。

　ただし、72年憲法と80年憲法の場合、憲法委員会は1件の違憲審査も行わない休眠機関に陥った（睦・文献⑯3頁）。これに象徴されるように、韓国では建国当時から違憲審査制があまり機能しなかったといわれている。軍事政権をはじめとした権威主義体制の下でこの制度は、統治者側にとって国政運営に最も支障をきたすものとみなされ、政治的な圧力でほぼ作動させなかったからである。この点が、憲法規範と政治的現実とを分離させ、立憲主義が実質的に働かなかった要因のひとつであった。

　違憲審査制が本格的に稼働し始めたのは、憲法裁判所が設置された今の87年憲法のときからである。軍事独裁政権から民主主義体制へと変革した87年憲法体制ではじめて「立憲主義」が実現したと評する研究者もいる（鄭・文献⑰44頁）。実際、憲法裁判所の活動状況を見ると、発足時の1988年9月から2017年5月現在までの事件の総処理件数が30,869件である。そのうち、違憲決定を下したのが835件にも及ぶ（憲法不合致や限定違憲などの変型決定を含む）。量的な側面だけでなく、質的なところでも次のような意義がある。憲法裁判所の役割は、公権力に対して憲法の観点から規範統制をすることだけではない。それ以外にも、国民自らが公権力による基本権の侵害に対して司法的救済をこの裁判所に直接、求めることができる道が開かれたことである。いわゆる、「憲法異議制度」（原文「憲法訴願制度」）の創設である（111条1項5号）。

　憲法裁判所は、法曹の資格を有する9名の裁判官で構成されている（111条2項）。裁判官の指名権は、それぞれ3名づつ大統領、国会および大法院長に有し、その指名にしたがって大統領が彼（女）らを任命することに

なっている（同条2、3項）。各裁判官の多様な専門性を憲法裁判に反映させると共に、政治的中立性を確保する点にその理由がある。

　同裁判所の一般的な権限は、つぎの通りである（同条1項）。①「違憲法律審判権」は、具体的な事件で法律の違憲性が裁判の前提になっている場合、一般法院がその違憲審査を憲法裁判所に付託して当該法律の審査を行う権限である（1号）。②「弾劾審判権」は、国会で弾劾訴追された大統領などの高位職公務員を弾劾決定する権限である（2号）。③「政党解散審判権」は、政府からの提訴を受けて、民主的基本秩序に反する政党を解散させる権限である（3号）。④「権限争議審判権」は、国家の機関や地方自治団体相互間での権限存否、範囲およびその限界を確定させる審判権である（4号）。⑤前述した「憲法異議審判権」である（5号）。88年の発足から2017年5月現在まで、各事件の処理状況を見ると、一番多いのが憲法異議審判事件（29,907件）で、つぎに違憲法律審判事件（870件）である。このふたつの審判が同裁判所の決定のほとんどを占めている（全体の99.7％）。それ以外は、権限争議審判事件が88件であり、弾劾審判事件は、2017年に韓国国内で問題化した朴槿恵大統領に対する弾劾審判事件を含めて2件である。政党解散審判事件では、2014年12月に「統合進歩党」（左派系野党）に対して憲法裁判所で政党解散の命令が下された事件を含めて2件である（憲法裁判所統計資料）。

2．一般法院の違憲審査権と憲法裁判所との関係

　通常の法院は、すでに述べたように一般の訴訟事件に対する裁判権を有するだけでなく、法律以外の「命令・規則および処分」に対する違憲審査権をもっている（107条2項）。法院の組織は、最高法院たる大法院と各級法院（高等法院、地方法院、市・郡法院。特殊法院として特許法院、行政法院、家庭法院および軍事法院）で構成されている（尹・文献①48頁）。この審査権は、各下級法院も有している。ただし、上訴を通じて違憲性が争われている場合、大法院に最終的な審査権がある。各々の法院に違憲審査権が認められるにしても、その権限は具体的な事件で命令、規則あるいは処分の違憲性が裁判の前提になっている場合に限られている（**具体的規範統制**）。かつ、法院で下された判決や命令の効力は、事件を解決する範囲内に限られ、命令や規則の効力そのものを失わせるものではない（個別的効力）（한

수용・文献⑩1311頁)。この点で憲法裁判所の決定には法律の失効を含め国会など、公的機関に対して法的な覊束力（対世的効力）があるのとは対照的である。具体的には、漢方薬剤師免許国家試験の受験資格で改正前よりもその資格要件が厳しくなった薬事法施行令（大統領令19,425号）を、改正前に同養成大学に入学し、改正後も卒業せず、在学中にあった者にも適用した同令規定が信頼保護の原則に反し、憲法上の平等権を侵しているとして、この施行令の適用を否認した事例がある（大判2007年10月29日、2005두4649)。

違憲審査権以外に注目を集めているのが憲法適合解釈である。たとえば、性同一性障がい者の性別変更を認めた事件で実体法上の根拠がないことから、手続法たる「旧戸籍法」120条の錯誤による戸籍訂正手続についてマイノリティの基本権救済の観点から類推解釈を施したのである（大決2006年6月22日、2004스42)。この解釈権は、主に各裁判官に「憲法」に依拠して裁判することを憲法で要請しているところに根拠づけられる（103条)。しかし、この解釈権を広く認めると、憲法裁判所の違憲法律審判に付託すべき事件を回避させる手立てを一般法院に与えてしまうとの指摘がある。この場合、訴訟当事者には憲法裁判所に直接に憲法異議できる方法がありうる（憲法裁判所法68条2項)。

憲法裁判所との関係では、次のようなことが問題となる。もちろん、違憲審査権限を憲法裁判所に専属させずに一般法院にも分属させたことは、その相乗効果として国民への人権保障機能を増幅させる効果がある。しかし一方では、この二元化は、ふたつの司法機関の間での権限争いなど、様々な問題を誘発する。憲法裁判所の違憲法律審判権の行使は、一般法院からの付託があってはじめて発動する受動的な機能に止まっている。また、憲法異議は、原則としてあらゆる公権力をその対象としている。ただし、法院の裁判行為はその対象から除外されている（憲法裁判所法68条1項)。これは、大法院側が主に命令や規則などの違憲審査権および通常の裁判権といった既得権限を堅持する立場から、憲法裁判所の設置当初から通常の司法権を侵さない範囲内に同裁判所の権限を制約しようとしたからである。

違憲審査の二元化で最も問題となるのは、同じ論点で憲法解釈が両機関において異なった場合、その解釈の整合性（統一化）をどのように図るの

か、ということである。最終的な憲法解釈権限がいずれの機関にあるのかについては憲法や法律で何も規定していない。類似した憲法上の争点で両機関の相違した憲法判断が並存する可能性を指摘する見解がある（박진영・文献⑫44頁）。

こうした問題もあって、最近、憲法改正の議論では、憲法裁判所の権限を強化させるために、違憲審査権をこの機関に一元化させるべきであり、かつ、政府および国会にも違憲法律審判の付託権を与えて、同機関に抽象的規範統制の機能までもたせることが唱えられている。

3. 憲法裁判所における「司法積極主義」のゆくえ

韓国で軍事政権から文民政権へと政治の民主化が定着した今日（87年憲法）、公権力に対する憲法の規範統制が憲法裁判所によって向上したことは高く評価されている。先述した法律に対する違憲決定数の多さはその表れである。その要因のひとつは、参与連帯や経済正義実践市民連合など、数多くのNGOが政府や国会の立法行為に対して積極的な監視活動を展開している点である。監視活動の重要な手段として、憲法異議審判手続が活用されており、市民団体による憲法異議事件が急増している。特に、過去の権威主義体制により侵害された基本権を回復させるために、当時に制定された法律を違憲決定で清算したことは、その典型例である。最近、「民法の戸主制」に対する憲法不合致という事実上の違憲決定は、保守系団体と女性団体の激しい対立によって政治過程で解決が困難だった旧習の制度を廃止に至らせた（憲決2005年2月3日、2001헌가9내지15）。

しかし、その一方で、現職大統領の弾劾審判事件に対する憲法裁判所の判断は、行き過ぎた司法積極主義だとの批判がある（憲決2004年5月14日、2004헌나1）。結論としては、盧武鉉大統領に重大な違法性が認められないとして、国会からの弾劾訴追請求が棄却された。ただし、選挙法上、公務員の中立義務違反を一部認容したことに研究者からの指摘がある。大統領という職務の性質上、彼（女）の行為は本来的に政治性を帯びるものである。にもかかわらず、この機関に公務員の中立性を求めることは、その活動を著しく委縮させるもので、司法府の過度な干渉である（金・文献④200-201頁）。

近年、注目されたのは、日本国に対する従軍慰安婦の損害賠償請求権に

ついて下した憲法裁判所の違憲決定である（憲決2011年8月30日、2006헌마788）。今回の特徴は、立法過程に止まらず、政府の自由裁量が広く認められた「外交行為」にも司法積極主義の立場を推し進めたことである。これに対して、同機関の違憲判断が、高度の政治判断を要する政府の外交行為にまで踏み込むことは、その審査権限を逸脱した過度な司法介入だとの批判がある（同決定の反対意見）。

　こうした大統領や政府の外交行為などに対する一連の憲法判断は、今後の憲法保障機能に新たな問題を投げかけている。つまり、憲法裁判所は、どの程度まで政治過程に介入することが可能なのかという違憲審査権の限界が問われている。さらに、後述する2014年12月に下された政党解散決定は、法的な審判というよりも、政治的な審判であり、司法が政党間の党派性に深く関わってしまう懸念が指摘されているのである（**司法の政治化**）。

4．準司法機関たる「国家人権委員会」

　韓国では、近時、通常の司法機関以外に人権救済機関として注目されているのが国家人権委員会である。2001年5月に「国家人権委員会法」（法律第6,481号）が制定され、同じ年の11月25日にこの機関が発足した。1992年に国連人権委員会で国連加盟国に対して自国内に人権救済機構の設置を要請する決議が採択された（パリ原則）。韓国では98年ごろから国家人権機構の設置が議論された。この議論が同委員会を設ける直接の契機となったのである（오동석・文献⑭115-116頁）。

　国家人権委員会は、立法、行政および司法など、ほかの国家機関から独立した準司法機関である（同法3条2項）。この委員会の構成は、委員長1名を含め、11名の人権委員で組織され、そのうち、7名以上を超えて同じ性別に偏ることのないように委員の構成についてジェンダーバランスを図っている（2016年改正、同法5条7項）。同委員会の任務には、主に差別の是正・人権救済業務と政府や国会などに対して人権に関する政策提言およびその改善を促す業務がある（同法19条）。また、特に重要な差別の是正・人権救済業務は、当事者や関係者の申立（陳情）により、国家機関や地方自治体からの人権侵害事件および法人や団体など、私人間の人権侵害事件の調査とその救済措置を講じる陳情手続である。この調査について

は、被害者の証拠収集能力が弱いことを考慮して同委員会自ら職権で探知することができる広範な調査権を有している（同法22条ないし24条、36条）。事件の審査は、調査した証拠や事実に対して「国際人権法（国際人権規約および各種の人権条約等）および憲法」にもとづき、当該事件の人権侵害の有無を判断し、侵害の事実が認定された場合は相手方に侵害の是正または改善の勧告を下すのである（同法44条1項）。同委員会の特徴は、国内法だけでなく国際人権法の基準から自国の人権状況を監視するところにある。

ただし、この勧告は、法的な拘束力がなく、単に改善や人権の回復を促す程度の効力しかない（同法44条2項、25条2項）。ただし、勧告の実効性を高めるために、各公的機関などに対して是正・改善計画書の提出または勧告に応じない理由書の提出を義務づけると共に、それらの文書を社会に公表することができるようにしている（同法25条3項～5項）。これは、人権侵害の事実を社会に告知して、政治的あるいは道徳的にマスコミや世論を喚起することで、当事者を含め、社会や国家の人権状況を改める手立てを自省的に講じるようにすることをねらいとしている。

国家人権委員会の活動状況は、発足当時の2001年11月から2016年12月現在まで陳情事件の処理件数が107,892件で、そのうち公的機関（国家、地方自治体など）による事件が83,053件であり、私人間による事件などが24,839件である。事件の特徴としては、身体障がい者への人権問題（10,659件）、セクハラ（2,097件）、社会差別（1,853件）および年齢による差別（1,459件）などである（同委員会統計）。この委員会への人権救済（陳情）手続は、訴訟要件の厳格さ、訴訟費用の負担および訴訟期間の長さなど、ハードルの高い通常の裁判手続に比べて手続の簡便さや人権問題により迅速に対応してくれる、とてもアクセスしやすい制度となっている。

III 保障される基本権の特徴

1. 基本権の総説

現行の87年憲法で定める基本権は、権利カタログとして主に次のような内容で構成されている。①包括基本権としての幸福追求権、②平等権、③生命および人身の自由（生命権、身体の自由など）、④精神的自由（思想・

良心の自由、言論・出版の自由など)、⑤経済的自由 (財産権、職業選択の自由など)、⑥社会権 (生存権、労働基本権、教育を受ける権利など)、⑦参政権 (選挙権、公職就任権など)、⑧請求権的基本権 (裁判を受ける権利、国家賠償請求権など) である。そのほかに、私生活の秘密 (17条)、環境権 (35条1項) などが規定されている。また、国民の義務 (納税の義務、国防の義務、勤労の義務など) も定められている。今日では、これらの「国民の自由及び権利」は、その多くが「人間としての尊厳と価値」(10条) にもとづき、生来的に生じる自然的な権利 (前国家的権利) であると学説や判例で一般的に理解されている (憲決2000年6月1日、98헌마216など)。

なお、各種の自由権、平等権および社会権など、基本権一般については、すでに別稿で扱っている (岡・文献②)。以下では、各トピックごとに韓国の基本権の特徴を説明することにする。

2. 基本権制限の正当性審査の基準

基本権とは、不可侵な自然権的な権利であるとしても、人々が社会で共同生活を営んでいる以上、他者との基本権を侵さない限りにおいてそれが保障される。国民相互の基本権を調整する観点から、それぞれの基本権は制限されるのである (**基本権の内在的制約**)。問題は、その制限がいかなる基準と法的根拠にもとづいて正当化されるのかである。

韓国の憲法では、基本権を制限することができる基本権制約原則 (一般的法律留保条項) を定めている (37条2項)。そのほかにも、政党の活動、財産権および労働基本権など、一部の基本権については、個別に法律の留保が付けられている (8条3項、23条1項、33条3項など)。まず、前者の基本権制約原則は、「国家安全保障、秩序維持または公共の福利」という事由で基本権を制限することができる法的根拠を示している。朝鮮半島は、いまだに北朝鮮と軍事的に対峙しており、北の核保有問題などで常に紛争が起こりうる準戦時状況に置かれている。また、9・11の米国での同時多発テロ事件が起こって以来、中東地域のイスラム国 (IS) によるテロ問題など、北東アジアでも新たな国際テロとの戦いに備えることが課題になっている。かつ、昨今、周辺諸国との領土問題などで国家間の緊張も高まっている。今日、こうした事態に迅速に対応するために、上の3つの事由で基本権を制限できる法的根拠の存在意義が増している。

しかし一方で、国家は、「国家安全保障」や「秩序維持」の名の下に、必要に応じていつでも国民の基本権を規制することが可能になる。過去、李承晩政権や歴代の軍事政権で北の社会主義を締め出すという名目により、夥しい数の基本権侵害の事件が起きた。80年に勃発した5・18の光州事件はその典型である。民主化した現在でも、「国家保安法」（法律11,042号、2011年9月15日改正）で当局による民衆の人権を抑圧する事件は後を絶たない。朝鮮半島の分断国家体制における基本権保障のアイロニーがそこにある（岡・文献③412頁）。したがって、韓国の憲法学は、基本権の保障を最優先に考え、公権力による基本権の制限をできる限り最小限に止める方向で基本権制約原則（37条2項）を解釈しようとする。

　国家により基本権を制約できる法的準則は、ふたつある。ひとつは、「比例性の原則」あるいは「過剰禁止の原則」である。もうひとつは、基本権を制限する場合でも、その権利の「本質的な内容を侵すことができない」ことである（同条2項）。まず、前者は、ドイツの憲法学から影響を受けたもので、基本権の制限が国民の代表機関である国会で制定される「法律」により、かつ、その制限が必要最小限の範囲内に限られる場合にのみ憲法で正当づけられるものである。具体的には、次の基準をクリアーしたときである。①立法目的の正当性、②制限方法の適正性、③被害の最少性、④法益の均衡性である（憲決1992年12月24日、92헌가8など）。たとえば、犯罪目的で自動車の運転を禁じた「道路交通法」78条1項但書について、判例はその立法目的と制限方法の適正性を認めつつも、軽微な犯罪まで一律に運転免許を取消すのは、被害の最少性および法益の均衡を欠き、過剰禁止の原則に反すると判示した（憲決2005年11月24日、2004헌가28）。

　次は、第二の法準則である。これは、基本権の本質的内容を侵すことを禁じる原則である（37条2項）。ところが、この基準は、憲法裁判所であまり利用されておらず、比例性の原則を適用する場合が多い。学説でも、第二の準則は単に比例性の原則を確認したものに過ぎず、法的意味があまりないと説く見解がある。

　それ以外にも、厳格な審査基準として、事前抑制禁止の原則および明確性の原則などがある（主に表現の自由のテスト）。その一方で、憲法で国会に広い立法裁量が与えられている立法事項や平等権を審査する場合は、比例性の原則よりも緩やかな審査基準が採用される。合理性の基準や恣意的

な差別的取扱の基準などがそれである。だからといって、韓国憲法の場合、各基本権の間に一般的な価値の序列があるわけでない。アメリカ流の二重の基準論は、韓国の憲法判断の準則に馴染まないとの見解がある（한수웅・文献⑩490頁以下）。この国の憲法裁判所では、各事案の情況や基本権の制限態様に応じて、比例性の原則を含めて適切な審査基準を個別的に採用する傾向にある。

3. 民主社会の根幹である「表現の自由」

　韓国では、精神的自由のなかでよく論じられるのは、言論・出版の自由である（21条1項）。この自由は、単に意見や思想の表現行為だけではない。その「受け手」側の利益にも着目して、知る権利、アクセス権および反論権なども保障している（鄭・文献⑧451頁）。いわゆる、情報の流通過程全体をその保護の対象としている。この国では、言論活動よって国民が政治過程に関与できる民主制の重要性が「民主化」の経験で再認識された。その背景には、すでに見たように、過去、「開発独裁体制」の下で経済発展や体制の維持にマイナスとみなされた政治的自由が、経済的自由よりも極度に規制されてきた、という事情がある（倒錯した基本権保障）。

　したがって、憲法でも、人々の表現行為に対する検閲や許可制などの事前抑制の禁止を明記して、公権力で委縮しやすいデリケートな言論の自由を特に保護している（同条2項）。たとえば、夜間の屋外で米国産牛肉の輸入に反対するローソク集会などを禁止した「集会及び示威に関する法律」第10条に対して、判例はこの事前抑制の禁止に該当するとして憲法不合致という事実上の違憲決定を下した（憲決2009年9月24日、2008헌가25）。また、「『公共の安寧秩序または醇風美俗を害する』内容の通信を禁じた電気通信事業法53条1項は、この要件が不明確で漠然としており明確性の原則に反する」と判示する（憲決2002年6月27日、99헌마480）など、表現の自由の制限に対する違憲審査は、厳格な基準で行う傾向にある。ただし、憲法裁判所で米国式の二重の基準論を採っているのかは、前述したように研究者の間で争いがある。

　最近は、この自由を規制する法律に対する違憲審査基準は、比例性の原則による場合が多い。たとえば、インターネット掲示板を運営するサービス提供者に各ユーザーの本人確認措置義務を課し、ユーザーは本人確認手

続を経た場合にのみ掲示板を利用することができる本人確認制を定めた「情報通信網の利用促進及び情報保護等に関する法律」44条の5第1項第2号について、判例は、違法情報の掲示を抑制するなど、立法目的や制限の方法には正当性が認められるが、本人確認制は被害の最少性の範囲を超える過度な制限であるとして、比例性の原則に反すると判示した。事前抑制の禁止原則は適用しなかったのである（憲決2012年8月23日、2010헌마47）。韓国では、ドイツ型の違憲審査制度を採用したこともあり、各基本権相互に一般的な優劣をつけず、各事案の情況に即した基本権のあり方を主に比例性の原則にもとづいて個別的に判断する傾向にある。

4．「生命権」の新たな展開

現行の87年憲法における基本権の形式的な体系では、生命権を含む「人身の自由」が精神的自由よりも最初に規定されている（12条以下）。これは、人間の精神や身体的な基礎である「生命」が何よりも基本権の根源にあるとの理解にもとづいているからであるとされる（鄭・文献⑧364頁）。とはいっても、この生命権は憲法で規定しておらず、最近の改憲論で明文化することが取り上げられている。生命権に関しては、安楽死および人工生殖技術などの是非で大いに議論されているところである。具体的な事例としては、死刑制度が人の「生命権」の本質的な内容を侵害する典型だとその違憲性が問われた事件がある。判例は、この制度の有用性を説き、憲法上、生命権の保障も国家権力によりいかなる場合にも絶対的に国民の生命権を剥奪してはならないことを意味するものではないとして、その合憲性を判示した（憲決2010年2月25日、2008헌가23）。

さらに、胎児の生命権と母親の堕胎に対する自己決定権とが相反する事件が起こり、話題を呼んだ。具体的には、婦女の嘱託および承諾堕胎行為を処罰する刑法270条1項が、上記の母親の自己決定権を侵害することが問われた。判例は、胎児が次第に人間になっていく生命体であることから、この子は憲法で保障する生命権の享有主体となり、母親の産むあるいは産まないとの自己決定権よりも胎児の生命権がより保護されるという立場を採った（憲決2012年8月23日2010헌바402）。この決定では、出産前の遺伝子検査で胎児に異常が見つかった場合や経済的な事由などで養育が困難な場合に人工妊娠中絶が禁じられるおそれがある。今後の生命倫理に大

きな波紋を投げかけるであろうといわれている。

5. 北朝鮮との準戦時体制の下における基本権の問題
(1) 徴兵制とジェンダー

　日本の植民地支配から解放された後、朝鮮半島は米ソ冷戦構造の影響で「ひとつの国家」として出発できなかった。北緯38度線付近を境に分断国家としてスタートした。南の韓国は、自らが唯一の合法的な政府であって、北朝鮮は「反国家団体」と位置づけその国家主権を否認する立場を採っていた。特に、この半島における南と北との対峙関係は、1950年の朝鮮戦争でその激しさを極め、53年に両者が休戦して以降、今なお準戦時体制の下に置かれている。韓国では、北との軍事的な緊張に備えるために、男子だけに兵役義務を課した徴兵制度を早くから採っている。「兵役法」（法律41号、1949年8月6日）の成立がそれである。韓国社会では、当初、女性よりも身体的な能力に優れているとみられる男性にのみ兵役を担うことにさほど問題視されたことはなかった。ところが、87年に政治的な民主化が実現し、93年に文民政権が発足した当たりから、仕事、育児および家族制度における女性差別の改善が社会で取り組まれた。民主化と共に、ジェンダー問題が社会で自覚され始めたのである。

　この観点は、兵役に象徴される軍隊に対する性差にも及んだ。最近、法的な問題となったのは、除隊軍人への公務員採用試験加算点制度に対する憲法裁判所の違憲決定が下されたことである（憲決1999年12月23日、98헌마363）。この制度は、除隊軍人の再就職のために同試験の点数を加算するものであった。判例は、試験能力にもとづかない不合理な制度で軍隊に行けない障がい者や女性を不当に差別し、彼（女）らの公務就任権を侵すと判示した。兵役を終えた男性の多くは、これに反発した。法律で兵役義務を男子だけに課すのは、性差別であると新たな問題を提起したのである。

　韓国の憲法では、男女を問わず国民すべてが国防の義務を負っている（39条1項）。いわゆる、国民皆兵の原則である。ところが、兵役法では、徴兵に伴って兵役義務が課されるのは、男子のみで女子は除かれている。女子は、志願により軍隊に服務できる（同法3条1項）。判例は、この法律の規定について次の理由で合憲と判示した。憲法上、徴集対象者の範囲を

どのように定めるのかは国会に広汎な立法裁量がある（39条1項）。一部の女子に戦闘に適した身体能力のある場合もあるが、妊娠や出産などの身体の特性上、兵力資源に女子を投入することへの負担を考慮すると、その義務を男子に限定したことが立法者に著しい恣意的な差別的取扱をしたとは認められない（憲決2010年11月25日、2006헌마328）。これに対して、現代の軍隊では最新のテクノロジーが導入され、通常の行政と同じく一般事務作業も多く占めていることから、男子特有の身体能力が軍服務の必須条件でなくなっている。身体条件に関連のない義務まで男子のみに負荷するのは不合理な差別だとの反対意見がある。兵役法で兵役の対象者を男子に限定することの法的な合理性が問われている（양현아・文献⑱136頁）。

近年、女子から男子、あるいは男子から女子へと性別を法的に転換した性同一性障がい者に対する兵役義務の取扱が問題となっている。男性に性を変更した者に対する徴兵検査で人権侵害事件が起こった（国決2007年7月20日、07진인533）。軍隊とジェンダー問題が改めて社会でクローズアップしている。

(2) 良心的兵役拒否と思想・良心の自由

最近、韓国の徴兵制で問題となっているのは、良心的兵役拒否の事件である。その数は統計上つぎのように報告されている。2009年728名、2010年721名、2011年633名および2012年598名である。この国ではカトリックおよびプロテスタントのキリスト教、仏教および儒教など、宗教に熱心な信者が多いことから、宗教的な理由から兵役を拒否する場合が多いとされる（류기환・文献⑬216頁）。兵役を拒否する形態としては、軍隊への入営そのものを拒否する場合と入営し軍事訓練を受けつつも、銃の使用や携行を拒否する場合がある。前者の場合は、入営忌避罪（兵役法88条）で処罰され、後者は軍や上官の命令に従わない抗命罪（軍刑法44条）に問われる。これらの兵役拒否の事例では、特別刑法の各規定が本人の宗教の自由、思想良心の自由を侵害しているのかが憲法上で問題になる。

判例は、前者の処罰について「正当な事由なしに」の要件に憲法上の基本権を不当に侵害される場合も含まれることを認めつつも、「兵役」で実現される「国家安全保障」たる憲法上の公益（37条2項）よりも本人の思想良心の自由を優越させる理由を見出せないとの論旨から、良心的兵役拒否を容認しなかった（大判2004年7月15日、2004도2965）。これ以降、こ

の兵役拒否を許容しないことで判例は一貫している。

　これに対して、韓国の徴兵制には、本来の軍服務以外にも、その能力や欠格事由に応じた代替服務が用意されている。にもかかわらず、兵役を良心的に拒否する者に対してそれに対応した代替服務を立法者が設けないのは、基本権を制限することの被害を最小限に止めるべきであるという比例性の原則に反するとの研究者からの批判がある。今後の兵役のあり方が注目される。

(3)　「政党解散審判制度」（戦う民主主義）と政治活動の自由

　2014年12月に憲法裁判所は、左派系野党である「統合進歩党」に政党の解散を命じると共に、同政党に所属する国会議員（5名）の議員資格を失わせる決定を下した（憲決2014年12月19日、2013헌다1）。去る13年11月に同政党の目的や活動が「民主的基本秩序」に反するとして政府から提訴され、憲法裁判では異例にも18回に及ぶ関係者の口頭弁論が行われた事件である。この政党は、政党解散の命令を同裁判所で宣告した時に解散された（憲法裁判所59条）。これに対して、政党関係者や支持者は「韓国の民主主義は葬られた」と決定反対の示威運動を展開するなど、この社会ではとてもショッキングな出来事であった。

　政党解散制度は、ドイツ憲法の「戦う民主制」に由来する。この制度は、当時、民主主義を根幹としたワイマール憲法の下でナチの独裁が生まれたドイツの苦い経験にもとづいて、この主義を守護する目的からこれを否定したり、破壊する政党の存立を禁じるものである（이재희・文献⑮108頁）。韓国は、前述したように北朝鮮を「反国家団体」と位置づけてその国家主権を否認していた。建国当初から北と関わる自国民の様々な行為を処罰する「国家保安法」（法律10号、1948年12月1日）が制定された。特に、1950年の朝鮮戦争の対立を契機に韓国の自由民主主義体制を脅かす北朝鮮からの危険を排除するために、国内でも北と関連のある反民主主義的な政党の存立を締め出す制度を60年憲法のときに導入した。これが「政党解散審判制度」である（13条2項、現行8条4項）。ただし、当時、政府与党が少数政党を排除する手段で法令の根拠なしに政党解散命令を下したことがあった（1958年の進歩党解散事件）。この反省から、政府によるこの解散制度の濫用を防止して、少数政党の活動や結社の自由を保障する目的で、司法機関である裁判所の審判手続によってのみ政党の解散が可能なよ

うにさせたのである（이성환 외・文献⑨24頁）。

　今回の決定での主な争点は、①当該政党がその要件である「政党の目的または活動が民主的基本秩序」に反したのか、②解職させる法令の根拠なしに政党解散の効果として現職の国会議員を解職させることが可能なのか、という点である。この決定では、同政党が民衆民主主義革命を主導し、韓国を北朝鮮式の社会主義体制へと転換することを目的としており、また、所属の国会議員が地方の会合で2回にわたって北の勢力と合流し、韓国の国家機関を攻撃するとの発言で内乱陰謀罪と国家保安法の違反で有罪判決を受けたが、この事件と同政党との強い関連性を認め、①の要件を認定した。②については、政党の解散と共に議員を解職させなければ、本決定の実効性を担保できないとして、その資格を失わせるのは政党解散制度の本質から認められた基本的な効力だと判示した。

　これに対して、9名の裁判官のうち、1名の反対意見がある。この制度は、政党の活動や結社の自由を著しく制限することで社会の民主主義を委縮させるおそれがあり、政党解散の判断は厳格に行われるべきであるとの観点から①の要件を否認した。研究者からも、この裁判は法的審判ではなく、政治的な審判であるとほのめかす意見がある。今回の決定についてはその評価が二分している。

むすびにかえて

　韓国の人権保障には、先進的な憲法保障制度が機能している一方で、その権利が突発的に侵害されてしまう危険性を同時に内包している不安定さがある。今もその不安定さは解消されていない。この事実は、この国の憲政史に見られた。憲法上は、基本権を規定しつつも、法律の留保条項による過度な規制、朝鮮戦争の勃発や軍事クーデターなど、横暴な国家の権力行使でその権利を実質的に保障することができない時期が長く続いた。憲法規範と政治的現実との乖離が著しかった。それゆえに、軍事政権をはじめとした権威主義体制から民主体制へと変革していった民主化の過程は、規範と現実との隔たりを解消して、国民の基本権を回復させることにつながった。87年の憲法体制はその結実であった。特に、人権保障に貢献した憲法裁判所の役割は見逃すことができない。

しかし他方で、今なお起こっている北朝鮮との軍事的な緊張関係は、国家の安全保障の側面だけでなく、国内問題として韓国国民への人権保護にも大きな課題を投げかけている。徴兵制をめぐる人権問題および「戦う民主主義」を標榜する政党解散審判制度の存在などは、個々の国民の基本権を脅かすことに止まらず、民主主義の根幹である表現の自由、政党活動および結社の自由までをも著しく委縮させる危険性が憲法のなかに内在していることを意味する。韓国の人権は、ある日突然にその権利が侵されてしまう「準戦時体制」というハイリスクな環境の下に置かれている。したがって、この国の人権保障は、人権を制約する諸契機のディレンマのなかから、いかにして人々の具体的な権利を確保していくのかにそのポイントがある。

〔凡　例〕
・各条文の表記は、明示がない限り、現行の大韓民国憲法の規定である。その他の法令の場合は、カッコ書きに法令名を付している。この憲法の原典は、「大韓民國憲法」대한민국 정부 관보 제10771호（ユ2）（총무처, 1987년 10월 29일자）2면である。その邦訳としては、岡克彦訳「大韓民国憲法」初宿正典ほか編『新解説世界憲法集〔第四版〕』（三省堂、2017年）などがある。
・判例の略称は、次の通りとする〔大法院判決→大判、大法院決定→大決、憲法裁判所決定→憲決、国家人権委員会決定→国決〕。判例の引用では、各略称と共に、宣告日および事件番号を付している。

〈参考文献〉（＊は主要な参考文献）
　〔日本語文献〕
　　①尹龍澤「韓国」鮎京正訓編『アジア法ガイドブック』（名古屋大学出版会、2009年）。
　　②岡克彦「東アジア編　韓国」稲正樹ほか編著『アジアの憲法入門』（日本評論社、2010年）。
　　③岡克彦「大韓民国」初宿正典ほか編『新解説世界憲法集・第四版』（三省堂、2017年）。
　　④金鍾鐵（徐勝訳）「韓国大統領弾劾制度―盧武鉉大統領弾劾審判事件を中心に」立命館法学297号（立命館大学、2004年）。
　　⑤國分典子「韓国憲法裁判所の組織と権限」今泉慎也編『アジアの司法化と裁判官の役割』（アジア経済研究所、2012年）。
　　⑥安田信之「人権・個人的なものか社会的なものか―アジアの人権にそくして」今井弘道ほか編『変容するアジアの法と哲学』（有斐閣、1999年）。

〔韓国語文献〕

＊⑦성낙인『헌법학 제17판』(법문사, 2017).

＊⑧鄭宗燮『헌법학원론』(박영사, 2006).

⑨이성환 외『政黨解散審判制度에 관한 硏究』(憲法裁判所, 2004).

＊⑩한수웅『헌법학 제3판』(법문사, 2013).

⑪신우철「우리 헌법사에서『기본권』의 의미 - 그 이상과 현실의 교직」역사비평 96호 (역사비평사, 2011).

⑫박진영「명령・규칙에 대한 법원의 위헌・위법 심사」경희법학 48권 3호 (경희대학교, 2013).

⑬류기환「양심적 병역거부에 대한 비범죄화 가능성」法學硏究 52집 (韓國法學會, 2013).

⑭오동석「국가인권위원회의 민주주의적 정당성과 그 정당화 과제」亞太公法硏究 9집 (2001).

⑮이재희「전투적 민주주의로부터의 민주주의 수호」공법학연구 15권 2호 (한국공법학회, 2014).

⑯睦榮埈「국민의 기본권 신장을 위한 대한민국 헌법재판소의 성과와 역할」공법연구 41집 4호 (한국공법학회, 2013).

⑰鄭宗燮「한국 헌법재판의 성공과 발전 과제」JURIST 389호 (창림인터렉티브, 2003).

⑱양현아「병역법 제3조 제1항 등에 관한 헌법소원을 통해 본 남성만의 병역의무제도」여성연구 75권 2호 (한국여성정책연구원, 2008).

第10章 人権の国際的保障

齊藤　正彰

◎国際人権法をみる意味

　〈人間の権利〉を保護するために、国家は、法令を制定して、人々の行為を規制し、利害の衝突を調整する。その際の国家の活動に行き過ぎや不足があったために〈人間の権利〉が損なわれた場合の救済のしくみが本書の主題とする「人権保障」であるとすると、「人権の国際的保障」が求められる状況は多様である。国際社会においては、ⓐ政府が〈人間の権利〉を侵害している国家、ⓑ政府が〈人間の権利〉を保護する能力を欠いている国家、ⓒ政府による〈人間の権利〉の保護が不十分な国家、ⓓ政府によって〈人間の権利〉が相応に保護されている（しかし十全とは限らない）国家など、さまざまである。本書で取り上げる国々の多くはⓓに属するが、それでも、人権の国際的保障と無関係ではない。日本も、国際的な人権機関から繰り返し数々の指摘を受け、法改正まで迫られているし、近年の最高裁判例は国際人権法の影響を受けていると考えられる。

　さらに、人権の国際的保障の問題は、人権とはいったい何なのか、世界共通の人権というものがありうるのか（あるいは保障されるべき人権の理解は国や文化によって異なるのか）、という論点（第1章）にもつながるであろう。そもそも、人権を国際的に（国際社会のしくみを通じて）保障するという考え方自体、古くから当然に存在していたわけではないのである。

　なお、武力紛争における人間の生命・身体の被害を最小限にとどめるための「国際人道法」、迫害を受けるおそれがあって国外に避難した人々の保護に関する「国際難民法」も、国際人権法と関わりを有する領域である。

　地球上で〈人間の権利〉を守る方法は国家とその憲法のしくみだけではなく、国際的なしくみの中で日本国憲法の人権保障を見つめ直すことが重要である。

I　人権の国際的保障の歴史

1．国際人権法の前史

　人権保障を標榜する近代の立憲主義憲法が登場した後も、長い間、人権は国内管轄事項とされてきた。国際法上の権利・義務の主体は国家であって、個人が国際法によって権利を主張することはできないし、一国の人権問題に他国や国際機関が介入することは、内政不干渉の原則に反すると考えられたのである。たしかに、奴隷貿易の禁止、宗教的・民族的な少数者の保護、戦傷病者や捕虜の保護など、特定の主題に関して個人の人権保護につながるような条約が結ばれることもあった。しかし、それらの条約の主目的は、国家間の対立の回避と利益の保護にあったとされる。

2．国際人権法の成立

(1)　国際連合と人権保障

　人権問題を国際法の対象外と捉える流れが大きく変わる契機となったのは、第2次世界大戦である。連合国側は、「人権および基本的自由の尊重」を戦争目的に掲げ、ナチズムやファシズムなどの全体主義による人権侵害に対して国際法が力を持たなかったことが戦争の被害をもたらしたとした。国内での人権保障が国際社会の平和と安定に結びつくと考えられるようになったのである。国際連合憲章には人権保護の規定が盛り込まれ（前文、1条、55条等）、人権保護が国連の任務の1つとなった。

　ただし、国連憲章自体に権利章典（人権カタログ）が盛り込まれたわけではなく、憲章が国連加盟国に直接に人権保護を義務づけているわけでもない。保障される人権の内容は、1948年の世界人権宣言と、その後の国際人権規約、そして今日までに陸続と整備されてきた主題別の国際人権条約等によって具体化されてきたのである。

(2)　世界人権宣言と国際人権規約

　国連の人権委員会（憲章68条）は、当初想定されていた単一の国際人権章典ではなく、①人権の具体的内容を明確にする法的拘束力のない宣言、②人権の尊重を義務づける、法的拘束力を有する条約、③規約に規定された人権の国際的実施措置（条約義務の履行監視制度）に分けて検討することとし、まず①「すべての人民とすべての国とが達成すべき共通の基準」（前

文）としての世界人権宣言が1948年に国連総会で採択された。②「国際人権規約」の起草作業は、東西冷戦を背景として、自由権を重視する西側諸国と社会権を重視する東側諸国との対立があり、さらには経済的基盤の弱いアジア・アフリカの新興独立国が社会権の実現についての厳格な国際的義務に反発したこともあって難航した。1966年に、「経済的、社会的及び文化的権利に関する国際規約」（A規約＝社会権規約）と「市民的及び政治的権利に関する国際規約」（B規約＝自由権規約）、③にあたる「市民的及び政治的権利に関する国際規約の選択議定書」（自由権規約選択議定書）が採択され、1976年に発効した（日本については前2者が1979年に発効したが、選択議定書は未締結である。なお、1989年に、「死刑の廃止をめざす、市民的及び政治的権利に関する国際規約の第2選択議定書」（自由権規約第2選択議定書／死刑廃止条約）が採択され、1991年に発効したが、日本は締結していない）。

(3) 人身の自由としての人権

世界人権宣言採択の前日には、集団殺害の防止及び処罰に関する条約（ジェノサイド防止条約）が国連で採択されていた。国際人権規約の起草過程で最初に条文化されたのは自由権と参政権であり、国際人権規約に先行して成立した欧州人権条約は、自由権のみを保障対象とし、とりわけ人身の自由に重点を置いていた。この当時の国連加盟国は、第2次大戦の連合国と中立国、新独立国など60か国であり、これらの国々の関心は、大戦中の人権侵害の再発防止にあったとされるのである（芹田・文献③48-49頁）。

3. 人権の課題の展開
(1) 民族自決権

全体主義との闘いを掲げて人権の国際的保障が唱えられ、そのため自由権の保障に重点が置かれていた第2次大戦直後の時期から、1960年代に入ると、国連総会において植民地独立付与宣言が採択され、反植民地主義・反人種主義との関連で人権保障の促進が求められるようになった。国際人権規約にも、草案の最終段階で、世界人権宣言には無かった民族自決権の規定が、個人の人権享有の前提として冒頭に挿入された。植民地支配からの独立がなければ個人の人権も守られないと考えられたのである。

(2) 発展の権利

「開発は平和と正義への不可欠の道である」（前文6項）と謳った「国連開発戦略」が決議された1970年代には、植民地からの政治的独立を成し遂げた発展途上国の経済状態の立ち遅れと貧困の問題があった。国連総会は、すべての人権が不可欠で相互依存的であり、社会権の享有がなければ自由権の完全な実現は不可能であり、それらの個人の権利の保障は経済社会の発展に依存していることを確認した。さらに、「発展の権利」という新しい権利概念を承認した（1979年）。しかし、市民的・政治的権利を第1世代、経済的・社会的・文化的権利を第2世代と捉えたときに、「第3世代の人権」とされる発展の権利、平和に対する権利、環境への権利、人類の共同財産に関する所有権、人道的援助への権利などについて、法的権利としての具体的内容や権利・義務の主体が不明確であるとの批判も強い。

(3) 世界人権会議

世界人権宣言採択45周年となる1993年にウィーンで世界人権会議が開催され、171か国の代表、国際機関、約1500のNGOの代表が参加した。そこで採択された「ウィーン宣言及び行動計画」は、民族の自決権と発展の権利を人権として再確認するとともに、極端な貧困とあらゆる形態の差別の除去、女性の人権や、少数者・先住民・児童・障害者・難民および避難民・移住労働者を含む弱者・最貧困者の権利、武力紛争時における人権の保護などに論及している。

そして、人権の分野における国際協力の強化は、国際連合の目的を完全に実現するために不可欠であるとともに、すべての人間の生まれながらの権利の保護・助長は諸政府の第1次的責任であること（1項）、人権は国際社会の正当な関心事項であり、国際機関は国際人権文書の一貫した客観的な適用を基礎として活動を向上させるべきこと（4項）、国家や地域の独自性や、多様な歴史的・文化的・宗教的背景を考慮にいれなければならないが、人権保障は、政治的・経済的・文化的な体制のいかんを問わず国家の義務であること（5項）、すべての国家に国際人権条約の普遍的批准が強く求められること（26項）などを宣言した。

4. 冷戦終結後の諸問題
(1) 国際刑事裁判所

いわゆる東西冷戦の終結後、冷戦構造によって抑え込まれていた諸問題が噴出し、民族対立抗争も多発するようになった。20世紀には、国家間の戦争による死者数よりも、内戦等によって政府に殺害された人々の数のほうが多いともいわれる。政府が軍や警察の人権侵害行為を黙認したり、国内の治安維持能力の欠如や司法機関の機能不全によって人権侵害が放置され、侵害行為の加害者が処罰を免れていることも問題となった。加害者である個人の確実な処罰を国際社会が担保することによって人権を保障しようという動きは、国連安保理決議に基づく限定された管轄権をもつ旧ユーゴ国際刑事裁判所（1993年）とルワンダ国際刑事裁判所（1994年）の設置を経て、国際刑事裁判所（ICC）規程の採択（1998年）に結実した。ICC規程の発効により、常設の国際機構としての国際刑事裁判所がハーグに設立された（2002年）。

(2) 人間の安全保障

「国家の安全保障」を中心とする従来の考え方に対して、世界人権宣言の前文にある「恐怖及び欠乏からの自由」をキーワードとして、「人間の安全保障」が国連においても論じられるようになった。それは、2000年に設立された国連の人間の安全保障委員会によれば、「人間の生にとってかけがえのない中枢部分を守り、すべての人の自由と可能性を実現する」ものとされる。人間の安全保障が論じられるようになった背景には、地域紛争等（その多くは国内の複数の勢力間で行われる内戦であり、非戦闘員の犠牲が多い）に際して国家が国民を保護する機能を果たさない場合に、国際社会が人々を保護するべきではないかという問題がある。

国家の主権は国民を保護する責任を伴うのであり、その責任を果たさない破綻国家は主権に基づく不干渉原則を主張することはできず、人間の安全保障が国家の安全保障に優位するとして、人道的危機に際しては武力行使による人道的介入も辞さない、という考え方も唱えられた。しかし、グローバル化によって、国家の安全保障に対する脅威も容易に国境を越えて侵入してくることが懸念されるようになり、先進国は、自国民の安全を守るためとして「人間の安全保障」を謳い、武力行使を正当化する懸念が生じる（そもそも、人権保護のために武力を行使することが認められるか自体が

難しい問題である。第1章参照)。

(3) 国内人権機関

〈人間の権利〉が相応に保護されている国家においても、行政機関や司法機関を通じて権利の救済を求めるには——場合によっては多大な——時間と労力を要し、被害者は「泣き寝入り」することになりかねない。そこで、政府から独立して、簡易・迅速な人権保障を行う機関の設置が求められるようになり、その指針として、「国内人権機関の地位に関する原則」(パリ原則) が国連総会で採択された (1993年)。1990年代から、国内人権機関を設置する国がヨーロッパでも増加した。各国の国内人権機関に対しては、国連人権高等弁務官事務所に設置された国内人権機関国際調整委員会 (ICC) において、パリ原則を満たしているかが審査され、A～Cの認証資格が付与される。

パリ原則に基づく国内人権機関といっても、その形態・任務はさまざまであり、個人の申立に対応する準司法的権限が必須とされているわけではない。2001年に設立されたドイツ人権研究所 (Deutsches Institut für Menschenrechte) は、調査・研究に主眼を置く国内人権機関である。フランスの国家人権諮問委員会 (Commission nationale consultative des droits de l'homme) は、1947年に設立された人権諮問委員会を引き継ぐものとされるが、政府に対する助言・提言を任務とし、個人からの苦情・申立は受け付けない。ただし、フランスでは、個人の申立に対応する権利擁護官が2008年改正で憲法に規定された (第4章Ⅱ4・5)。

パリ原則に準拠する国内人権機関の整備が注目される以前から、差別の問題に関しては、イギリスでは、人種平等委員会 (Commission for Racial Equality) が1976年に設置され (2006年に平等・人権委員会 [Equality and Human Rights Commission] に引き継がれた)、カナダでは、人権保護法 (1977年) に基づいて人権委員会が設置されており (第6章Ⅱ6)、いずれもICCの認証資格Aを付与されている。ただし、これらは、主に私人間における差別禁止に取り組むものである。アメリカも、平等雇用機会委員会 (Equal Employment Opportunity Commission) や市民的権利委員会 (Civil Rights Commission) が国内人権機関に数えられることがある。

韓国の国家人権委員会 (2001年) は、立法、行政、司法から独立した機関であり、対国家および私人間での人権侵害事件について個人の申立を受

けて調査し、是正または改善の勧告（法的拘束力なし）を下すことができる（第9章Ⅱ5）。中国には、人民の苦情申立制度として「信訪」があるが、国内人権機関ではない。台湾では、国内人権機関の設置について、検討が進められているとされる。

　日本では、現行の人権擁護委員制度は政府からの独立性に問題があるとして国内人権機関の設置を自由権規約委員会から勧告されたこともあり、法務省に人権委員会を置くとする人権擁護法案が2002年に国会に提出されたが、パリ原則との適合性について疑問が示された。結局、種々の批判があって、同法案は廃案となった。日本は、国連人権理事会や、政府報告書審査を受けたすべての人権条約機関から、パリ原則に準じた国内人権機関の設置に関する勧告・要請を受けている。

Ⅱ　人権の国際的保障の諸制度

1．人権保障のための国際的な制度

(1)　国連の人権機関

　世界人権宣言を起草した後、人権委員会は、下部機関として1947年に設置された差別防止少数者保護小委員会（1999年に人権促進保護小委員会に改称）とともに、経済社会理事会決議に基づく人権問題の調査・審議手続による活動を展開した。1994年には、国連人権高等弁務官事務所が新設された。これらの国連機関による活動は、世界のすべての地域の人を対象に、とりわけ大規模人権侵害への対処を主眼としてきた。

　こうした人権委員会を中心とする国連の人権保障機構は、2006年に大きな改編がなされ、国連総会決議により人権理事会が創設された（「理事会」と称するが、憲章に規定された安保理や経社理とは異なり、憲章改正によらずに総会の補助機関として設置された）。人権理事会の下では、国連全加盟国の人権状況と国際人権条約の履行状況を4年ごとに審査する「普遍的定期審査」（UPR）が新設され、国連総会で選出された理事国47か国のうちの3か国が対象国の審査を行う（年間48か国が審査対象となり、日本に対する第1回審査は2008年に行われた）。

(2)　法源としての国際人権条約

　奴隷取引、ジェノサイド、拷問の禁止などの一定の人権内容は、慣習国

際法として成立しており、すべての国に法的義務を課すことが可能で、国内裁判所でも裁判規範となりうるとされる。また、国際機関が策定する宣言やガイドラインなど、法的拘束力を有しないが重要な国際人権文書も多数存在する。しかし、国際人権法の中心的な法源は、国際法によって規律される国家間の文書による合意としての「条約」（国際人権条約）である。国家は、批准や加入などの手続によって国際人権条約を締結（自国が当該条約に法的に拘束されることを承認）する。

　国連で採択された国際人権条約には、すべての人の権利を一般的包括的に規定したもの（国際人権規約）だけでなく、これを補完する特定の主題（特定の人）に関する権利を定めたもの（人種差別撤廃条約、女子差別撤廃条約、拷問等禁止条約、児童の権利条約、障害者権利条約、強制失踪条約など）がある。

　国際人権条約には、国連で採択される普遍的なもの（世界のすべての国家が対象となりうる）の他にも、地域的人権条約として、(a)欧州人権条約や欧州社会憲章、(b)米州人権条約、(c)バンジュール憲章（アフリカ）、(d)アラブ人権憲章があり、それぞれ人権委員会あるいは人権裁判所等の条約実施機関を備えている（ただし、(b)(c)の裁判所は基本的に個人からの訴えを扱わず、(d)には裁判所がない）。とりわけ、欧州人権裁判所を擁する欧州人権条約は、国際人権規約よりも古い歴史と高度の実施機構による実践を有し、国際人権規約の解釈の参考ともなってきた（ただし、個人からの申立を人権裁判所で審理して法的拘束力のある判決を下すことになったのは1998年の改正以降である）。これに対し、アジア太平洋地域には固有の人権条約も人権機構もない。ASEAN（東南アジア諸国連合10か国）＋3（日本・中国・韓国）による人権保障制度の構築も構想されているが、13か国中で国際人権規約の締約国（条約を締結して、条約の内容に法的に拘束されることに合意した国家）は半数に満たない。

　なお、台湾（第8章）は、国際人権規約や女子差別撤廃条約の締結を企図し、そのための国内法の整備も行ったが、中華人民共和国が中国の唯一の合法的代表であるとする国連は、台湾がこれらの条約の締約国となることを認めない立場をとっている。

2. 国際人権条約の国際的実施の制度
(1) 国家報告制度

多くの国際人権条約は、国際法レベルでの実施措置を備えている。最も基本的な制度が、国家報告制度（政府報告書審査）である。締約国は、一定期間ごとに、条約の条文についてその実施状況を報告書にまとめて提出し、条約の実施機関の審査を受ける。

たとえば、自由権規約の場合は、18名の個人資格の委員（政府の代表ではない。日本人も選出されている）からなる自由権規約委員会に、通常5年ごとの報告が求められる。各国の国内事情に必ずしも精通しているわけではない委員のために、NGOによるカウンターレポートが作成され、国内の人権状況について情報提供を行っている。国家報告制度における審査は、人権状況の改善を目指した「建設的対話」であるとされる。自由権規約委員会は、審査後に、「総括所見」（「最終見解」とも呼ばれる）を採択する。こうした報告書審査から得られた知見などに基づき、自由権規約委員会は、自由権規約の解釈についての「一般的意見」を公表している（文献⑲参照）。なお、2002年以降は、総括所見で示された懸念や勧告のうち緊急を要すると解される事項について、締約国に1年以内の回答を求めるフォローアップ制度が採用されている。

国家報告制度については、報告書の提出の遅延・懈怠が問題となる（日本も、指定された提出期日に遅れたことがある）。多数の国際人権条約を締結した場合、報告書作成に追われることになる（日本の場合、1999年から2006年の8年間に6本の報告書を作成していた）。先進国でさえ提出が遅れがちであり、途上国では報告書の作成も満足に行えないという問題も生じている。他方で、審査する機関の負担も問題となる。

(2) 国家通報／申立制度

条約上の権利を侵害している（条約上の義務に反している）締約国がある場合、他の締約国が実施機関に通報し、あるいは（欧州人権条約のように）司法的手続を有する実施機関に締約国が申立を行う、という制度を採用する国際人権条約もある。しかし、この制度は、ほとんど利用されていない（自由権規約では皆無であり、欧州人権条約でも約20件にとどまる。欧州人権条約において国家申立制度に当初期待された役割と、それが失われてゆく政治的背景について、戸波ほか編・文献⑦4頁以下［小畑郁］）。

(3) 個人通報／申立制度

　条約上の権利を侵害された個人が、国内で利用可能な手段を尽くしてもなお救済されない場合に、国際人権条約の実施機関（委員会や裁判所）に通報または申立を行うことを認める制度を設けている条約は少なくない（自由権規約については、2016年時点で168締約国中115か国が導入している。国連で採択された4条約における個人通報制度のいずれも導入していないのは、主要国では、日本のほか、米国、中国など少数である）。

　個人通報／申立制度が利用可能となるには、国際人権条約そのものの締結とは別に、導入の受諾や、別個の附属的条約の締結が必要である。通報／申立が受理されるための要件は厳格で不受理となる件数も極めて多いが、それでも条約実施機関の処理能力は不足しがちである。また、条約実施機関は、国家の最上級裁判所に対する上級審あるいは第4審の地位に立つものではなく、直ちに国内裁判所の判決を覆したり国内法を無効にする力を有するものではない。それでも、個人通報／申立制度が条約遵守にもたらす力は大きい。

3. 国際人権条約の国内的実施とその監視
(1) 国内裁判所における実施

　国際人権条約の国内的実施とは、自国が締結した国際人権条約が課す義務を、国家が自国内で実現することである。主権国家が併存する国際社会は、国家を超越して固有の強制手段を保持する組織を欠いており、国家に条約によって義務を課し、国家（締約国）が国内で条約義務の実現を図るという方途が基本である。

　国際人権条約の国内的実施においては、国内裁判所において国際人権条約を援用する訴訟が重要な場面となる。国内裁判所（とくに最上級裁判所）が判断基準として国際人権条約を用いることは、他の（下級）裁判所の判断、立法機関・行政機関の行為に多大な影響を与えることにもなる。

(2) 条約実施機関による条約解釈の統一

　締約国の国内裁判所における実施が重要であるとはいえ、国際人権条約の規定の解釈が締約国ごとに区々であるなら、国際人権条約の意義は大幅に減殺されてしまう。そこで、人権保護の普遍的な基準の具体的内容を解明する役割を担うものとして条約実施機関が設置されている場合には、原

則として、条約実施機関の示す解釈が遵守すべき条約の内容と考えられる。締約国の最上級裁判所は、条約実施機関による条約違反の指弾を避けるために、条約実施機関による条約解釈を顧慮する傾向にある。他方で、人権の理解について条約実施機関と国内裁判所の間で見解の対立もありうるから、条約実施機関の判断が締約国の憲法に触れる場合には大きな問題となる（たとえば、欧州人権裁判所オープン・ドア判決［1992年］、文献⑦54頁［建石真公子］）。

(3) 裁判所の対立と対話

欧州人権条約は、現在、個人からの申立を審理する欧州人権裁判所、その判決の執行と監視のしくみなど、最も進んだ実施機構を有する国際人権条約である（申・文献④626頁以下、川﨑＝大沢編・文献⑪314頁以下［江島晶子］など）。欧州人権条約は、締約国の増加とともに、手続や機構の改革を進めてきた（諮問的意見制度の導入について、川﨑＝大沢編・文献⑪304頁以下［建石真公子］）。当初は、欧州人権条約は自国には大きな影響を有しないとの捉え方も少なくなかったが、締約国の憲法裁判所が合憲と判断した事案が欧州人権裁判所によって条約違反とされる事態が相次ぎ、対応を迫られるようになった（齊藤・文献⑫313頁以下）。

さらに、ヨーロッパでは、欧州連合（EU）と欧州人権条約の関係も大きな問題である。EUは、その前身である欧州共同体（EC）さらにはその前身の時代から、超国家的な権限を有するにもかかわらず、設立条約の中に権利章典を有しないことが問題視されてきた（ECが扱う経済問題に関するいくつかの権利のみが規定されていた）。ドイツやイタリアの憲法裁判所は、そのことを理由に、かつてのEC裁判所の権限行使に抵抗したこともあったのである。そこで、EC裁判所は、各国の憲法の伝統から生じる人権とともに、欧州人権条約上の権利をEC法の解釈基準として用いる方針を示し、そうした判例は設立条約に明文化されるに至った。その後、「EU基本権憲章」などの独自の権利章典も整備された。さらに、EUとして欧州人権条約に加入することを可能にするため、EU条約と欧州人権条約の改正も行われた。

各国の憲法裁判所や最高裁判所は、欧州人権条約をめぐる欧州人権裁判所との関係だけでなく、EU法と国内法の関係をめぐるEU裁判所との関係もあり、さらには、EU法と欧州人権条約の関係（EU法の内容を実施し

た国家の行為が欧州人権条約に違反するか、という複雑な関係）も存在する（欧州人権裁判所ボスポラス判決［2005年］、文献⑦59頁［須網隆夫］や、同マシューズ判決［1999年］、文献⑦66頁［庄司克宏］などを通じて、「同等の保護」理論が形成されてきた）。そこでは、保障されるべき人権の内容と、その保障の担い手をめぐって、欧州人権裁判所、締約国の憲法裁判所や最高裁判所、EU裁判所の間での「対話」が注目されている（江島・文献⑩、川﨑＝大沢編・文献⑪［江島晶子］、なお第6章Ⅱ5参照）。

(4) 「評価の余地」：締約国の裁量と補完性原理

　国際人権条約が「条約」であることによる制約は、主権国家たる締約国の裁量の問題としても現れる。たとえば、欧州人権裁判所は、個人の人権保護と民主的社会の維持・促進という条約の趣旨・目的による目的論的解釈を基盤とし、欧州人権条約は「生きている文書」であって条約作成時の解釈に拘束されるのではなく、社会の変化を踏まえた「発展的解釈」を行うべきであるという立場をとる（嚆矢として、欧州人権裁判所タイラー判決［1978年］、文献⑦134頁［門田孝］）。しかし、それは、締約国にとっては、条約締結時には想定していなかった義務を課されることになるとの批判を招きかねない。そこで、欧州人権裁判所は、締約国間に共通の基準が存在するか否かに配慮し、それを手がかりに発展的解釈を行うとともに、ヨーロッパの共通基準が見出せないときには締約国に広い裁量を認める「評価の余地」理論を採用してきたとされる。同理論は、締約国が条約上の権利に対していかなる制約を行うかについて、一定の裁量を認めるものである。条約上の権利に対する制約が国家の裁量の範囲内ならば、条約違反とはされないのである（欧州人権裁判所ハンディサイド判決［1976年］、文献⑦144頁［江島晶子］）。

　「評価の余地」理論は、人権制約の必要性について欧州人権裁判所よりも国内当局のほうが適切に判断できるという前提に立ち、しかし、条約違反の有無の最終的判断は欧州人権裁判所が留保するというものであり、補完性原理を背景にするものとみることができる。

　他方で、個人申立の増加と未済事件の累積という状況に対処するためにもまた、欧州人権裁判所は個人申立のうち重要なものの審理に集中し、それ以外は国法体系に委ねるという補完性原理の観点が援用されうる（欧州人権裁判所クドワ判決［2000年］、文献⑦150頁［申惠丰］）。

ブロニオヴスキ判決（2004年）で採用されたパイロット判決方式（文献⑦106頁［小畑郁］）は、大量に申し立てられる同種の事件のうち1件について欧州人権裁判所が判決を下し、そこで構造的問題を指摘して、他の事件については締約国による改善に委ねるというものである。
　そして、この補完性原理を条約前文に明文化することによる欧州人権裁判所と締約国の関係への影響が注目されている（川﨑＝大沢編・文献⑪295頁以下［建石真公子］）。

(5) 比例原則：判断枠組の共通化と限界

　比例原則は、欧州人権条約や欧州連合（EU）を経由してヨーロッパ諸国や非欧米圏へも波及しているといわれる。とりわけ、欧州人権裁判所では、比例原則が条約適合性審査を行う際の基本的判断枠組とされる。自由権規約委員会も、比例原則を用いて判断するようになっていることが指摘される（統治原理を異にする国家においても保障されなければならないものとして、直接的な暴力の抑止のため人身の自由が重視されてきた国際人権条約において、比例原則の弊害を懸念する指摘として、小畑・文献⑨86頁以下）。

(6) 国家の積極的義務：私人間での人権保障

　国際人権条約は、公権力の行使によると否とを問わず、締約国において〈人間の権利〉の一定水準が確保されていることを要求している。締約国は、自らが条約上の権利を侵害しないという消極的な避止義務だけでなく、私人による条約上の権利の侵害を防止・排除する義務を負っているとされる。私人による権利侵害が差し迫っている、あるいは現に発生しているというような一定の場合には、締約国の積極的措置が求められることがある。つまり、私人による権利侵害を防止しあるいは救済するという積極的義務が国家に課されているとされるのである（欧州人権裁判所オスマン判決［1998年］、文献⑦115頁［中居伊都子］）。自由権規約委員会の一般的意見31（2004年）は、私人間において国家による保護がなければ自由権規約上の権利の享受が損なわれる場合、私人からの保護がなされなければ国家の積極的義務が充足されたことにはならないとしている。

III 保障される人権の特徴

1. 実体的権利規定の特徴

　国連で採択された普遍的な国際人権条約も種々の内容があり（条約実施機関による解釈については文献⑲参照）、地域的な人権条約にはそれぞれの特色があるので、日本国憲法について考えるうえで関連のあるいくつかの点に簡単に論及する。

　人身の自由の大本にあると考えられる生命権の条文が、包括的な権利章典の冒頭に置かれている場合の多いことは、国際人権条約の特徴である。おもに自由権を扱う自由権規約や欧州人権条約では、精神的自由よりも、むしろ人身の自由を中心とする構成となっている。条文の配置や分量だけではなく、精神的自由では広範な目的による制限が認められているのに対して、非人道的処遇からの自由については制限が認められていない。欧州人権裁判所が扱ってきた事件も、人身の自由や裁判を受ける権利に関するものが多い。他方、日本国憲法25条のような生存権の規定がない国際人権条約においては、生命権の規定の解釈から社会権的要請を導き出す議論がなされることもある。

　短く簡潔な条文の多い日本国憲法に比べると、国際人権条約の条文は詳細にみえる。自由権については、保障内容だけでなく、制限事由についても原則として各条文に明記する個別的制限条項方式がとられている。「公共の福祉」を根拠に人権の制約を認める日本国憲法の体系とは対照的であり、条約実施機関からは「公共の福祉」による人権制限は不明確であるとの批判もなされている（法の下の平等に関する「合理的区別」についても、同様の批判がなされる）。

　国際人権条約は、公の緊急事態における締約国の条約上の義務の免除（デロゲーション）を定めていることがある。ただし、同時に、緊急事態においても国家の義務が免除されない、「逸脱できない権利」を定めている場合もある。

　国際人権規約においては、自由権規約の規定する権利について「確保する」と定めており、締約国は即時的実施義務を負うと解されている。それに対して、社会権規約の規定する権利については、「漸進的に達成する」（2条）という義務の定めかたがとられている。これは、求められる権利の内

容が、財政的・制度的な背景に依存するため、さまざまな国家が締約国となる国際人権規約においては、国家への強い義務づけが困難と考えられたことによる。しかし、社会権規約においても、保障される権利についての無差別原則は即時的実施義務であるとされている。つまり、社会保障制度の構築は「漸進的」でもよいが、いったん制度が作られたなら、その制度内部における差別は規約違反となるのである（日本の最高裁判例は、無差別原則（社会権規約2条2項）にも漸進的達成（社会権規約2条1項）がかかっており、差別の撤廃も漸進的でよいと解している。この点については、国際的にも批判が強い）。

2. 宗教の自由と政教関係

　自由権規約は、個人の宗教の自由は規定するが、締約国の政教関係は多様であり、政教関係についての規定はない。欧州人権裁判所も、締約国の評価の余地を広く認めることによって、各国の政教関係を尊重してきたとされる（ベッサラビア府主教正教会判決［2001年］、文献⑦375頁［小泉洋一］）。

　しかし、宗教を理由とする差別や迫害、宗教的不寛容が問題とされている国は少なくなく、それは集団憎悪と結びついて紛争の火種にもなる。自由権規約委員会の一般的意見22（1993年）は、特定の宗教が国教であること、人口の過半数がその信者であることなどにかかわらず、宗教の自由と差別禁止が保障されなければならないとしている。しかし、同様に差別や憎悪に関わる問題でありながら、早くに条約化がなされた人種差別と異なり、宗教的不寛容撤廃宣言は1981年に国連総会で採択された（レルナー・文献⑰37頁）。

3. 表現の自由

　国際人権法における表現の自由は、アメリカ的思考とヨーロッパ的思考の2つの流れの中で、ヨーロッパ的伝統に親和性をもって形成されてきたとされる（阿部・文献⑯242頁）。自由権規約19条は、表現の自由について制限事由を列挙し、20条は戦争宣伝・憎悪唱道の規制を求め、ジェノサイド条約3条(c)や人種差別撤廃条約4条(a)も差別的言動の規制を要請している。ただし、自由権規約委員会の実務では、19条3項に列挙された事由以外の制限は認められず、制限事由は比例原則による厳格な審査の下に置

かれており、「国の安全」や「公の秩序」を理由とする制限は容易には認められないとされる（阿部・文献⑯252-261頁）。

表現の自由についても、保障について斉一的な基準を定めることは必ずしも容易ではない領域もある。わいせつ表現・瀆神的表現のように道徳の保護が関わる場合や、営利的表現の規制の場合には、欧州人権裁判所においても、締約国の評価の余地が問題となる。プライヴァシーと表現の自由の調整に関しても、締約国において基準に相違があるとされる（欧州人権裁判所とドイツ連邦憲法裁判所の判断が対立した例として、欧州人権裁判所モナコ王女事件判決［2004年］、文献⑦328頁［鈴木秀美］）。

4．平等

国際人権条約は、一般に、権利の享有について無差別原則を定め、締約国の領域内では、国民（締約国の国籍保持者）、外国人、無国籍者を問わずに条約上の権利の平等な保障を求めている（内外人平等主義）。さらに、条約における平等ないし差別禁止の規定の自律性（当該条約上の権利についてだけではなく、広く一般に平等保障を含むか）が問題となる。自由権規約26条については、自由権規約委員会が一般的意見18（1989年）において、自律性を承認している。欧州人権条約においては、第12議定書（2005年発効）が条約上の権利を前提としない差別禁止を規定した。

婚外子については、欧州人権裁判所が、姦生子（婚外子のうち受胎時に父または母が他の人と婚姻関係にある子）の相続分を2分の1とするフランス民法の規定を条約違反とした（マズレク事件判決［2000年］、文献⑦43頁［建石真公子］）。この欧州人権裁判所の判断は、自由権規約26条の解釈にも大きな影響を及ぼしているとされる（薬師寺ほか・文献⑤251頁［小畑郁］）。日本の政府報告書審査においても、社会権規約委員会、自由権規約委員会、児童の権利委員会、女子差別撤廃委員会から繰り返し関連する法律の規定について懸念や勧告が示されていたし、この点に論及する最高裁の個別意見も少なくなかった。最高裁の国籍法違憲判決（最大判2008（平成20）・6・4民集62-6-1367）や民法900条4号但書違憲決定（最大決2013（平成25）・9・4民集67-6-1320）は、条約実施機関の意見・見解を顧慮したことが窺われる。

フランスにおける旧植民地（セネガル）出身者に対する軍人年金の差別

について、自由権規約委員会は、国籍による年金支給額の差違には合理的かつ客観的な理由はないとして自由権規約違反を認定し、フランス政府に効果的な救済措置を講ずるよう求め、是正措置がなされた。軍人年金の支給は同一の軍務に就いていたことが根拠であり、国籍は無関係であるとする自由権規約委員会の判断は、旧植民地出身者の軍人・軍属に対する戦後補償についての日本の最高裁判例と衝突する可能性がある。

Ⅳ　人権の国際的保障と憲法秩序

1．各国憲法による条約の受け入れ構造

　国際法規範として作成され締結された国際人権条約が国内的に実施されるためには、その前提として条約の国内法化が必要である。国内法化については、条約自体に国内的効力を与える国と、条約の内容を実現するための法律を制定する国とがある（イギリスが後者の代表例）。

　条約自体に国内的効力が認められても、条約の規定が裁判所でそのまま適用できるほど明確か否かというself-executing性（自動執行性）の問題がある。これは「直接適用可能性」あるいは「国内適用可能性」とも呼ばれる問題である。国際人権条約にも、法律による具体化等の必要なしに裁判規範として用いることができるかが問題となる規定が存在するのである。

　さらに、国内的効力を付与された条約について、国法秩序における条約の地位（条約の形式的効力、効力順位）の決定は、各国の憲法に委ねられている。国法秩序は、憲法を頂点とする上下の階層秩序を形成しており、条約がその中のどこに位置づけられるか、換言すれば、条約にどれほどの効力（強さ）が認められるかの問題である。①法律と同じランクとする例として、アメリカ合衆国憲法（第3章）、ドイツ連邦共和国基本法（第5章）がある。大韓民国憲法（第9章）も、この類型に属するようである。②法律には優位するが憲法には劣位する（憲法と法律の中間）という例として、フランス第5共和制憲法（第4章）がある。日本国憲法も、この分類に属すると解されている。中華人民共和国1982年憲法（第7章）には明文の規定がなく、民法通則をはじめ条約の優先適用を規定した法律もみられるものの、学説上は対立があるとされる。なお、フランス第5共和制憲法は、憲法と抵触する疑いのある条約が、憲法院の違憲審査によって違憲と判断

された場合には、憲法改正の後でなければ締結できないと定めており、欧州統合との関係もあって、「条約に対する憲法の優位」の意味合いは複雑である。③通常の条約は法律と同位だが、憲法改正と同等の手続を踏んで締結された条約は憲法と同位とするのが、オーストリア連邦憲法である。欧州人権条約も、そのような「憲法の地位にある条約」である。④憲法よりも条約が優位するとする例として、オランダ憲法が知られているが、憲法に抵触する条約の締結には、憲法改正と同等の手続を要求している。

ただし、国法秩序における国際人権条約の地位にかかわらず、とりわけ違憲審査制を有する国においては、国内裁判所が憲法解釈に援用すること等がなされうる。

2. 国法体系における国際人権条約の機能

各国の国法体系における条約の「受け入れ構造」の相違は、国際人権条約の国内的実施の意味、換言すれば、国際人権条約が国法体系において果たす役割の相違にもつながることがある。

アメリカ（第3章）では、連邦政府が締結した国際人権条約を連邦裁判所が直接適用すれば、抵触する州法に優先することとなり、州権を制限することにつながる。連邦国家においては、条約は連邦の法律と同じランクにあるが、州の憲法に優位する。アメリカでは、国内裁判所が自由権規約を直接適用することを制限しただけでなく、連邦最高裁が憲法解釈において国際人権条約を参照することにも批判的な議論が展開されている。他方、欧州人権条約の場合、(a)条約に国内的効力が認められないイギリス（第2章）においては、欧州人権条約の内容が国内裁判所で裁判規範として用いられるためには、議会による法律で国内法化される必要がある。そのための法律である1998年人権法が制定されるまでは、欧州人権条約をイギリスの国内裁判所で直接に援用することには困難があった。他方、成文の憲法典が存在しないイギリスにおいて、1998年人権法は、違憲審査制に類似する機能をもたらしているともいわれ、権利章典の是非を巡る議論にも複雑な影響を与えているとされる。(b)フランス（第4章）では、現行憲法自体には権利章典がなく、しかも、近年まで個人が法律の違憲性を裁判所で主張することができず、また、法律が欧州人権条約に違反しているか否かについての審査を憲法院は扱わなかったのに対し、破毀院やコンセ

イユ・デタによる法律の欧州人権条約適合性審査は可能とされている。このように、国内憲法が憲法典に権利章典を欠いていたり不十分であったりする国家においては、欧州人権条約がその欠缺・不足を補充・補完するものとして機能することがある。(c)ドイツ（第5章）の場合は、憲法典が包括的な権利章典を含んでおり、それが裁判規範となりうるため、欧州人権条約の憲法補完的機能は目立たないかもしれない。しかし、連邦憲法裁判所は、基本法（憲法）の解釈にあたって欧州人権条約や欧州人権裁判所判例を援用することがある。さらに、(d)カナダ（第6章）では、1982年の人権憲章制定時に欧州人権条約が参照されたという経緯もあり、締約国ではない（締約国になることもできない）にもかかわらず、欧州人権裁判所の判例が憲法解釈にあたって参照されている。

　欧州人権条約は、しばしば、憲法的性質を有するとされることがある。もちろん、欧州人権条約の規定が内容的に憲法の人権規定と類似しているだけで「憲法」と称することはできない。そこには、ヨーロッパにおける多層的な人権保障の存在が指摘される（川﨑＝大沢編・文献⑪310頁以下［江島晶子］）。

むすびにかえて

　地球上の人々が生まれながらに〈人間の権利〉を享有しているとして、それを保障するには多様な制度がありうるところ、現在は国家が人権保障の第1次的な主体とされている。それは、国家が、人権保障のための能力を有しているとともに、自らが人権侵害の当事者にならないための国内的な統治機構の整備がなされていることによる。しかし、第1次的主体である国家による人権保障が十分ではない場合に備えて、第2次的主体として、条約実施機関をはじめとする国際機構が重要である。

　第1次的主体である国家による人権保障が信頼できない状況と程度はさまざまである。したがって、それに対応する国際的なしくみも種々のものがある。近年は、国内機関と国際機構が多層的に人権保障のしくみを構築していくことの重要性に関心が集まりつつある。

　〈人間の権利〉が各国において憲法や法律として実定化されているのに対して、国際社会においては、国家とは異なる方法で、国家の枠を超えて

〈人間の権利〉の検出と実現を図る。しかし、現在の国際社会において、国際機構が国家による人権保障に完全に代替するのではなく補完的機能を果たそうとするのは、人権保障主体としての能力の物理的限界だけではないことにも注意が必要であろう。

〈参考文献〉（＊は主要な参考文献）
①横田洋三編『国際人権入門』〔第2版〕（法律文化社、2013年）
＊②芹田健太郎ほか『ブリッジブック国際人権法』〔第2版〕（信山社、2017年）
③芹田健太郎『国際人権法Ⅰ』（信山社、2011年）
＊④申惠丰『国際人権法 ―国際基準のダイナミズムと国内法との協調』〔第2版〕（信山社、2016年）
＊⑤薬師寺公夫ほか『法科大学院ケースブック国際人権法』（日本評論社、2006年）
⑥ヴォルフガング・ベネデック編／中坂恵美子＝徳川信治訳『ワークアウト国際人権法』（東信堂、2010年）
⑦戸波江二ほか編『ヨーロッパ人権裁判所の判例』（信山社、2008年）
⑧小畑郁『ヨーロッパ地域人権法の憲法秩序化』（信山社、2014年）
⑨小畑郁「グローバル化のなかの「国際人権」と「国内人権」―その異なる淵源と近年の収斂現象・緊張関係」法律時報88巻4号（2016年）
⑩江島晶子『人権保障の新局面 ―ヨーロッパ人権条約とイギリス憲法の共生』（日本評論社、2002年）
⑪川﨑政司＝大沢秀介編『現代統治構造の動態と展望 ―法形成をめぐる政治と法』（尚学社、2016年）
⑫齊藤正彰『国法体系における憲法と条約』（信山社、2002年）
⑬齊藤正彰『憲法と国際規律』（信山社、2012年）
⑭芹田健太郎ほか編『講座・国際人権法1～4』（信山社、2006/2011年）
⑮寺谷広司『国際人権の逸脱不可能性 ―緊急事態が照らす法・国家・個人』（有斐閣、2003年）
⑯ナタン・レルナー（元百合子訳）『宗教と人権 ―国際法の視点から』（東信堂、2008年）
⑰阿部浩己『国際法の人権化』（信山社、2014年）
⑱Manfred Nowak, U.N. Covenant on Civil and Political Rights : CCPR commentary, 2nd rev. ed (N.P. Engel, 2005)
⑲普遍的国際人権条約の日本政府報告書審査や一般的意見など（邦訳）は、http://www.nichibenren.or.jp/activity/international/library.html 参照
⑳欧州人権裁判所の判例は、http://www.echr.coe.int/ 参照

終章 人権保障の現状と日本の特徴

佐々木　雅寿

I　人権の裁判的保障

　20世紀後半以降の現代憲法の多くは、何らかの形態の違憲審査制を採用している。そのため、現在において人権保障の制度を考える場合の論点は、違憲審査制を採用すべきか否かではなく、いかなる形態の違憲審査制を採用すべきかにある（Tushnet・文献①41頁）。

1．違憲審査制の諸類型
(1)　付随的違憲審査制と抽象的違憲審査制の区別と合一化傾向
　これまで一般的に用いられてきた違憲審査制の類型は、付随的違憲審査制と抽象的違憲審査制の区別であった（Tushnet・文献①48頁、文献②198～200頁〔寺島壽一〕）。付随的違憲審査制は、民事・刑事・行政の裁判を行う通常の司法裁判所としての下級裁判所と最上級裁判所が（非集中型）、具体的な訴訟事件の解決に必要な範囲で違憲審査を行い（付随的審査）、違憲判決の効力は原則として訴訟当事者のみを拘束し（個別的効力）、その主要な機能は、具体的事件の特定当事者の私的権利の保護にあり、憲法秩序の保障は副次的な機能とされる（私権保障型）。司法裁判所型とも呼ばれ、アメリカや日本で採用されている。
　それに対し、抽象的違憲審査制は、特別な憲法裁判所が（集中型）、具体的な訴訟を離れて法令等の憲法適合性を判断し（抽象的審査）、違憲判決の効力は対世的・一般的で（一般的効力）、その主な機能は憲法秩序の保障であり、私権の保護は二次的な機能とされる（憲法保障型）。憲法裁判所型とも呼ばれ、ドイツ等で採用されている。
　しかし、今日、2つの類型は相互に接近し、「合一化傾向」を示し、類

似の機能を果たしている。なかでも、カナダの違憲審査制は、付随的違憲審査を原則としつつも、抽象的違憲審査も制度上可能となっており、両制度の中間型といえる。このような合一化傾向が示すように、諸国の違憲審査制がすべて上記の2類型に当てはまるわけではない。

(2) 強い型（strong-form）の違憲審査と弱い型（weak-form）の違憲審査の区別

　20世紀末の違憲審査制の新たな展開をふまえて、強い型の違憲審査と弱い型の違憲審査の区別も試みられている（Tushnet・文献①56〜63頁）。この区別をモデル化すると以下のようになる。

　強い型の違憲審査においては、①違憲審査権を有する最上級裁判所が法律等を違憲と判断すれば、直接的または間接的にその法律等の効力は失われる、②憲法改正を除けば、立法府は裁判所の違憲判断を合憲的に覆すことはできない、③この制度では、違憲審査の民主的正当性が問題となる。アメリカの違憲審査制がその典型例とされるが、前記(1)の付随的違憲審査制と抽象的違憲審査制は、ともにこの強い型の違憲審査に含まれる。

　違憲審査の民主的正当性の問題に対処するために20世紀末に新たに考案されたのが弱い型の違憲審査である。弱い型の違憲審査は、裁判所の違憲判断を立法府が何らかの方法で覆すことができる制度であり、そこには様々な類型がある。この制度の下、裁判所は法律等の違憲審査またはそれに類似の審査を行うが、その方法や効果は様々である。議会が通常の法律として権利章典法を制定し、裁判所は問題となる法律を権利章典法に適合的に解釈する方法（ニュー・ジーランド）、法律等が人権法に適合しない旨裁判所が宣言するが、当該法律等の法的効力に影響を与えない方法（イギリス）、裁判所が違憲と判断した法律等は無効となるが、議会がそれを有効と宣言することを認める方法（カナダ）等がある。裁判所の違憲判断等に対する立法府の対応の仕方も、違憲あるいは権利章典法等に適合しないとされた法律等の廃止、修正、無修正等多様である。それらの組み合わせにより、弱い型の違憲審査のなかにも、最も弱いものから（ニュー・ジーランド）、中間的なもの（イギリス）、比較的強いもの（カナダ）まで、いくつかの類型がある。ただし、憲法に適合しない法律を裁判所が無効とする違憲審査制はイギリス、ニュー・ジーランドには存在せず、違憲審査制に類似の制度が採用されていることに注意すべきである。そうであれば、弱

い型の違憲審査の典型例はカナダということになる。

　確かに、カナダの人権憲章33条（適用除外条項）により、連邦議会および州議会は、たとえカナダ最高裁の違憲判断が示されたとしても、人権憲章上の一定の権利や自由を、憲法上有効に制限ないしは否定することができる。そのため、この条項を前提にすると、カナダの制度は弱い型の違憲審査となる。しかし、適用除外条項がほとんど援用されていない現状と、適用除外条項が適用されない権利や自由があること等をふまえると、カナダでは、原則、強い型の違憲審査が行われ、例外的に、弱い型の違憲審査も可能と整理することができる。これは、強い型と弱い型の中間型といえる。

　弱い型の違憲審査は、対話的違憲審査とも呼ばれており、裁判所と立法府との「対話」、すなわち、一方で、憲法に関する裁判所の判断を示しつつ、他方で、裁判所の憲法判断を踏まえつつも、立法府が自身の理解に基づき最終的な対応をとることを認めることが、弱い型の違憲審査の利点の1つとしてあげられる。しかし、カナダの場合、弱い型の違憲審査のみならず、強い型の違憲審査においても、裁判所と立法府との対話が行われているため、対話は弱い型の違憲審査に固有のものではない。

　弱い型の違憲審査は、違憲審査の民主的正当性の問題を構造的に緩和することができる（Tushnet・文献①58頁）。また、弱い型の違憲審査は、社会権等の第2世代の人権を具体的に保障する場合に有効であることも示唆されている（Tushnet・文献①66頁）。

(3)　日本の違憲審査制の類型

　日本国憲法81条は明示的に違憲審査権を規定する。憲法学の通説も最高裁も、日本国憲法が採用する違憲審査制は、付随的違憲審査制であると理解する。しかし、裁判所が実際に行使する違憲審査権は、客観訴訟における違憲審査のように、典型的な付随的違憲審査から一定の距離のあるものも含まれている。

　日本の制度は、強い型の違憲審査に分類される。そして、日本においても、憲法問題に関し、最高裁と政治部門との対話が一定程度行われている（佐々木・文献③参照）。

2. 人権制約の正当性審査の方法
(1) 世界の状況

　憲法で人権を規定する場合、人権制約の可能性を明示的に示すか否かは国により異なる。それには、①カナダのように、1つの条文で一般的な人権制約の正当化事由を規定する方法（一般的人権制約条項）、②多くのヨーロッパ諸国の憲法のように、各人権を保障する条文のなかに当該人権の制約を正当化する事由を個別に規定する方法（個別的人権制約条項）、③アメリカのように、文言上、人権制約の可能性を明示しない方法等がある（Tushnet・文献①7頁）。①と②では、人権制約の正当化事由を比較的詳細に規定する傾向がある。

　裁判所が人権制約の正当性を判断する方法には、(a)必要な考慮要素をすべて検討する比較衡量または総合衡量、(b)ドイツやカナダ等で用いられている比例原則、(c)アメリカで採用されているいくつかの厳格度の異なる違憲審査基準を使い分ける方法等がある（Tushnet・文献①71～73頁参照）。比例原則の内容は国によって異なるが、現在、多くの国の裁判所で比例原則が採用されている。

(2) 日本の状況

　日本国憲法は、人権の一般的な条項のなかで「公共の福祉」による人権制約を規定し（12条、13条）、さらに、個別の人権規定では、居住・移転の自由および職業選択の自由（22条1項）と財産権（29条2項）に関して、明文で「公共の福祉」による制約を規定する。12条と13条の公共の福祉を一般的人権制約条項と、そして22条と29条の公共の福祉を個別的人権制約条項と位置づけることは一応可能ではあるが、「公共の福祉」の内容は文言上抽象的で不明確である。

　最高裁は、人権が絶対無制約ではないことを前提に、特定の人権制約が、公共の福祉による制約として憲法上正当化できるかどうかという観点から違憲審査を行っている。

　最高裁は、人権制約の正当性審査に関し、これまで一般的に用いられる統一的な判断枠組みを示したことはない。しかし、1960年代後半以降の判例には、人権制約によって得られる利益と、人権制約によって失われる利益とを比較衡量し、前者が大きい場合には人権制約を合憲とし、後者が大きい場合には人権制約を違憲とする比較衡量を基本にしたものもみられ

る（最大判1966（昭和41）・10・26刑集20-8-901、最大決1969（昭和44）・11・26刑集23-11-1490等）。また、いわゆる猿払事件判決（最大判1974（昭和49）・11・6刑集28-9-393）とその後のいくつかの判例で最高裁は、①禁止の目的、②目的と禁止される行為との関連性、③行為を禁止することにより得られる利益と禁止することにより失われる利益との均衡の3点から判断するいわゆる猿払基準を採用した。この基準は、比例原則に類似する要素も含んでおり、その運用次第では、日本型の比例原則に発展する可能性もあったと考えられる。

このような状況のなか、いわゆる堀越事件判決（最2小判2012（平成24）・12・7刑集66-12-1337）の千葉勝美裁判官の補足意見は、「近年の最高裁大法廷の判例においては、基本的人権を規制する規定等の合憲性を審査するに当たっては、多くの場合、それを明示するかどうかは別にして、一定の利益を確保しようとする目的のために制限が必要とされる程度と、制限される自由の内容及び性質、これに加えられる具体的制限の態様及び程度等を具体的に比較衡量するという『利益較量』の判断手法を採ってきており、その際の判断指標として、事案に応じて一定の厳格な基準（明白かつ現在の危険の原則、不明確ゆえに無効の原則、必要最小限度の原則、LRAの原則、目的・手段における必要かつ合理性の原則など）ないしはその精神を併せ考慮したものがみられる。」と説示する。これによれば、近年の最高裁は、原則、比較衡量または総合衡量を行いつつ、その際の判断指標として、アメリカ由来の複数の違憲審査基準を参考にするという手法をとっている。今後、最高裁がどのような判断枠組みを用いるのか注目される。

憲法学説はこれまで、アメリカの違憲審査基準を参考にして、日本でも具体的な違憲審査基準を採用すべきとする見解が多かった。それに対し近年、ドイツの比例原則を参考にして、比例原則を日本でも採用すべきとする学説や、比例原則と違憲審査基準の融合可能性を探る学説が注目される。

最高裁は一般的に、緩やかな違憲審査を行い、人権制約を合憲と判断する傾向が強い。それに対し学説は、より厳しい違憲審査を求め、人権制約を違憲と指摘する傾向が強い。

3. 人権保障に対する裁判所の立場

(1) 世界の状況

人権保障に対する裁判所の立場をモデル化して整理すると、①人権保障に積極的な立場、②人権の種類や性質に応じて積極的態度と消極的態度とを使い分ける立場、③人権保障に消極的な立場とに分けることができる。その背景には、各国の歴史や経験、人権概念の理解の仕方、議会主権に関する考え方、連邦制の内容、違憲審査の民主的正当性に対する立場、人権保障における立法府の役割の理解等が影響していると考えられる。

(2) 日本の状況

日本国憲法制定以降、最高裁が、明示的に法令を違憲と判断したのは、2016年12月末現在、10例である（①最大判1973（昭和48）・4・4刑集27-3-265（刑法200条違憲判決）、②最大判1975（昭和50）・4・30民集29-4-572（薬事法違憲判決）、③最大判1976（昭和51）・4・14民集30-3-223（公職選挙法の衆議院議員定数配分規定違憲判決）、④最大判1985（昭和60）・7・17民集39-5-1100（公職選挙法の衆議院議員定数配分規定違憲判決）、⑤最大判1987（昭和62）・4・22民集41-3-408（森林法違憲判決）、⑥最大判2002（平成14）・9・11民集56-7-1439（郵便法違憲判決）、⑦最大判2005（平成17）・9・14民集59-7-2087（在外日本人選挙権制限違憲判決）、⑧最大判2008（平成20）・6・4民集62-6-1367（国籍法違憲判決）、⑨最大決2013（平成25）・9・4民集67-6-1320（民法900条4号但書違憲決定）、⑩最大判2015（平成27）・12・16民集69-8-2427（100日を超える再婚禁止期間違憲判決））。

そのため、最高裁は極端な司法消極主義に陥っていると学説から批判されてきた（市川・文献④23頁）。最高裁が司法消極主義をとる背景には、国会に提出されるほとんどの法案を占める政府提出法案には内閣法制局の厳密な審査があり、そこでは憲法に違反しないかどうかのチェックも十分になされ、文面上違憲と考えられるような法律が成立する可能性が低かったことも影響していたと考えらえる（伊藤・文献⑤126頁参照）。

しかし、2000年以降、最高裁は、違憲判断を比較的頻繁に出す等、以前より積極的に違憲審査権を行使してきている（市川・文献④23頁）。上記⑦の違憲判決は、選挙権またはその行使の制限に関して厳格な違憲審査基準を採用した法令違憲判決である。そのことと比較すると、最高裁は、生存権に関しては、行政府や立法府の広い裁量を認め、生存権保障に消極

的な立場をとり続けている（文献②第11講〔岩本一郎〕参照）。また、最高裁は、同じ種類の人権が問題となっていても、事案の特殊性に応じて、違憲審査の厳しさを変える場合がある。今後、最高裁がどのような方向に進むのか注目される。

4. 人権保障における政治部門の役割

　強い型の違憲審査においても、裁判所の違憲判断のみでは人権保障が完結しない場合もある。例えば、平等権を侵害する法律が違憲無効と判断された場合、平等権を侵害しない新たな法律の制定が必要となることは多い。また、社会権を具体化する法律が違憲無効とされた場合も、新たな法律が制定されなければ社会権の保障ができないことも考えられる。このような場合、立法府の適切な事後対応が人権保障の要諦となる。また、弱い型の違憲審査であれば、裁判所の違憲判断後の立法府の適切な対応こそが人権保障の内容を決定することになる。

　このように、人権保障を確実なものとするためには、裁判所の違憲判断だけでは不十分で、政治部門の適切な対応も必要となる。つまり、人権保障には、裁判所と政治部門との相互作用や協働といった対話が不可欠となる。そうであれば、人権保障における立法府や政治部門の役割にも注意を向ける必要がある。

　このことをふまえると、日本においても、人権問題に対する裁判所の対応のみならず、政治部門の対応内容も常に注視する必要がある。この観点から日本の現状をみると、政治部門は、最高裁の明示的な違憲判断には必要最小限の範囲で対応するが、それ以上の対応をとることには消極的である（佐々木・文献③参照）。

II　現代における人権保障の特徴

　各国の人権保障の内容や方法は、それぞれの国の歴史と経験に依存する要素が多いため（Tushnet・文献①70頁）、人権保障の特徴も国ごとに異なっている。以下では、比較憲法学のこれまでの知見と本書の内容とをふまえて、現代における人権保障の特徴を概観する。

1. 人権の主体

(1) 世界の状況

近代以降の法制度や人権論は、すべての人間の普遍的人権を保障したかのような外見をとりつつ、実際には性差別や人種差別を内包していた（辻村・文献⑥1頁）。そのため、女性や、特定の人種、障害者、先住民族等のマイノリティは、人権主体から排除されたり、人権が制約されることがあった。このように、近代憲法では、人権は必ずしもすべての人間に平等に保障されていたわけではなかった。

それに対し、現代憲法では、人権の普遍性に基づいて、人権をすべての人間に平等に保障することを基本原則とし、女性やマイノリティの人権保障が実現されつつある。たとえば、カナダの1982年憲法は、人権保障に関する男女平等原則、人種や障害に基づく差別の禁止、先住民族の権利保障を憲法で明示的に規定し、現代憲法の特徴を多く備えている。

(2) 日本の状況

日本国憲法は、固有性（人権は人間であることによって当然に有する権利）、不可侵性（人権は絶対無制約ではないが、原則として公権力によって侵害されない）、普遍性（人権は人種、性別、身分等の区別に関係なく、人間であるということだけで享有できる）をもつ基本的人権を保障していると考えられている（中村・文献⑦20～21頁）。そのため、憲法上は、女性や障害者等も当然人権が保障されている。

しかし、現実には、社会のなかに女性、障害者、アイヌ民族等に対する差別が存在し、また、法律上にも差別的な規定が残され、対応すべき課題も多かった。そこで、女性に関しては1985年にいわゆる男女雇用機会均等法そして1999年に男女共同参画社会基本法が、障害者に関しては2013年にいわゆる障害者差別解消法が、そして、アイヌ民族に関しては1997年に、北海道旧土人保護法が廃止され、いわゆるアイヌ文化振興法が制定される等、それぞれの問題に対応すべく法整備も進みつつある。

2. 人権の内容

(1) 世界の状況

人権の歴史的発展をみると、第1世代の人権（近代に成立した自由権、平等権）、第2世代の人権（20世紀以降に発展した社会権）、第3世代の人権（20

世紀後半から主張されてきたプライヴァシーの権利、環境権、文化権、言語権、発展途上国等の発展（開発）の権利等の新しい人権)、そして第4世代の人権と称されることもある平和的生存権というように、主張される人権の内容は拡大してきた（Tushnet・文献①63頁、辻村・文献⑧99〜101頁、岡田・文献⑨参照)。

　第1世代の人権は多くの現代憲法で保障されている。それに対し、第2世代の人権とされる生存権や社会保障を明示的に規定する憲法は少なく、多くの国では、法律のレベルで生活保護等を規定している。また、憲法で生存権に関する規定を置く場合でも、生存権の保障を個人の「権利」としてではなく、国家の「義務」や「原則」と理解する例が多い。さらに、憲法が生存権を「権利」と規定しても、それを裁判所で救済可能な具体的請求権として認める国は非常に少ない（君塚・文献⑩272〜281頁)。近年、生存権保障に関して裁判所がどの程度積極的な役割を果たすべきかが重要な論点となっている。

　第3世代の人権のなかでも言語権や文化権等は、個人のみならず集団も享有する人権として主張されることが多い（Tushnet・文献①67頁)。同様に、近年主張されている先住民族の権利にも集団的権利が含まれている。そのため、人権は集団にも認められうるのか、個人の人権と集団の人権が対立した際の解決方法等、理論的にも実践的にも困難な課題がある（常本・文献⑪参照)。

(2)　日本の状況

　日本国憲法は、自由権（精神的自由権、経済的自由権、人身の自由)、平等権、社会権（生存権、教育を受ける権利、勤労権、労働基本権)、参政権、国務請求権（裁判を受ける権利、請願権、国家賠償請求権、刑事補償請求権）等を明示的に保障する（文献②第2講〔中村睦男〕参照)。また、憲法13条の幸福追求権を根拠に、プライヴァシーの権利や自己決定権等も裁判所によって人権として認められる傾向にある（文献②第5講〔佐々木雅寿〕参照)。このように、日本国憲法では、第1世代と第2世代の人権に加え、第3世代の人権の一部が保障されている。

　第2世代の人権に関し、日本国憲法25条1項は、「すべて国民は、健康で文化的な最低限度の生活を営む権利を有する」と規定し、生存権を「権利」として保障しており、比較憲法の観点からは特徴的である。しかし、

最高裁は、憲法25条1項は、国の責務を宣言したにとどまり、直接個々の国民に対して具体的権利を賦与したものではなく、具体的権利は生活保護法によってはじめて与えられるとの立場をとる（最大判1948（昭和23）・9・29刑集2-10-1235、最大判1967（昭和42）・5・24民集21-5-1043、最大判1982（昭和57）・7・7民集36-7-1235）。もっとも、憲法25条を具体化する法律等の内容が著しく合理性を欠いた場合、裁判所が違憲判断を下す可能性は残されている（文献②第11講〔岩本一郎〕参照）。

　第3世代の人権とされる先住民族の権利に関し、人権は個人が享有し、集団は享有できないという近代的な人権観が憲法学説の通説的立場となっているため、集団的権利としての先住民族の権利保障に対し学説は慎重である。日本政府も、2007年9月13日に国際連合総会において「先住民族の権利に関する国際連合宣言」が採択された際、当該宣言に賛成しつつも、集団的権利は認められないとの立場を示した（常本・文献⑫204頁）。

　もっとも、日本政府は、上記国連宣言が採択されたことを受けて、これまでのアイヌ政策を更に推進し、アイヌの人々の意見等を踏まえつつ総合的かつ効果的なアイヌ政策を推進するため検討を進めている。また、法務省の人権擁護機関では、アイヌの人々に対する理解と認識を深めるとともに、偏見や差別の解消を目指して、啓発活動や相談、調査救済活動を行っている。このように、政府は、アイヌ民族に特別な権利を認めることには慎重ではあるが、差別の解消やアイヌ文化の振興に関しては一定の積極性を示している。

　現在、憲法学説においては、他の国民と同様の人権に加えて、いかなる内容の先住民族の権利がアイヌ民族に認められうるのかの検討が行われ始めたところである。

3. 人権の保障範囲
(1) 世界の状況

　人権は、本来、国家と個人との関係で保障され、国家による人権侵害が問題とされてきた。ところが、現代では、巨大な企業等の社会的権力による人権侵害（私人による人権侵害）も対応すべき人権問題として理解されるようになってきた。ドイツの国家の基本権保護義務論はこの問題への1つの対応の仕方である。また、憲法上の人権をあくまでも国家と個人との

関係で捉えつつも、私人による人権侵害を簡易・迅速・安価に解決するため、人権委員会や人権審判所を設置するカナダのやり方は、この問題へのもう1つの対応方法である。

(2) 日本の状況

日本国憲法が規定する人権は、原則として、国家と個人との関係で保障されるものと理解されている。そのため、憲法が対応すべき主要な問題は、国家による人権侵害である。しかし、私人による人権侵害に対しても憲法が何らかの形で対応すべきであると考えられるようになった。そのため、憲法学の通説と最高裁（最大判1973（昭和48）・12・12民集27-11-1536）は、人権規定の趣旨・目的ないし文言から直接的に私人間にも効力をもつものを除き、民法90条のような一般条項や民法709条の不法行為に関する規定等を媒介として、憲法の人権規定を間接的に私人間に適用する間接適用説の立場をとる（文献②第4講〔大島佳代子〕参照）。判例によれば、私人間においては、人権規定の効果は少し弱まった形で発揮されることになり、国家と個人との関係では許されない人権制約であっても、私人間の関係では憲法上許される場合も出てくる。

また、私人間の人権侵害に対しては、例えば、いわゆる男女雇用機会均等法のような個別の法律が具体的に差別等を禁止する場合もある。

4. 人権保障の国際化
(1) 世界の状況

現在、人権は、各国の憲法に加え、国際人権条約等でも保障され、人権侵害に対しては、各国の裁判所のみならず、国際人権機関等による救済の可能性も高まった。このような人権保障のダブル・チェック体制は、「多層的立憲主義」とも呼ばれている（齊藤・文献⑬119頁以下参照）。

人権保障の国際化は、すべての人間が普遍的な人権をもつことを基調として進められてきた。しかし、近代的な人権原理そのものを疑うポスト・モダンの法理論や多文化主義等の潮流から、近代以降の普遍的人権という思想自体が、西欧キリスト教社会の産物であり、宗教・文化・言語を異にするイスラム諸国やアジア・アフリカ諸国には異なる人権原理があるといった批判を受けている（辻村・文献⑧1頁、7頁）。

人権保障という観点からみると、人権の普遍性に関する現代的議論（ポ

スト・モダンな人権論）は、人権の内容や保障範囲を広げるための議論と、人権の内容や保障範囲を狭めるための議論に分けることができる。女性やマイノリティのように、近代人権思想の下で必ずしも十分な人権保障を受けてこなかった主体の人権を今以上に保障するための議論は、理論面でもまた実践面でも困難な課題が伴うとはいえ、個人の尊厳を根拠とする人権保障の価値に親和的である。それに対し、宗教・文化等を異にするアジア諸国には異なる人権原理があるといういわゆるアジア的人権論に代表される議論の多くは、西欧諸国で保障されている人権を十分に保障しないことを正当化するための議論の要素も多く、人権保障の価値に反する可能性が高い。

(2) 日本の状況

日本は、多くの国際人権条約を批准しているため、制度上は、日本国憲法だけでなく、日本が批准した国際人権条約によっても人権が二重に保障されている。しかし、最高裁は、国際人権条約に基づいて人権を保障することに消極的である。また、日本政府も、国際人権機関等からの勧告等に対し迅速かつ誠実に対応しているとはいいがたい場面も多い。したがって、日本においては、人権保障のダブル・チェック体制は、制度上はある程度整っているが、それが必ずしも十分に機能していないのが現状である。

III 個別分野の概観

1．平等権

(1) 世界の状況

現代憲法において平等権の保障は重視されている。しかし、過去において社会的に差別されてきた女性や、人種、民族等の社会的マイノリティが実際に平等権の保障を受けることができるようになるのは、20世紀後半以降であった。

平等権の保障範囲は、差別禁止事由の増加にともなって、拡大している。例えば、平等権を保障する近年の憲法条項等には、人種、信条、性別等の従来から列挙されてきた差別禁止事由に加え、障害や性的指向性（sexual orientation）も新たに差別禁止事由として規定する傾向がある（1996年南

アフリカ共和国憲法9条3項、2000年欧州連合基本権憲章21条1項等)。性的指向性に基づく差別が憲法上禁止されることにともなって、同性間の婚姻を認める国が増加しつつある。

各国の憲法は、正当な理由があれば平等権の一定の制約を認めているため、そこで保障されている平等は、絶対的平等ではなく、相対的平等である。また、求められる平等の内容は、まず、形式的平等（機会の平等）の実現が求められ、次に、実質的平等（結果の平等）が求められるというように、歴史的に発展してきた。

各国で保障されている平等の内容の違いは、過去の差別是正を目的とする積極的格差是正措置（アファーマティヴ・アクションまたはポジティヴ・アクション）の位置づけにあらわれる。例えば、アメリカでは、形式的平等が原則であり、積極的格差是正措置は形式的平等に反する疑いがあるため、原則として、より厳格な違憲審査に服し、高度の正当化事由がなければ憲法上認められない傾向にある。それに対しカナダでは、憲法上の平等に実質的平等が含まれていると考え、積極的格差是正措置が憲法上明示的に認められている。また、フランスをはじめ欧州諸国、韓国、台湾においても、積極的格差是正措置が活用されている。ただ、積極的格差是正措置には、逆差別の問題や、保護を受ける集団に対して劣位者としてのスティグマを与えること等の課題もある（辻村・文献⑧250頁）。

(2) **日本の状況**

日本国憲法14条1項は、平等権を保障し、「人種、信条、性別、社会的身分又は門地」によって差別されないと規定する。この5つの差別禁止事由は例示的に列挙されたものであると解されているため、この5つ以外の事由に基づく差別であっても、憲法上禁止される場合がある。

憲法が保障する平等は、絶対的平等ではなく、相対的平等であると理解されており、法的区別に合理的理由があれば平等権の侵害はないとされる。近年では、先天的に決定される条件や自己のコントロールの及ばない事由に基づく法的区別は、原則として、憲法上禁止される差別と捉える学説が有力である。最高裁も、相対的平等の立場から、法的区別に合理的理由があるか否かの観点から違憲審査を行い、①自己のコントロールの及ばない事由に基づく法的区別が行われ、②重要な法的利益や権利が差別される場合、比較的慎重に違憲審査することを明らかにした（最大判2008（平

成20)・6・4民集62-6-1367)(文献②第6講〔大島佳代子〕参照)。

　最高裁はこれまで、以下の6つの事案において、憲法14条違反等を理由に法律を違憲と判断した（最大判1973（昭和48）・4・4刑集27-3-265（刑法200条違憲判決）、最大判1976（昭和51）・4・14民集30-3-223（公職選挙法の衆議院議員定数配分規定違憲判決）、最大判1985（昭和60）・7・17民集39-5-1100（公職選挙法の衆議院議員定数配分規定違憲判決）、最大判2008（平成20）・6・4民集62-6-1367（国籍法違憲判決）、最大決2013（平成25）・9・4民集67-6-1320（民法900条4号但書違憲決定）、最大判2015（平成27）・12・16民集69-8-2427（100日を超える再婚禁止期間違憲判決））。

　一般に憲法学説は、憲法14条は、第一義的に形式的平等（機会の平等）を保障しているが、実質的平等（結果の平等）の理念からくる形式的平等の相対化の要請を相当程度まで許容していると理解する。そのため、学説は、社会構造的な過去の差別や格差を解消し、実質的な意味での機会の平等をめざすための、暫定的で合理的な積極的格差是正措置は、憲法の平等原則に違反しないと解する傾向にある（佐々木・文献⑭参照）。

2. 信教の自由と政教分離の原則
(1) 世界の状況

　信教の自由は、伝統的な人権として各国の憲法によって保障されているが、国家と宗教との関係は、国によりまた時代によって異なる。比較憲法の観点からみると、憲法で政教分離原則を宣言する国はそれ程多くない。国家と宗教との関係について西欧の主要な国をみると、①国教制度を建前とし、国教以外の宗教について広汎な宗教的寛容を認め、実質的に宗教の自由を保障するもの（イギリス）、②国家と宗教とは各々その固有の領域において独立であることを認め、教会は公法人として憲法上の地位を与えられ、その固有の領域については独自に処理し、競合事項に関しては親和条約（コンコルダート）を締結し、これに基づいて処理すべきものとするもの（イタリア、ドイツ）、③国家と宗教を分離するもの（アメリカ、フランス）という3つに分類できる（文献⑮324～325頁〔中村睦男〕）。

(2) 日本の状況

　日本国憲法20条は信教の自由を保障するとともに、同条と89条は政教分離原則を明示的に規定する。信教の自由の保障内容には、①信仰の自由

（内心において信仰を持つ自由または持たない自由、信仰する宗教を選択・変更する自由）、②宗教的行為の自由（礼拝、祈祷、宗教上の儀式・式典等を行う自由、宗教上の儀式・式典等への参加または不参加の自由、布教の自由、信仰告白の自由、宗教的教育の自由）、③宗教的結社の自由（宗教団体を結成する自由、その団体への加入または不加入もしくは脱退の自由）が含まれ、特に、上記①の内心の信仰の自由は、絶対無制約であると解されている。

政教分離原則に関し最高裁は、憲法は国家と宗教との完全な分離を理想としていることを認めつつも、政教分離規定は、いわゆる制度的保障の規定であって信教の自由そのものを直接保障するものではないことと、現実の国家制度として、国家と宗教との完全な分離を実現することは実際上不可能に近く、政教分離原則を完全に貫こうとすればかえって社会生活の各方面に不合理な事態を生ずることを根拠に、政教分離の程度を緩やかに捉える傾向が強い（最大判1977（昭和52）・7・13民集31-4-533）。しかし、そのような傾向にあっても、最高裁が政教分離原則違反と判断した違憲判決が2例ある（最大判1997（平成9）・4・2民集51-4-1673、最大判2010（平成22）・1・20民集64-1-1）。判例と比較すると、憲法学説は、政教分離を厳格に捉える傾向にある（文献②第7講〔齊藤正彰〕参照）。

3．表現の自由
(1) 世界の状況

表現の自由は、近代人権思想において、特に重要な権利として確立された。現代においても、表現の自由は、民主制国家ではとりわけ枢要な人権である。そのため、憲法に明文の規定を置くか否かを問わず、民主制国家においては、検閲は禁止される。

近代において表現の自由は、思想や情報を外部に公表する「送り手の自由」として保障された。しかし、現代において表現の自由は、送り手の表現の自由に加え、情報等の「受け手」の「知る権利」等も含むと解されている。

表現の自由に関する現代的問題の1つに、人種や性あるいはマイノリティ集団等に対する憎悪や嫌悪等を表す差別的表現ないしはヘイト・スピーチの規制問題がある。この点、アメリカにおいてはヘイト・スピーチ規制に消極的であるが、それ以外の国では、当該規制は表現の自由の保障

と調和可能であると考えられている（Tushnet・文献①70頁）。その背景には、表現の自由をどの程度厳密に国家の介入や規制を排除する「国家からの自由」ととらえるべきか、また、立法府は、表現の自由のみならず、ヘイト・スピーチの攻撃対象者の人権を保護するため、どのような調整機能を果たすべきかといった問題に対する立場等の違いがあると考えられる（辻村・文献⑧125〜126頁参照）。

(2) 日本の状況

日本国憲法21条1項は、「集会、結社及び言論、出版その他一切の表現の自由」を保障し、同条2項は検閲を禁止する。表現の自由には、送り手の表現の自由のみならず、受け手の知る権利も含まれると解されている。

政治的内容のビラを、管理者の意思に反して、公務員宿舎である集合住宅や分譲マンションの各室玄関のドアポストに投函する行為を刑法130条前段の住居侵入罪等で処罰することが憲法21条1項に違反するか否かが争われた事案で、最高裁は、被告人が立ち入った場所は、住人が私的生活を営む場所で、一般に人が自由に出入りすることのできる場所ではないことを強調して、被告人を刑法130条前段の罪に問うことは表現の自由の保障に違反しないと判示した（最2小判2008（平成20）・4・11刑集62-5-1217、最2小判2009（平成21）・11・30刑集63-9-1765）。このような判決の背後には、場所の性質に応じて表現の自由の保障の強さが変化しうるとの理解や、集合住宅1階にある集合ポストではなく、各室玄関のドアポストへのビラ投函は許容できないといった判断があると推測される。これに対し憲法学説は、表現の自由のなかでも特に政治的表現の自由は強い保護を受けるべきことや、ビラ配布が表現手段として重要であること等を強調し、上記判決を強く批判する。その背後には、表現の自由はいかなる場所でも優越性を保持するとの理解があると考えられる。

ヘイト・スピーチに関し、人種差別撤廃条約4条(a)(b)は、①人種的優越・憎悪に基づく思想の流布、②人種差別のせん動、③人種差別を助長・せん動する団体および組織的宣伝活動その他すべての宣伝活動、④そのような団体・活動への参加等を法律で禁止・処罰することを求めている。日本が1995年にこの条約に加入した際、憲法の保障する表現の自由・結社の自由を制約する条約上の義務を受諾しない旨の「留保」を付けた。従来の憲法学説も、表現の内容に基づく規制は原則許されない、言論には言論で対

抗するのが原則、集団の尊厳の保障を憲法13条から導き出すことへの疑問等の理由から、集団に対するヘイト・スピーチの規制には慎重な立場をとってきた。しかし、在日コリアンへのヘイト・スピーチが社会問題化したことを受けて、近年、ヘイト・スピーチを何らかの形で規制すべきであるとする主張も注目されている（曽我部・文献⑯参照）。このような状況のなか、2016年6月3日、いわゆるヘイト・スピーチ解消法が施行された。この法律にヘイト・スピーチの禁止規定や罰則規定はないが、ヘイト・スピーチの解消に向けた取り組みを国や地方公共団体に求めている。今後、いかなる形態のヘイト・スピーチに対し、どのような規制であれば憲法上許容されうるのかを具体的に検討する必要がある。

最高裁はこれまで、表現の自由の分野で違憲判断を示したことはない（文献②第8講、第9講〔岩本一郎〕参照）。

むすびにかえて

人権を実効的に保障するためには、①憲法に適切な内容・文言の人権保障条項を規定すること、②裁判所が人権規定を適切に解釈・運用し、実効的な救済を与えることに加えて、③政治部門も、裁判所との対話を通して、人権問題に積極的にコミットすること、④裁判所も政治部門も国際人権条約等を誠実に遵守すること、⑤国民が、人権問題について、裁判所や政治部門の対応を注視すること等が重要である。

比較人権論の観点から日本の人権状況をみると、憲法上の人権規定の内容、違憲審査制度、最高裁と政治部門との最低限の対話、国際人権条約の批准等々、日本の場合、人権保障のための前提や制度はかなりの程度整っている。しかし、裁判所も政治部門も、その制度を必ずしも十分に活用しているとはいえない場面も多く、人権保障のレベルは必ずしも十分満足のいくものとはいえない。今後は、制度のより一層の整備と、それを十分に活かすための工夫等が必要となる。そのためにも、比較人権論の知見をふまえ、人権問題に対する国民の不断の注視が重要となる。

〈参考文献〉（＊は主要な参考文献）
　＊①M. Tushnet, *Advanced Introduction to Comparative Constitutional Law* (Edward

Elgar, 2014)
- *②中村睦男編著『はじめての憲法学〔第3版〕』(三省堂、2015年)
- ③佐々木雅寿『対話的違憲審査の理論』(三省堂、2013年)
- ④市川正人「違憲審査権行使の積極化と最高裁の人的構成」市川正人他編著『日本の最高裁判所』23頁（日本評論社、2015年)
- ⑤伊藤正己『裁判官と学者の間』(有斐閣、1993年)
- ⑥辻村みよ子『憲法とジェンダー』(有斐閣、2009年)
- ⑦中村睦男「人権観念の歴史的展開」高見勝利編『人権論の新展開』3頁（北海道大学図書刊行会、1999年)
- ⑧辻村みよ子『比較憲法〔新版〕』(岩波書店、2011年)
- ⑨岡田信弘「第三世代の人権」高見勝利編『人権論の新展開』157頁（北海道大学図書刊行会、1999年)
- ⑩君塚正臣編著『比較憲法』(ミネルヴァ書房、2012年)
- ⑪常本照樹「人権主体としての個人と集団」長谷部恭男編著『リーディングズ現代の憲法』81頁（日本評論社、1995年)
- ⑫常本照樹「『先住民族の権利に関する国際連合宣言』の採択とその意義」北海道大学アイヌ・先住民研究センター編『アイヌ研究の現在と未来』193頁（北海道大学出版会、2010年)
- ⑬齊藤正彰『憲法と国際規律』(信山社、2012年)
- ⑭佐々木雅寿「日本における法の下の平等」『北大法学論集』59巻5号172頁(2009年)
- ⑮野中俊彦他著『憲法Ⅰ〔第5版〕』(有斐閣、2012年)
- ⑯曽我部真裕「ヘイトスピーチと表現の自由」『論究ジュリスト』14号152頁(2015年)

事項索引

あ 行

曖昧性ゆえの無効の法理……………… 62
アウシュヴィッツの嘘………………… 114
　　——決定（1994年）……………… 114
アジア的人権論……………… 181,185
アファーマティヴ・アクション
　………………… 68,134,172,173,237
アメリカ合衆国憲法………………… 22
アメリカ独立宣言…………………… 20
アリストテレス……………………… 12
アルトラ・ヴァイリーズ原則　→権限踰
　越原則
「安全な第三国」判決（1996年）…… 101
安楽死………………………………… 133
EU基本権憲章……………………… 215
イエリネック………………………… 74
生きている文書……………………… 216
イグナティエフ　→マイケル・イグナティ
　エフ
違憲確認判決………………………… 100
違憲警告判決………………………… 100
違憲審査基準………………………… 228
違憲審査権…………………………… 186
違憲審査制の二元制………………… 188
意見表明の自由……………………… 113
違憲立法審査権……………………… 22
逸脱できない権利…………………… 218
一般的意見…………………………… 213
一般的行為自由……………………… 109
一般的人格権………………………… 109
一般的人権制約条項……………… 122,228
一般的平等原則……………………… 110
一般的法律…………………………… 113
一般平等取扱法……………………… 111

移転の自由……………………… 141,142
ヴァージニアの権利宣言…………… 22
ヴァイマル憲法……………… 21,95,96
ウィーン宣言及び行動計画………… 208
ウィリアムのオッカム……………… 14
疑わしい区別………………………… 67
疑わしい分類………………………… 174
営業の自由…………………………… 76
エクイティ…………………………… 71
エップラー事件決定（1980年）…… 109
NGO………………………… 150,152,154,155
エルフェス判決（1957年）………… 109
欧州人権裁判所……………………… 38
欧州人権条約……………… 38,82,83,122
オーク・テスト……………………… 126
オープン・ドア判決………………… 215
オスマン判決………………………… 217
オブライエンテスト………………… 61
オンライン捜索判決（2008年）…… 110

か 行

戒厳令…………………………… 161,164
開発独裁……………………………… 184
　　——体制………………………… 196
開発と人権……………………… 181,185
学問の自由……………………… 107,113
過剰禁止の原則……………………… 195
家事労働日決定（1979年）………… 111
家族の保護…………………………… 101
過度の広汎性ゆえの無効の法理…… 62
カナダ権利章典……………………… 120
仮の救済………………………… 165,167,169
カルカー決定（1978年）…………… 106
環境憲章………………………… 73,82

間接差別 …………………………………… 46
間接選挙 …………………………………… 150
記憶の法律 ………………………………… 89
議会主権 ………… 34,38,39,118,120,123
議会制定法 ………………………… 34,36
議会による人権保障 ……………………… 41
機関争議 …………………………………… 168
キケロ ……………………………………… 12
貴族院憲法委員会 ……………………… 42,50
起訴を経ない無期限勾留 ………………… 48
規範審査 …………………………………… 99
規範統制 …………………………………… 99
　　抽象的―― ……………………………… 99
基本権 ………………… 94,97,98,100,182
　　――制約原則 ………………………… 194
　　――の「間接的効力」 ……………… 105
　　――の「照射効」 …………………… 105
　　――の客観法的内容（機能）…… 105
　　――の喪失 …………………………… 102
　　――保護義務 ………………………… 105
基本的権利 ………………………… 144,148
基本的国策 ………… 159,163,174,175,177
義務 ………………………………… 148,149
逆差別 ……………………………………… 174
客体定式 …………………………………… 107
客観的原則規範 ………………………… 105
救済方法 …………………………………… 127
救済命令 …………………………………… 40
QPC ………………………………… 80,88,91
教育場所選択の自由 …………………… 107
教育を受ける権利 ……………………… 156
行政上の適正手続 ……………………… 166
強制テスト ………………………………… 64
共同決定判決（1979年）……………… 104
共同綱領 …………………………………… 140
強度の内容的統制 ……………………… 104
恐怖及び欠乏からの自由 ……………… 209

居住・移転の自由 ………………… 166,170
キリスト教文化の伝統 ………………… 112
欽定憲法大綱 …………………………… 138
クオータ制 …………………………… 86,87
　　性別―― ……………………………… 88
具体的規範統制 ………… 99,168,186,189
クック ……………………………………… 34
クドワ判決 ……………………………… 216
組み込み理論 ………………………… 57,59
グリフィン　→ジェームズ・グリフィン
グロティウス　→ヒューゴ・グロティウス
軍隊とジェンダー ……………………… 199
警察留置 …………………………………… 88
形式的平等 ……………………………… 172
刑事手続に関する権利 ………………… 58
芸術の自由 ………………………… 113,114
刑法200条違憲判決 …………… 230,238
ゲソー法 ……………………………… 90,91
結社の自由 ………………… 77,79,82,151
権威主義体制 …………………………… 184
厳格審査 ……………………………… 59,60,61
権限踰越原則 …………………………… 37
現実の悪意 ……………………………… 60
建設的対話 ……………………………… 213
憲法異議 …………………………… 98,169
　　――制度 ……………………………… 188
憲法委託 ………………………………… 176
憲法院 ………………… 73,78,80,81,83,90,91
憲法改正の違憲審査 …………………… 101
憲法改正の限界 ………………………… 100
憲法疑義の解釈 ………………………… 167
憲法抗告 …………………………………… 98
憲法裁判所 ………………………… 181,186
憲法制定会議 …………………………… 55
憲法訴願 …………………………………… 98
憲法適合的解釈 ………………………… 100

憲法の司法化 146
憲法の地位にある条約 222
憲法ブロック 81,82
憲法法廷［憲法法庭］ 169,178
憲法保障制度 145
権利・義務一致の原則 148
権利および自由に関するカナダ憲章 121
権利章典 33,55,56
権利請願 33
権利擁護官 83
権力分立の原則 75
言論・学問［講学］の自由 170
言論・出版の自由 151
言論の自由 43,140,151,170
五院制 160
合一化傾向 225
公益スタンディング 125
航空安全法判決（2006年） 108
航空騒音判決（1981年） 106
合憲性優先問題 80,88
公職選挙法の議員定数配分規定違憲判決 230,238
行動統制命令 49
合理性の基準 61,67
公立学校でのスカーフの禁止 85
公立学校における十字架決定（1995年） 113
合理的関連性の審査基準 174
効力順位 221
国際刑事裁判所 209
国際人権規約 143
国際人道法 205
国際難民法 205
国勢調査法一部違憲判決（1983年） 109
国籍法違憲判決 220,230,238

国内人権機関 47
　　——の地位に関する原則 210
国内適用可能性 221
国連憲章 19
国連人権規約 23
五権憲法 139
　　——論 160,162
五五憲草 139,160,161
個人通報／申立制度 214
国会議員［立法委員］の申請による解釈 168
国家人権委員会 192
国家人権行動計画 144
国家人権諮問委員会 83
国家通報／申立制度 213
国家と教会の協働 112
国家の宗教的中立性 112
国家の積極的義務 217
国家報告制度 213
国教樹立禁止 63
個別的人権制約条項 228
個別的制限条項方式 218
コモン・ロー 33,34,43,71
　　——裁判所 33,34
　　——上の救済 36,37,45
コレマツ判決 67
婚姻の自由 178,179
婚姻の保護 101
混合政体 33
コンコルダート 112
コンセイユ・デタ 80,83
コントロール・オーダー 49

さ　行

在外日本人選挙権制限違憲判決 230
斉玉苓事件 146
財産権 154

事項索引　245

最終見解	213	残余としての——	35
最低限度の生活保障	108	社会権	77, 78, 81
裁判官［法官］の申請による解釈	168	——的権利	170, 174
差別	149	社会国家原理	182
——的表現	239	社会国家条項	101
猿払事件判決	229	社会主義型憲法	140, 142, 144
三月革命	94	社会主義法制	142
参政権	150	社会保障を享受する権利	155
3段階審査	103	邪教	153
残余としての市民的自由	35	集会・結社の自由	170
恣意の禁止	110	集会デモ行進示威行動の自由	152
ジェームズ・グリフィン	27	集会の自由	77
私学助成	84	宗教憎悪煽動罪	45
自己所有権	17	宗教的スカーフの着用	113
私人間適用	36, 39	重合的合意	24
私人間の差別禁止	129	終身自由刑判決（1977年）	108
私人による人権侵害	234	集団的権利	123, 234
自然権	15, 74	自由な民主的基本秩序	101
自然状態	16	自由の推定	34, 35
自然法	12	主張可能性の統制	104
事前抑制の禁止	165	出版の自由	89, 113
思想・良心の自由	170	シュピーゲル判決（1964年）	114
思想の自由	140, 142	受理手続	99
実質的関連性の基準	179	照会制度	124
実質的平等	172, 173	障害を理由とする不利益の禁止	111
実体的デュー・プロセス理論	69	商業的言論	60
実定的権利	182	照射効	105
私的生活形成の不可侵の核心領域	108	基本権の——	105
私的領域の保護	109	象徴的表現	59, 61
自動執行性	221	消防活動負担金決定（1995年）	111
児童手当決定（1990年）	108	情報技術システムの秘密性と不可侵性の保護を求める基本権	110
司法院	161, 167	情報自己決定権	109
司法審査	37, 38	条約上の権利	39
——権	56	条約に対する憲法の優位	222
司法積極主義	191, 192	条約の形式的効力	221
司法の政治化	192		
市民的自由	35, 36		

条約の国内法化	221

職業教育場所を自由に選択する権利
………………………………… 106
ショック広告判決（2000年）……… 113
職権課税判決…………………………… 81
所有権…………………………………… 75
指令第1号……………………………… 161
人格の自由な発展に対する権利 …… 109
信教の自由
…………… 58,65,129,153,170,171,238
人権 …………………………………… 94,100
　　──委員会………………………… 129
　　──裁判所………………………… 43
　　──条約…………………………… 48
　　──制約の正当性審査…………… 228
　　──入憲 ………………………… 142,148
　　──の普遍性……………………… 148
　　──白書…………………………… 143
　　──法 …………… 39,40,41,43,44,48
　　──保障の国際化………………… 235
　　──理事会………………………… 211
　　──両院合同委員会……………… 42,50
新憲法………………………………… 178
新権利章典……………………………… 42
　　──制定論争……………………… 42
人工妊娠中絶法合憲判決……………… 81
信仰の自由……………………………… 111
審査密度………………………………… 104
人種憎悪煽動罪………………………… 44
人身の自由 ……… 154,164,165,166,170
新定式………………………………… 110
人民・法人・政党の申請による解釈
………………………………… 169
深夜労働禁止判決（1992年）……… 111
森林法違憲判決……………………… 230
スカーフ着用………………………… 113
スカーフ判決（2003年）…………… 113
ステイト・アクション ………… 56,57,58
ストライキ…………………………… 82
　　──権 …………………………… 81
政教協約……………………………… 112
政教分離……………………………… 130
　　──原則 ………… 83,84,171,238
制限統治……………………………… 33
政治的自由…………………………… 150
正常な宗教…………………………… 153
生存権 …………… 21,96,143,170,174,175
性同一性障害者決定（1993年）…… 110
政党解散決定………………………… 192
政党解散審判制度…………………… 200
政党の違憲性の認定………………… 102
制度的保障…………………………… 176
政府報告書審査 …………………… 213,220
性別クオータ制……………………… 88
生命、自由および身体の安全に対する
　権利 ……………………………… 132
生命権 …………………………… 197,218
世界人権会議………………………… 208
世界人権宣言 ……………… 19,206,207,209
積極的格差是正措置 ……………… 46,237
self-executing ……………………… 221
1679年人身保護法…………………… 33
1701年王位継承法…………………… 33
1789年人権宣言 ………… 73,74,76,81,82
1848年憲法…………………………… 77
1946年憲法 ………………………… 78,84
1958年憲法 ………………………… 73,78
1965年人種関係法 ………………… 44,45
1986年公序法………………………… 44
1998年人権法………………………… 39
全権委任法…………………………… 97
先住民族の権利……………………… 123
憎悪煽動罪…………………………… 45
憎悪的表現…………………………… 131

総括所見 213
争議行為の自由 77
総合衡量 228
総統・副総統の弾劾裁判 167
尊厳死 133
孫志剛事件 145

た 行

第1次堕胎判決（1975年） 99,105,106
第1世代の人権 232,233
第2次堕胎判決（1993年） 99,106
第2世代の人権 232,233
第3次放送判決（1981年） 115
第3世代の人権 208,232,233,234
第4世代の人権 233
第6次放送判決（1991年） 115
大学判決（1973年） 107
ダイシー（Albert Venn Dicey） 34,35
体制的制約 145,150
「大盗聴」判決（2004年） 101,108
大統領中心制 184
大法官 159,161,163,164,166,167,168,177
　　──会議 167
タイラー判決 216
対話 48,50,231
　　──的違憲審査 227
　　──理論 128
台湾の国家主権 178
たたかう民主制 101,114
多文化主義 23,135
段階理論 104
男女給与平等法判決 87
男女同権 110,111
　　──の促進 111
地域的人権条約 212
中華民国憲法 139,159,160,163,178

──草案 160
中間審査 67
　　──基準 61
中国人民政治協商会議 140
抽象的違憲審査 124
　　──制 225
抽象的規範統制 99,168
中立性のテスト 64
徴兵制 112,198,199
直接差別 46
直接適用可能性 221
強い型の違憲審査 226
低人権の優位性 156
定数制判決（1972年） 106
適正手続 166
適法性の原則 34,35
適用除外条項 123
デュー・プロセス 56,57,58,66,67,69,70,165
デロゲーション 218
テロリズム対策立法 47
天賦人権 138,140
ドイツ革命 95
ドイツ共産党（KPD）違憲判決 102
ドイツ国民の基本権に関する法律 94
ドイツ帝国憲法 95
ドイツ連邦共和国基本法 97
同性婚 134,178,179,237
　　──合法化 179
統制密度 104,106
盗聴 37
　　──判決（1970年） 101
トビラ法 90
トマス・アクィナス 13
ドレッド・スコット判決 66

な行

内外人平等主義 … 220
内容中立規制 … 59
ナチス思想のプロパガンダ的表現の規制 … 114
ナチス体制 … 96
南北戦争修正条項 … 55
南北戦争条項 … 56
ニコロ判決 … 83
二重の基準 … 59
2000年テロリズム法 … 48
2001年反テロリズム・犯罪・安全保障法 … 48
2005年テロリズム防止法 … 49
2010年平等法 … 46
2010年ブルカ禁止法 … 85
2011年テロリズム防止調査措置法 … 49
人間の安全保障 … 209
人間の尊厳 … 26,100,107,165,178

は行

配分参加 … 106
配分請求権 … 106
パイロット判決方式 … 217
パウロ … 13
破毀院 … 80,83
迫害 … 46
バッキー事件 … 68
発展的解釈 … 216
発展の権利 … 208
ハノーファー医科大学決定（2014年） … 107
母親の保護 … 101,111
ハラスメント … 46
パリ原則 … 210,211
パリテ … 86,87
ハルツⅣ判決（2010年） … 108
ハンディサイド判決 … 216
反乱鎮定動員時期 … 162
　　──臨時条款 … 161
反論権 … 89,114
比較憲法学 … 1
　　──の性格 … 3
比較衡量 … 228
比較人権論 … 5
庇護要求権 … 101,102
ビスマルク憲法 … 95
ヒトラーTシャツ決定（1990年） … 114
100日を超える再婚禁止期間違憲判決 … 230,238
ヒューゴ・グロティウス … 14
評価の余地 … 216
表現内容に基づく規制 … 59
表現の自由 … 43,58,59,89,90,91,113,131,239
標準的な脅威 … 24
平等 … 45
　　──及び人権委員会 … 47
　　──権 … 134,149,178,179,236
　　──原則 … 110,172
　　──保障 … 172,173
　　形式的── … 172
　　実質的── … 172,173
比例原則 … 41,91,102,103,127,166,217,219
比例性の原則 … 195
比例性の要件 … 110
比例テスト … 128
フォローアップ制度 … 213
不可分性 … 19
付随的違憲審査 … 124
　　──制 … 70,225
不適合宣言 … 40
普遍的定期審査 … 211

プライヴァシー……………………… 43,61
　　――の権利………………… 69,70,165
ブラウンⅠ判決……………………… 67
ブラクトン…………………………… 32
フランクフルト憲法………………… 94
フランス人権宣言　→1789年人権宣言
ブランデンバーグ事件……………… 60
ブレグジット………………………… 43
プレスの自由………………………… 113
プレッシー判決……………………… 66
プロイセン憲法……………………… 95
ブロニオウスキ判決………………… 217
分断国家体制………………………… 181
分与権………………………………… 107
分与請求権…………………………… 107
分離すれども平等………………… 66,67
ヘイト・スピーチ……………… 239,240
　　――規制………………………… 44
ベッサラビア府主教正教会判決…… 219
ベルリーン・アドヴェント日曜日判
　決（2009年）……………………… 112
包括的権利…………………… 170,179
法官の申請による解釈……………… 168
防御権……………………… 88,89,103,107
放送・フィルムによる報道の自由… 113
放送の自由…………………………… 114
法治国原理………………………… 100,104
法廷における十字架決定（1973年）
　………………………………………… 112
法統…………………………………… 163
報道の自由………………………… 113,114
法の支配…………………………… 34,39
法の下の平等……………………… 58,65
法の優位……………………………… 32
亡命権……………………………… 101,102
法律的効力…………………………… 100
法律による自由の保障……………… 76

法律による人権の保障……………… 75
法律の前の平等……………………… 110
法律の留保……………………… 95,96,102
　　――条項………………………… 182
法令審査……………………………… 99
保護義務……………………………… 106
保護特性……………………………… 46
保護領域……………………………… 103
ポジティヴ・アクション………… 86,237
ボスポラス判決……………………… 216
ホッブズ……………………………… 15
堀越事件判決………………………… 229
ホロコースト………………………… 18
ボン基本法…………………………… 97
本質的内実…………………………… 102
　　――の保障……………………… 102

ま 行

マーベリー対マディソン事件…… 22,56
マイケル・イグナティエフ………… 28
マグナ・カルタ…………………… 14,32
マシューズ判決……………………… 216
マズレク事件判決…………………… 220
万年議員……………………………… 162
万年議会……………………………… 163
民族自決権………………………… 23,207
民法900条4号但書違憲決定
　…………………………… 220,230,238
無期限勾留…………………………… 48
明白かつ現在の危険………………… 60
明白性の統制…………………… 104,106
名誉権………………………………… 113
名誉の保護…………………………… 109
目的効果基準………………………… 171
モナコ王女事件判決………………… 220
モナコ王女判決（1999年）………… 113
モンテスキュー……………………… 75

や　行

薬事法違憲判決 …………………………… 230
薬局判決（1958年）……………………… 104
郵便法違憲判決 …………………………… 230
4つの基本原則 ………………… 144, 150, 156
弱い型の違憲審査 ………………………… 226

ら・わ行

ライシテ ……………………………………… 84
　　──原則 ………………………………… 83
ライヒ ………………………………………… 94
ラント ………………………………………… 95
利益較量 …………………………………… 229
リュート判決（1958年）………… 105, 114
良心的兵役拒否 ……………………… 112, 199
良心の自由 …………………………… 111, 129
臨時条款 ……………………………… 161, 162
　　──体制 ……………………………… 162
臨時条款・戒厳体制 ………………… 159, 164
ル・シャプリエ法 …………………… 76, 77
ルソー ………………………………………… 75
レモンテスト ………………………… 63, 64
連合規約 ……………………………… 54, 55
連邦憲法裁判所 …………………………… 98
　　──の裁判官 ………………………… 98
連邦制 ………………………………………… 53
労働組合 ……………………………… 144, 155
　　──結成の自由 ……………………… 77
　　──の自由 ……………………… 81, 82
労働権 ………………………………… 77, 155
ロー判決 …………………………………… 69
ロールズ …………………………………… 27
ロック ……………………………………… 16
ロックナー判決 …………………………… 69
ワイマール憲法　→ヴァイマル憲法

判 例 索 引

【第1章　人権保障の理念】
Marbury v. Madison, 5 U.S. (1 Cranch) 137 (1803)〔マーベリー対マディソン事件〕
.... 22, 56

【第2章　イギリス】
《イギリスの裁判所（アルファベット順）》
A v Secretary of State for the Home Department, [2004] UKHL 56, [2005] 2 AC 68 ···· 48
Associated Provincial Picture Houses Ltd v Wednesbury Corp, [1948] 1 KB 223 ······ 37
Dr Bonham's Case, (1610) 8 Co Rep 114, 77 Eng Rep 646 (KB) ································ 34
Campbell v MGN Ltd, [2004] UKHL 22, [2004] 2 AC 457 ·· 44
Entick v Carrington, (1765) 19 St Tr 1029 ··· 34
Huang v Secretary of State for the Home Department and Kashmiri v Secretary of
　State for the Home Department, [2007] UKHL 11, [2007] 2 AC 167 ···················· 41
Malone v Metropolitan Police Commissioner, [1979] Ch 344 ······································· 37
R v Commissioner of Police of the Metropolis, *ex parte* Rottman, [2002] UKHL 20,
　[2002] 2 AC 692 ··· 41
R v Secretary of State for the Home Department, *ex parte* Daly, [2001] UKHL 26,
　[2001] 2 AC 532 ··· 41
R v Secretary of State for the Home Department, *ex parte* Razgar [2004] UKHL 27,
　[2004] 2 AC 368 ··· 41
X v Mogan-Grampian (Publishers) Ltd, [1991] 1 AC 1 ··· 39

《欧州人権裁判所（アルファベット順）》
Golder v. the United Kingdom [GC], 21 February 1975, Series A no. 18 ···················· 38
Hirst v. the United Kingdom (no.2) [GC], 6 October 2005, Reports 2005-IX ············· 43

【第3章　アメリカ】
《引用したアメリカの判例（アルファベット順）》
Board of Airport Commissioners of Los Angeles v. Jews for Jesus, Inc., 482 U.S. 569
　(1987) ··· 62
Bowen v. Roy, 476 U.S. 693 (1986) ·· 65
Brandenburg v. Ohio, 395 U.S. 444 (1969)〔ブランデンバーグ事件〕······················· 60
Brown v. Board of Education (Brown I), 347 U.S. 483 (1954)〔ブラウン I 判決〕······· 67
Cantwell v. Connecticut, 310 U.S. 296 (1940) ·· 63

Carey v. Population Services International, 431 U.S. 678 (1977) ·················· 70
Central Hudson Gas & Electric Corp. v. Public Service Commission, 447 U.S. 557 (1980)
·· 61
Chaplinsky v. New Hampshire, 315 U.S. 568 (1942) ·························· 59
Civil Rights Cases, 109 U.S. 3 (1883) ··· 66
Coates v. Cincinnati, 402 U.S. 611 (1971) ·· 62
Cruzan v. Director, Missouri Department of Health, 497 U.S. 261 (1990) ·········· 70
Dennis v. United States, 341 U.S. 494 (1951) ···································· 60
Dred Scott v. Sandford, 60 U.S. (19 How) 393 (1857) 〔ドレッド・スコット判決〕 ········ 66
Edwards v. Aguillard, 482 U.S. 578 (1987) ······································· 65
Employment Division v. Smith, 494 U.S. 872 (1990) ························· 65
Engel v. Vitale, 370 U.S. 421 (1962) ·· 64
Epperson v. Arkansas, 393 U.S. 97 (1968) ······································· 64
Everson v. Board of Education, 330 U.S. 1 (1947) ····························· 63
Gitlow v. New York, 268 U.S. 652 (1925) ·· 59
Gratz v. Bollinger, 539 U.S. 244 (2003) ··· 69
Griffin v. Illinois, 351 U.S. 12 (1956) ·· 68
Grutter v. Bollinger, 539 U.S. 306 (2003) ··· 69
Harper v. Virginia State Board of Elections, 383 U.S. 663 (1966) ············ 68
Korematsu v. Unites States, 323 U.S.214 (1944) 〔コレマツ判決〕 ·················· 67
Lawrence v. Texas, 539 U.S. 558 (2003) ·· 70
Lee v. Weisman, 505 U.S. 577 (1992) ··· 64
Lemon v. Kurtzman, 403 U.S. 602 (1971) ·· 63
Lochner v. New York, 198 U.S. 45 (1905) 〔ロックナー判決〕 ······················ 69
Lynch v. Donnelly, 465 U.S. 668 (1984) ·· 65
Marbury v. Madison, 5 U.S. (1 Cranch) 137 (1803) 〔マーベリー対マディソン事件〕
··· 22,56
Marsh v. Alabama, 326 U.S. 501 (1946) ·· 57
McCollum v. Board of Education, 333 U.S. 203 (1948) ························ 64
Miller v. California, 413 U.S. 15 (1973) ·· 59
Missouri ex rel.Gaines v. Canada, 305 U.S. 337 (1938) ························ 67
Moore v. City of East Cleveland, 431 U.S. 494 (1977) ························· 70
New York v. Ferber, 458 U.S. 747 (1982) ·· 59
New York Times Co. v. United States, 403 U.S. 713 (1971) ·················· 62
Obergefell v. Hodges, 135 S.Ct. 2584 (2015) ····································· 70
Oregon v. Mitchell, 400 U.S. 112 (1970) ·· 55
Plessy v. Ferguson, 163 U.S. 537 (1896) 〔プレッシー判決〕 ······················· 66

判例索引　253

Police Department of Chicago v. Mosley, 408 U.S. 92 (1972) ……………………… 68
Regents of the University of California v. Bakke, 438 U.S. 265 (1978) 〔バッキー事件〕
　……………………………………………………………………………………………… 68
Reynolds v. Sims, 377 U.S. 533 (1964) …………………………………………………… 71
Roe v. Wade, 410 U.S. 113 (1973) 〔ロー判決〕………………………………………… 69
Romer v. Evans, 517 U.S. 620 (1996) …………………………………………………… 68
School District of Abington v. Schempp, 374 U.S. 203 (1963)………………………… 64
Shelley v. Kraemer, 334 U.S. 1 (1948) …………………………………………………… 58
Sherbert v. Verner, 374 U.S. 398 (1963) ………………………………………………… 65
Sweatt v. Painter, 339 U.S. 629 (1950) …………………………………………………… 67
Troxel v. Granville, 530 U.S. 57 (2000)…………………………………………………… 70
United States v. O'Brien, 391 U.S. 367 (1968)…………………………………………… 61
United States v. Lee, 455 U.S. 252 (1982) ……………………………………………… 65
United States v. Lopez, 514 U.S. 549 (1995) …………………………………………… 53
Virginia State Board of Pharmacy v. Virginia Citizens Consumer Council, 425 U.S.
　748 (1976) ………………………………………………………………………………… 60
Wallace v. Jaffree, 472 U.S. 38 (1985)…………………………………………………… 64
Washington v. Davis, 426 U.S. 229 (1976) ……………………………………………… 67
Washington v. Glucksberg, 521 U.S. 702 (1997) ………………………………………… 70
Williams v. Vermont, 472 U.S.14 (1985) ………………………………………………… 67
Zobrest v. Catalina Foothills School District, 509 U.S. 1 (1993) ……………………… 64

【第4章　フランス】
《引用したフランスの憲法院判例（年月日順）》
Décision nº 71-44 DC du 16 juillet 1971, Rec.29……………………………………… 79
Décision nº 73-51 DC du 27 décembre 1973, Rec.25………………………………… 81
Décision nº 74-54 DC du 15 janvier 1975, Rec.19 〔人工妊娠中絶法合憲判決〕…… 81, 83
Décision nº 76-70 DC du 2 décembre 1976, Rec.39…………………………………… 82
Décision nº 76-75 DC du 12 janvier 1977, Rec.33……………………………………… 82
Décision nº 77-87 DC du 23 novembre 1977, Rec.42 ………………………………… 82
Décision nº 82-146 DC du 18 novembre 1982, Rec.66 ……………………………… 86
Décision nº 83-165 DC du 20 janvier 1984, Rec.38…………………………………… 82
Décision nº 94-358 DC du 26 janvier 1995, Rec.183 ………………………………… 86
Décision nº 99-414 DC du 8 juillet 1999, Rec.92……………………………………… 82
Décision nº 2004-492 DC du 2 mars 2004, Rec.66 …………………………………… 88
Décision nº 2006-533 DC du 16 mars 2006, Rec.39 〔男女給与平等法判決〕……… 87
Décision nº 2008-563 DC du 21 février 2008, Rec.100 ……………………………… 91

Décision n° 2008-564 DC du 19 juin 2008, Rec. 313 82
Décision n° 2009-591 DC du 22 octobre 2009, Rec.187 84
Décision n° 2009-599 DC du 29 décembre 2009, Rec.218 82
Décision n° 2010-14/22 QPC du 30 juillet 2010, Rec.179 .... 88, 91
Décision n° 2010-20/21 QPC du 6 août 2010, Rec.203 82
Décision n° 2010-613 DC du 7 octobre 2010, Rec.276 85
Décision n° 2011-625 DC du 10 mars 2011, Rec.122 91
Décision n° 2012-647 DC du 28 février 2012, Rec.139 90

《引用したフランスの破毀院判例》
Cour de cassation, chambre mixte, 24 mai 1975, D. 1975.497. 83

《引用したフランスのコンセイユ・デタ判例》
CE, 20 octobre 1989, Rec.190.〔ニコロ判決〕... 83

【第5章　ドイツ】
《引用した判例（ドイツ連邦憲法裁判所、年月日順）》
1956年8月17日のドイツ共産党（KPD）違憲判決：BVerfGE 5, 85 102
1957年1月16日のエルフェス判決：BVerfGE 6, 32 109
1958年1月15日のリュート判決：BVerfGE 7, 198 .... 105, 114
1958年6月11日の薬局判決：BVerfGE 7, 373 104
1964年6月10日のシュピーゲル判決：BVerfGE 20, 162 114
1970年12月15日の盗聴判決：BVerfGE 30, 1 101
1972年7月18日の定数制判決：BVerfGE 33, 303 106
1973年5月29日の大学判決：BVerfGE 35, 79 107
1973年7月17日の法廷における十字架決定：BVerfGE 35, 366 112
1975年2月25日の第1次堕胎判決：BVerfGE 39, 1 .... 99, 105, 106
1977年6月21日の終身自由刑判決：BVerfGE 45, 187 108
1978年8月8日のカルカー決定：BVerfGE 49, 89 106
1979年3月1日の共同決定判決：BVerfGE 50, 290 104
1979年11月13日の家事労働日決定：BVerfGE 52, 369 111
1980年6月3日のエップラー事件決定：BVerfGE 54, 148 109
1980年10月7日決定：BVerfGE 55, 72 110
1981年1月14日の航空騒音判決：BVerfGE 56, 54 106
1981年6月16日の第3次放送判決：BVerfGE 57, 295 115
1982年6月22日判決：BVerfGE 61, 1 113
1983年12月15日の国勢調査法一部違憲判決：BVerfGE 65, 1 109

判例索引　255

1990年4月3日のヒトラーTシャツ決定：BVerfGE 82, 1 ·· 114
1990年5月29日の児童手当決定：BVerfGE 82, 60 ·· 108
1991年2月5日の第6次放送判決：BVerfGE 83, 238 ·· 115
1992年1月28日の深夜労働禁止判決：BVerfGE 85, 191 ··· 111
1993年1月26日の性同一性障害者決定：BVerfGE 88, 87 ·· 110
1993年5月28日の第2次堕胎判決：BVerfGE 88, 203 ·· 99, 106
1994年4月13日の「アウシュヴィッツの嘘」決定：BVerfGE 90, 241 ························ 114
1995年1月24日の消防活動負担金決定：BVerfGE 92, 91 ··· 111
1995年5月16日の公立学校における十字架決定：BVerfGE 93, 1 ····························· 113
1996年5月15日の「安全な第三国」判決：BVerfGE 94, 49 ······································· 101
1998年1月14日決定：BVerfGE 97, 125 ·· 114
1999年12月15日のモナコ王女判決：BVerfGE 101, 361 ··· 113
2000年12月12日のショック広告判決：BVerfGE 102, 347 ··· 113
2003年9月24日のスカーフ判決：BVerfGE 108, 282 ·· 113
2004年3月3日の「大盗聴」判決：BVerfGE 109, 279 ·· 101, 108
2006年2月15日の航空安全法判決：BVerfGE 115, 118 ·· 108
2008年2月27日のオンライン捜索判決：BVerfGE 120, 274 ······································ 110
2009年11月4日決定：BVerfGE 124, 300 ·· 114
2009年12月1日のベルリーン・アドヴェント日曜日判決：BVerfGE125, 39 ········· 112
2010年2月9日のハルツⅣ判決：BVerfGE 125, 175 ·· 108
2014年6月24日のハノーファー医科大学決定：BVerfGE 136, 338 ························· 107
2015年1月27日決定：BVerfGE 138, 296 ·· 113

【第6章　カナダ】

《カナダ最高裁判所の判例（アルファベット順）》

Adler v. Ontario, [1996] 3 S.C.R. 609. ··· 130
Andrews v. Law Society of British Columbia, [1989] 1 S.C.R. 143. ···························· 134
Carter v. Canada (Attorney General), [2015] 1 S.C.R. 331. ··· 133
Egan v. Canada, [1995] 2 S.C.R. 513. ·· 134
Ford v. Quebec (Attorney General), [1988] 2 S.C.R. 712. ··· 131
Gosselin v. Quebec (Attorney General), [2002] 4 S.C.R. 429. ···································· 133
Irwin Toy Ltd. v. Quebec (Attorney General), [1989] 1 S.C.R. 927. ·························· 131
Miron v. Trudel, [1995] 2 S.C.R. 418. ·· 134
Quebec (Attorney General) v. A, [2013] 1 S.C.R. 61. ·· 134
R. v. Big M Drug Mart Ltd., [1985] 1 S.C.R. 295. ··· 129
R. v. Kapp, [2008] 2 S.C.R. 483. ··· 135
R. v. Keegstra, [1990] 3 S.C.R. 697. ··· 135

R. v. Khawaja, [2012] 3 S.C.R. 555. ……………………………………………… 131
R. v. Morgentaler, [1988] 1 S.C.R. 30. ……………………………………… 132
R. v. Oakes, [1986] 1 S.C.R. 103. …………………………………………… 126
R. v. Sharpe, [2001] 1 S.C.R. 45. …………………………………………… 131
R. v. Zundel, [1992] 2 S.C.R. 731. …………………………………………… 131
Re B.C. Motor Vehicle Act, [1985] 2 S.C.R. 486. …………………………… 132
Reference Re Alberta Statutes, [1938] S.C.R. 100. ………………………… 119
Reference re Prov. Electoral Boundaries (Sask.), [1991] 2 S.C.R. 158. …………… 125
Reference re Same-Sex Marriage, [2004] 3 S.C.R. 698. …………………… 125
RJR-MacDonald Inc. v. Canada (Attorney General), [1995] 3 S.C.R. 199. ………… 131
Rocket v. Royal College of Dental Surgeons of Ontario, [1990] 2 S.C.R. 232. ……… 131
Rodriguez v. British Columbia (Attorney General), [1993] 3 S.C.R. 519. …………… 133
S.L. v. Commission scolaire des Chênes, [2012] 1 S.C.R. 235. ……………… 130
Saskatchewan (Human Rights Commission) v. Whatcott, [2013] 1 S.C.R. 467. 130, 131
Saumur v. City of Quebec, [1953] 2 S.C.R. 299. …………………………… 119
Switzman v. Elbling and A.G. of Quebec, [1957] S.C.R. 285. ……………… 120
The Queen v. Drybones, [1970] S.C.R. 282. ………………………………… 120

《オンタリオ州最上級裁判所の判例（アルファベット順）》
Canadian Civil Liberties Association v. Ontario (Minister of Education) (1990), 71
　　O.R. (2d) 341 (Ont. C.A.). ………………………………………………… 130
Zylberberg v. Sudbury Board of Education (1988), 65 O.R. (2d) 641 (Ont. C.A.). …… 130

【第8章　台湾】
《引用した台湾司法院大法官の憲法解釈》
司法院大法官解釈31号（1954年1月29日）……………………………………… 163
司法院大法官解釈156号（1979年3月16日）…………………………………… 164
司法院大法官解釈177号（1982年11月5日）…………………………………… 164
司法院大法官解釈185号（1984月1月27日）…………………………………… 164
司法院大法官解釈193号（1985年2月8月）……………………………………… 164
司法院大法官解釈194号（1985年3月22日）…………………………………… 175
司法院大法官解釈251号（1990年1月19日）…………………………………… 164
司法院大法官解釈261号（1990年6月21日）……………………………… 162, 164
司法院大法官解釈263号（1990年7月19日）…………………………………… 175
司法院大法官解釈279号（1991年5月17）……………………………………… 177
司法院大法官解釈365号（1994年9月23日）…………………………………… 165
司法院大法官解釈371号（1995年1月20日）…………………………………… 168

司法院大法官解釈373号（1995年2月24日）·············· 165
司法院大法官解釈392号（1995年12月22日）············ 164
司法院大法官解釈398号（1996年3月22日）·············· 177
司法院大法官解釈407号（1996年7月5日）··············· 164
司法院大法官解釈422号（1997年3月7日）··············· 175
司法院大法官解釈443号（1997年12月26日）············ 165
司法院大法官解釈445号（1998年1月23日）············· 165
司法院大法官解釈460号（1998年7月10日）············· 171
司法院大法官解釈472号（1999年1月29日）············· 177
司法院大法官解釈476号（1999年1月29日）············· 175
司法院大法官解釈485号（1999年5月28日）············· 172
司法院大法官解釈490号（1999年10月1日）········· 170,171
司法院大法官解釈549号（2002年8月2日）··············· 177
司法院大法官解釈599号（2005年6月10日）········· 165,169
司法院大法官解釈603号（2005年9月28日）············· 165
司法院大法官解釈609号（2006年1月27日）············· 177
司法院大法官解釈709号（2013年4月26日）············· 165
司法院大法官解釈710号（2013年7月5日）··············· 166
司法院大法官解釈719号（2014年4月18日）············· 173
司法院大法官解釈748号（2017年5月24日）············· 178

【第9章　韓国】

《韓国の引用判例リスト》
〔憲法裁判所の判例〕
憲法裁判所1992年12月24日 선고,92헌가8 결정············ 195
憲法裁判所1999年12月23日 선고,98헌마363 결정·········· 198
憲法裁判所2000年6月1日 선고,98헌마216 결정············ 194
憲法裁判所2002年6月27日 선고,99헌마480 결정·········· 196
憲法裁判所2004年5月14日 선고,2004헌나1 결정··········· 191
憲法裁判所2005年2月3日 선고,2001헌가9 내지 15 결정····· 191
憲法裁判所2005年11月24日 선고,2004헌가28 결정········ 195
憲法裁判所2009年9月24日 선고,2008헌가25 결정········· 196
憲法裁判所2010年2月25日 선고,2008헌가23 결정········· 197
憲法裁判所2010年11月25日 선고,2006헌마328 결정······· 199
憲法裁判所2011年8月30日 선고,2006헌마788 결정········ 192
憲法裁判所2012年8月23日 선고,2010헌마47 결정········· 197
憲法裁判所2012年8月23日 선고,2010헌바402 결정········ 197

憲法裁判所 2014 年 12 月 19 日 선고, 2013 헌다 1 결정 ……………………………… 192,200

〔大法院の判例〕
大法院 2004 年 7 月 15 日 선고, 2004 도 2965 판결 …………………………………… 199
大法院 2006 年 6 月 22 日 선고, 2004 스 42 결정 ……………………………………… 190
大法院 2007 年 10 月 29 日 선고, 2005 두 4649 판결 …………………………………… 190

〔国家人権員会の決定例〕
国家人権委員会 2007 年 7 月 20 日 선고, 07 진인 533 결정 ………………………… 199

【第10章　人権の国際的保障】
《引用した判例》
(欧州人権裁判所)
Bosphorus Hava Yolları Turizm ve Ticaret Anonim Şirketi v. Ireland [GC], 30 June 2005, Reports 2005-VI〔ボスポラス判決〕………………………………… 216
Broniowski v. Poland [GC], 22 June 2004, Reports 2004-V〔ブロニオヴスキ判決〕
……………………………………………………………………………………… 217
Handyside v. the United Kingdom [PC], 7 December 1976, Series A no. 24〔ハンディサイド判決〕…………………………………………………………………… 216
Kudła v. Poland [GC], 26 October 2000, Reports 2000-XI〔クドワ判決〕………… 216
Matthews v. the United Kingdom [GC], 18 February 1999, Reports 1999-I〔マシューズ判決〕…………………………………………………………………………… 216
Mazurek v. France, 1 February 2000, Reports 2000-II〔マズレク事件判決〕……… 220
Metropolitan Church of Bessarabia and others v. Moldova, 13 December 2001, Reports 2001-XII〔ベッサラビア府主教正教会判決〕…………………… 219
Open Door and Dublin Well Woman v. Ireland [PC], 29 October 1992, Series A no. 246-A〔オープン・ドア判決〕…………………………………………………… 215
Osman v. the United Kingdom [GC], 28 October 1998, Reports 1998-VIII〔オスマン判決〕……………………………………………………………………………… 217
Tyrer v. the United Kingdom, 25 April 1978, Series A no. 26〔タイラー判決〕……… 216
Von Hannover v. Germany, 24 June 2004, Reports 2004-VI〔モナコ王女事件判決〕
……………………………………………………………………………………… 220

(日本の裁判所)
最大判 2008（平成 20）・6・4 民集 62-6-1367〔国籍法違憲判決〕……… 220, 230, 237, 238
最大決 2013（平成 25）・9・4 民集 67-6-1320〔民法 900 条 4 号但書違憲決定〕
……………………………………………………………………… 220, 230, 238

【第11章　終章】

《日本の判例（年月日順）》

最大判 1948（昭和 23）・9・29 刑集 2-10-1235 …………………………………… 234

最大判 1966（昭和 41）・10・26 刑集 20-8-901 …………………………………… 229

最大判 1967（昭和 42）・5・24 民集 21・5・1043 ………………………………… 234

最大決 1969（昭和 44）・11・26 刑集 23-11-1490 ………………………………… 229

最大判 1973（昭和 48）・4・4 刑集 27-3-265〔刑法 200 条違憲判決〕………… 230,238

最大判 1973（昭和 48）・12・12 民集 27-11-1536 ………………………………… 235

最大判 1974（昭和 49）・11・6 刑集 28-9-393〔猿払事件判決〕……………… 229

最大判 1975（昭和 50）・4・30 民集 29-4-572〔薬事法違憲判決〕…………… 230

最大判 1976（昭和 51）・4・14 民集 30-3-223〔公職選挙法の衆議院議員定数配分規定
　違憲判決〕…………………………………………………………………………… 230,238

最大判 1977（昭和 52）・7・13 民集 31-4-533 ……………………………………… 239

最大判 1982（昭和 57）・7・7 民集 36-7-1235 …………………………………… 234

最大判 1985（昭和 60）・7・17 民集 39-5-1100〔公職選挙法の衆議院議員定数配分規
　定違憲判決〕………………………………………………………………………… 230,238

最大判 1987（昭和 62）・4・22 民集 41-3-408〔森林法違憲判決〕…………… 230

最大判 1997（平成 9）・4・2 民集 51-4-1673 ……………………………………… 239

最大判 2002（平成 14）・9・11 民集 56-7-1439〔郵便法違憲判決〕…………… 230

最大判 2005（平成 17）・9・14 民集 59-7-2087〔在外日本人選挙権制限違憲判決〕… 230

最 2 小判 2008（平成 20）・4・11 刑集 62-5-1217 ………………………………… 240

最大判 2008（平成 20）・6・4 民集 62-6-1367〔国籍法違憲判決〕…… 220,230,237,238

最 2 小判 2009（平成 21）・11・30 刑集 63-9-1765 ……………………………… 240

最大判 2010（平成 22）・1・20 民集 64-1-1 ……………………………………… 239

最 2 小判 2012（平成 24）・12・7 刑集 66-12-1337〔堀越事件判決〕………… 229

最大決 2013（平成 25）・9・4 民集 67-6-1320〔民法 900 条 4 号但書違憲決定〕
　……………………………………………………………………………… 220,230,238

最大判 2015（平成 27）・12・16 民集 69-8-2427〔100 日を超える再婚禁止期間違憲判
　決〕…………………………………………………………………………………… 230,238

編著者・執筆者紹介

〈編著者〉

中村　睦男　　北海道大学名誉教授（第4章担当）

佐々木　雅寿　北海道大学教授（序章、第6章、終章 担当）

寺島　壽一　　北海学園大学教授（第5章〔Ⅲ5を除く〕担当）

〈執筆者〉

岩本　一郎　　北星学園大学教授（第1章担当）

木下　和朗　　岡山大学教授（第2章担当）

大島　佳代子　同志社大学教授（第3章担当）

鈴木　賢　　　明治大学教授（第7章担当）

李　仁淼　　　台湾国立中正大学教授（第8章担当）

岡　克彦　　　福岡女子大学教授（第9章担当）

齊藤　正彰　　北海道大学教授（第10章、第5章〔Ⅲ5〕担当）

世界の人権保障

2017年9月15日　第1刷発行

編著者　中　村　睦　男
　　　　佐々木　雅　寿
　　　　寺　島　壽　一

発行者　株式会社 三省堂
　　　　代表者　北口克彦

印刷者　三省堂印刷株式会社

発行所　株式会社 三省堂
〒101-8371　東京都千代田区三崎町二丁目22番14号
　　　　　　電話 編集　(03)3230-9411
　　　　　　　　 営業　(03)3230-9412
　　　　　　http://www.sanseido.co.jp/

©M.Nakamura, M.Sasaki, T.Terashima 2017　　Printed in Japan

落丁本・乱丁本はお取り替えいたします。　〈世界の人権保障・272pp.〉
ISBN978-4-385-32149-3

本書を無断で複写複製することは、著作権法上の例外を除き、禁じられています。また、本書を請負業者等の第三者に依頼してスキャン等によってデジタル化することは、たとえ個人や家庭内での利用であっても一切認められておりません。